新媒体的世界不只是**流量**，还有**规则**

从签约到解约，从内容到带货
从合规到维权，从股权到税务

MCN 法律实务指南

袁春松

×

主编

法律人写给内容创业者的一本通关秘籍

上海人民出版社

本书编委会

主　编：袁春松

编委会委员（按姓氏笔画为序）：

刘伯一、陈任重、张　莹、赵洁晶、陶天吉、曾　真、彭斯伟

特别顾问：张一君、殷　俊

目 录

CONTENTS

第一章
认识 MCN 行业

在当今数字化浪潮的强劲推动下，MCN（Multi-Channel Network，即多渠道网络）行业正以惊人的速度蓬勃发展，成为新媒体生态中一股不可忽视的力量。因此，对该行业开展深入细致的法律研究显得尤为迫切与重要。这一研究不仅有助于我们全面理解 MCN 行业的运营模式、市场规则及发展趋势，还能够为相关部门制定科学合理的法律法规提供有力的理论支撑，从而确保该行业的健康、有序发展，并有效保护相关利益方的合法权益。因此，深入探究 MCN 行业的法律问题，对于推动该行业的可持续发展具有重要的价值与意义。

本书旨在全面剖析 MCN 行业的法律框架与实践挑战。在这一探索之旅的起始，我们深刻意识到，对 MCN 行业的理解是开展任何法律研究的前提与基础。因此，本书开篇便致力于引领读者踏入 MCN 行业的广阔天地，我们将首先带您回顾 MCN 行业的辉煌发展历程，从最初的萌芽到如今的繁荣，每一个关键节点都蕴含着行业变革的深刻动因。随后，我们将聚焦于 MCN 行业的两大核心主体——MCN 机构与主播，详细剖析他们在行业生态中的角色定位、互动关系以及面临的机遇与挑战。此外，鉴于监管环境对 MCN 行业发展的重大影响，我们还将对当前的监管情况进行全面梳理，深入解读相关政策法规的出台背景、实施效果以及对行业未来发展的潜在影响。通过这一系列的深入剖析，我们期望能够为读者构建一个关于 MCN 行业的立体认知框架，为后续的法律研究奠定坚实的基础。

▌ 第一节　MCN 行业发展历程

一、行业 1.0 时代：野蛮生长的混沌探索

MCN，这一源自美国的网红经济运作模式，其全称 Multi-Channel Network，意指"多频道网络的产品形态"，它通过联合 PGC（专业生产内容）资源，在资本的强有力推动下，确保了内容的持续产出，并最终实现了商业价值的稳定变现。这一概念漂洋过海来到中国后，便在这片充满活力的土地上经历了一系列本土化的蜕变

与适应。

回溯至 2016 年之前，中国的 MCN 行业正处于一个充满机遇与挑战并存的野蛮生长阶段。在这个阶段，行业特征主要表现为粗放式的管理和快速的市场扩张。MCN 机构们如同勇敢的探险者，纷纷探索着多样化的盈利模式，包括广告合作、电商带货、付费内容等。例如，Papi 酱作为早期的知名网红，通过与 MCN 机构的合作，成功实现了从内容创作到商业变现的跨越；李子柒则以其独特的田园生活风格，吸引了大量粉丝，并通过 MCN 机构的助力，将内容转化为实际的商业价值。此外，如涵控股作为另一家知名的 MCN 机构，成功孵化了包括张大奕在内的多位知名网红，并通过电商带货等模式实现了可观的商业收益。而二更视频平台则专注于纪录片内容的制作与传播，通过与 MCN 机构的合作，成功将高质量的内容推向了更广泛的受众。

然而，这一时期的 MCN 行业缺乏统一的规范和标准，各机构都在尝试不同的商业模式和运营策略，整个行业呈现出一种混沌而繁荣的景象。

二、行业 2.0 时代：规模化扩张的工业化进程

从 2017 年至 2022 年，MCN 行业步入了规模化增长的新阶段，内容产出逐渐呈现出工业化的特征。这一时期，MCN 机构的数量如雨后春笋般涌现，内容生产也变得更加专业化和标准化。例如，美 ONE 作为知名的 MCN 机构，成功打造了李佳琦这一超级网红，并通过精细化的运营和策略，实现了商业价值的最大化。除了李佳琦，还有办公室小野、代古拉 k 等网红，他们通过与 MCN 机构的合作，迅速崛起并成为了行业内的佼佼者。同时，微念科技、青藤文化等 MCN 机构也在这个时期崭露头角，为行业注入了新的活力。

无忧传媒凭借其强大的内容创作和运营能力，成功孵化了包括多余和毛毛姐在内的多位知名网红，并通过多元化的盈利模式实现了快速发展。另外，蜂群文化也以其独特的创意和策划能力，在 MCN 行业中脱颖而出，为众多品牌提供了高质量的营销服务。

此外，游良文化、古麦嘉禾等 MCN 机构也在这个阶段取得了显著的成就，他们通过精准的市场定位和高效的运营策略，成功打造了多个具有影响力的网红品牌，并实现了商业价值的最大化。

2022 年的数据更是彰显了这一趋势：中国短视频 / 直播用户的付费类型中，购物占比高达 84.1%，同时有 49.8% 的用户每月在平台上的支出占到了其可支配收入的 5% 至 10%，这一比例较 2021 年还有所上升。在这样的背景下，中国 MCN 市场的规模迅速扩大，截至 2024 年底中国 MCN 市场规模已达 636 亿元。

三、行业 3.0 时代：存量竞争的业态分化

自 2022 年以来，中国 MCN 行业已正式迈入 3.0 时代。在这个阶段，不同类型的 MCN 机构之间，其核心业态的差异愈发显著，各种业态更是涵盖了多种多样的业务类型。机构间开始出现明显的分化现象，竞争也日趋激烈。例如，董宇辉以文字、哲学等知识为基础，以双语直播的形式传授知识给观众，有人称之为直播界的一股清流。刘畊宏成为健身博主，因《本草纲目》歌曲和健身直播而爆火，创造了"刘畊宏女孩"群体。

根据《2025 克劳锐中国内容机构（MCN）行业发展研究白皮书》的统计，2024 年中国 MCN 机构的注册公司数量已经突破了 26200 家的大关。这些新增的公司中，既有达人新工作室的涌现，如痞幼工作室等；也有原有机构拆分业务线的调整，如新片场将旗下不同业务线进行拆分，以更专注地发展各自领域；更有大型集团拆分新媒体业务成立子公司的战略布局，如阿里大文娱旗下的大鱼号等。

在这一阶段，遥望网络致力于直播电商的数字化转型，正式启用其自主研发的直播全流程数字化平台遥望云 2.0 系统，将行业提炼的直播电商运营经验和方法论沉淀到系统，实现了直播流程的在线化、分析的数字化、选品的智能化，构建了系统和信息化壁垒，标准化直播和遥望云数字化平台优势，为规模化扩张奠定了基础。随着这些 MCN 机构的崛起和分化，在进一步加剧行业竞争态势的同时，也推动了 MCN 行业的持续发展和创新。

第二节　MCN 机构和主播

一、MCN 机构

MCN 机构，作为内容创作领域与各大数字平台间的桥梁与中枢，是"网红经济"时代背景下对传统演艺经纪模式的一次深刻革新与衍生变体。它们不仅担当着中介的角色，更是内容生态系统中不可或缺的驱动者与优化力量，引领着内容产业的创新与升级。

在"网红经济"的浪潮中，MCN 机构的核心使命在于精心汇聚并培育海量的用户原创内容（UGC）与专业生产内容（PGC）。据统计，目前全球范围内，超过 70% 的头部网红都与 MCN 机构有着紧密的合作关系。这些 MCN 机构通过构建多元化、高质量的内容矩阵，为内容生产者提供了一站式、全方位的专业化服务。从

内容创意的激发、精细化运营策略的制定，到高效营销推广的实施，MCN 机构全方位助力内容创作者突破个人局限，提升内容质量与传播效果，进而实现商业价值的稳步增长。

以业内首家提出"互联网＋艺人经纪"运营模式的 MCN 机构"无忧传媒"为例，其拥有丰富的人物 IP 孵化经验与健康成熟的金字塔孵化体系，并于 2019 年启动战略新步伐与明星艺人开拓新媒体运营模式。该机构艺人矩阵人数已超过 5 万，全约优质艺人超 2000 人，拥有众多金牌主播、超级大 V 和全网现象级红人，如"多余和毛毛姐""大狼狗郑建鹏 & 言真夫妇""麻辣德子"、张欣尧、王乃迎、李昊佑等数百名高粉达人，全网平台粉丝总量超 9 亿。

对于平台而言，MCN 机构的价值同样不言而喻。它们如同内容生产的"加速器"与"质量控制器"，确保平台能够获得持续、稳定、优质且多样化的内容供给。这不仅极大地丰富了平台的内容生态，增强了用户黏性，还为平台的长期健康发展提供了坚实的保障。以短视频平台"抖音"为例，该平台与多家 MCN 机构建立了紧密的合作关系，通过引入 MCN 机构的专业内容与运营资源，成功打造了多个热门话题与挑战赛，吸引了大量用户的关注与参与。

而对于广告商来说，MCN 机构更是成为了广告投放的理想选择。相较于单个内容创作者，MCN 机构凭借其强大的资源整合能力、精准的数据分析能力以及丰富的营销经验，能够为广告商提供更加精准、高效的广告投放方案。相关数据显示，与 MCN 机构合作的广告商平均转化率可提高 30% 以上，这意味着更高的投资回报率与商业效益。以美妆品牌"完美日记"为例，该品牌通过与多家 MCN 机构合作，成功在短视频平台上实现了品牌曝光与销售转化的双赢。

综上所述，MCN 机构在"网红经济"的推动下，已成为连接内容生产者、平台与广告商的重要枢纽。它们通过提供专业化、全方位的服务，助力内容创作者实现商业价值的最大化；同时，也为平台与广告商带来了更多的机遇与可能性，共同推动着数字内容产业的繁荣发展。

二、MCN 行业的特点

1. 实时互动性：构建深度参与的内容生态

MCN 行业的一大显著特点在于其与观众的实时互动性。这一特性通过直播、弹幕评论、即时投票等多种方式得以充分展现，使得观众不再仅仅是内容的接收者，而是成为了内容创作与传播过程中的积极参与者。例如，在热门直播平台哔哩哔哩弹幕视频网（Bilibili）上，观众可以通过发送弹幕实时评论，与主播进行互动，甚至影响直播内容的走向，这种高度的参与感极大地增强了观众的黏性与忠诚度。据统计，Bilibili 的月活跃用户中，有超过 80% 的用户会频繁参与弹幕互动，这直接证明了实时互动对于提升用户体验的重要性。

此外，实时互动还为内容创作者提供了宝贵的市场反馈。创作者可以通过观众的即时反应，快速了解内容的好坏及受众偏好，从而及时调整创作方向，优化内容质量。这种即时反馈机制，是 MCN 行业能够迅速响应市场变化、保持内容新鲜度的关键。

2. 个性化内容：驱动内容创新与差异化竞争

在 MCN 行业中，个性化内容是吸引观众、构建品牌特色的核心。MCN 机构鼓励并支持创作者根据个人兴趣、特长及独特风格，创作出具有鲜明个性的内容。如知名 MCN 机构 "PapiTube" 旗下的创作者，涵盖了搞笑、美食、美妆、科技等多个领域，每位创作者都以其独特的视角和风格吸引了大量忠实粉丝。这种个性化的内容策略，不仅满足了观众多元化的观看需求，也帮助 MCN 机构在激烈的市场竞争中脱颖而出。

数据显示，个性化内容策略能有效提升用户留存率与活跃度。以短视频平台抖音为例，采用个性化推荐算法后，用户平均使用时长增加了 30%，这充分说明了个性化内容对于增强用户黏性的重要作用。

3. 粉丝经济：构建强大的商业变现体系

MCN 行业充分利用粉丝经济的优势，通过打造明星 IP、开展线上线下活动等方式，深度挖掘粉丝价值。例如，MCN 机构 "无忧传媒" 成功孵化了众多网红：如刘畊宏，他的健身直播间高峰时在线人数高达 400 万；广东夫妇，曾在某单场直播创下 GMV（Gross Merchandise Volume，商品交易总额）突破 7 亿的成绩，这是当时抖音史上单场带货金额的最高纪录；多余和毛毛姐，作为抖音古早现象级达人，在无忧的流量和方案扶持下，他凭借 "带着保洁阿姨直播带货" 话题，再度翻红。凭借这些达人积累的庞大粉丝基础，无忧传媒进而通过广告、付费内容、直播打赏、电商等多元化的盈利模式，实现了稳定的收入增长及强大的商业变现。

此外，MCN 机构还会定期举办粉丝见面会、线下活动等，进一步增强粉丝与创作者之间的联系，提升粉丝忠诚度，为后续的商业化运作奠定坚实基础。

4. 快速迭代性：保持内容创新与市场敏锐度

MCN 行业的快速迭代性是其保持持续创新与活力的关键。在这个信息爆炸的

5

时代，观众对于新鲜事物的追求日益强烈，MCN 机构及创作者必须紧跟市场趋势，不断推出符合市场需求的新作品。例如，在短视频领域，热门话题、流行梗的快速更迭要求创作者具备极高的敏感度与创作速度，以便在第一时间抓住热点，吸引观众注意。

数据显示，快速迭代的内容策略能有效提升用户活跃度与留存率。以短视频平台快手为例，通过不断优化内容推荐算法，加快内容更新速度，其日活跃用户数量持续增长，财报显示，快手 2024 年 Q4 平均日活跃用户达到 4.01 亿。这充分证明了快速迭代性对于 MCN 行业持续发展的重要意义。

综上所述，MCN 行业通过实时互动性、个性化内容、粉丝经济以及快速迭代性等特点，构建了一个充满活力、高度互动且商业潜力巨大的内容生态。这些特点不仅推动了 MCN 行业的快速发展，也为内容创作者提供了广阔的舞台与无限的可能。

三、MCN 机构的类型

1. 电商型 MCN 机构：电商生态的桥梁与纽带

电商型 MCN 机构，作为电商与内容产业的深度融合体，以电商为主要变现渠道，其业务范畴广泛且深入。这类机构不仅专注于红人孵化与内容生产运营，更在上游商品供应链的打造与选品能力上展现出决定性影响力。它们通过精准的市场洞察与数据分析，为下游电商媒体平台提供高质量、高转化率的商品内容，从而实现内容与电商的无缝对接。

以知名电商型 MCN 机构"如涵控股"为例，该机构成功孵化了多位头部网红，并通过精准的选品策略与高效的供应链管理能力，实现了电商业务的快速增长。据统计，如涵控股在 2020 年的 GMV 达到了数十亿元，充分展示了电商型 MCN 机构在电商生态中的重要作用。

2. 营销型 MCN 机构：整合营销的智慧引擎

营销型 MCN 机构，作为广告主与内容创作者之间的桥梁，通过签约合作网红，为广告主提供全方位的整合营销方案。这类机构擅长多渠道分发，能够精准触达潜在消费群体，并通过全维度数据分析，为广告主推荐最优化的 KOL（Key Opinion Leader，关键意见领袖）矩阵组合，从而实现营销效果的最大化。

以"青藤文化"为例，该营销型 MCN 机构凭借强大的资源整合能力与精准的数据分析能力，成功为多个知名品牌提供了高效的营销解决方案。据统计，青藤文化合作的品牌数量已超过数百家，年营业额突破亿元大关，充分证明了其在营销领域的专业实力。

3. 知识型MCN机构：内容付费的领航者

知识型MCN机构，主要以内容付费为主，通过切片引流、课程定制等方式，形成了一套完善的知识付费体系。这类机构注重内容的深度与专业性，致力于为用户提供高质量的知识服务。

作为知识型MCN机构的代表，"时间知道"以亲子教育为突破口，陆续推出关于女性成长、空间收纳、家庭财富等领域的课程。时间知道在产品定位上，首先圈定了竞争相对不那么激烈、同时系统化深度课程稀缺的"亲子教育"领域，并与行业内经验丰富、从业十余年的专家型达人合作，如和小鱼老师于晓斐合作的《小鱼魔法数学》知识付费课程。此外，时间知道还孵化了多个短视频IP账号，涉及亲子教育、女性成长、手艺人、大健康四个垂直分类，累计用户数百万。

4. 泛内容MCN机构：精品短视频的制造者

泛内容MCN机构，以内容制作能力为核心竞争力，专注于产出精品短视频。这类机构注重内容的创意与制作质量，致力于为用户提供优质的观看体验。

以"二更"为例，作为泛内容MCN机构的佼佼者，"二更"凭借专业的制作团队与独特的创意理念，成功打造了多个热门短视频系列，吸引了大量用户的关注与喜爱。据统计，"二更"的短视频播放量已超过数十亿次，充分证明了其在内容制作领域的专业实力。

四、主播的分类

1. 根据直播内容和形式分类

（1）秀场主播

这类主播通常在专门的直播间进行才艺展示，如唱歌、跳舞、说唱等。他们以独特的魅力与才华吸引观众，为观众带来愉悦的观看体验。例如，知名秀场主播"冯提莫"，凭借其出色的歌唱才华与甜美的外貌，吸引了大量粉丝的关注与支持。

（2）游戏主播

游戏主播的直播内容主要包括直播自己玩游戏、网络游戏的解说、赛事报道或实时对战等。他们以专业的游戏知识与独特的解说风格，为观众带来精彩的游戏体验。如知名游戏主播"PDD"，凭借其幽默风趣的解说风格与高超的游戏技巧，成为了游戏直播领域的佼佼者。

（3）电商主播

电商主播通过直播销售产品，获得收入。他们以专业的产品知识与亲切的互动方式，为观众提供优质的购物体验。如"薇娅"等电商主播，通过直播带货实现了可观的销售业绩，成为了电商直播领域的代表人物。

（4）户外主播

户外主播主要进行旅行、探险、街头采访等内容的直播。他们以独特的视角与丰富的经历，为观众带来新奇的观看体验。如知名户外主播"贝爷"，通过其惊险刺激的探险直播，吸引了大量观众的关注与喜爱。

2. 根据 MCN 机构与主播合作的类型分类

（1）劳动型主播

这类主播与 MCN 机构签订劳动合同，成为机构的正式员工。他们享受机构提供的薪资与福利，同时承担相应的工作职责。劳动型主播通常具有较高的稳定性与忠诚度，是 MCN 机构的重要力量。

（2）孵化型主播

孵化型主播是 MCN 机构通过选拔与培训，从素人中培养出来的潜力股。机构为他们提供全方位的支持与资源，帮助他们快速成长并脱颖而出。孵化型主播通常具有较高的成长性与可塑性，是 MCN 机构未来发展的重要支撑。

（3）全约型主播

全约型主播与 MCN 机构签订全面合作协议，将个人的所有商业活动都交由机构代理。机构为他们提供全方位的商业运作与品牌推广，帮助他们实现商业价值的最大化。全约型主播通常具有较高的商业价值与影响力，是 MCN 机构的重要合作对象。

（4）合作型主播

合作型主播与 MCN 机构签订合作协议，共同开展特定项目或活动。他们保持相对的独立性，同时享受机构提供的资源与支持。合作型主播通常具有较高的灵活性与自主性，是 MCN 机构拓展业务领域的重要伙伴。

（5）商务型主播

商务型主播主要承担 MCN 机构的商业合作与品牌推广任务。他们以其专业的商业素养与出色的沟通能力，为机构带来可观的商业收益。商务型主播通常具有较高的商业敏感度与谈判能力，是 MCN 机构商业运作的重要力量。

第三节 MCN 行业监管现状及趋势

一、行业监管事件盘点

1. 三只羊直播带货 "香港美诚月饼" 事件

2024 年中秋节前夕，三只羊网络科技有限公司（以下简称 "三只羊公司"）旗下的主播，包括网红 "疯狂小杨哥"，在直播中推销一款名为 "香港美诚月饼" 的产品。在直播中，主播们声称该月饼是香港高端品牌，并夸大其品牌历史和定位，强调其高端、优质的特点。由于主播的推广和宣传，该月饼在短时间内取得了巨大的销量。据报道，该款月饼在直播平台的销售额超过了 5000 万元。

随着产品的发货，部分消费者发现收到的月饼与直播宣传的不符，质疑其品牌真实性及质量。有消费者指出，"香港美诚月饼" 在香港并无实际销售门店，且其主要生产地也非香港。消费者的质疑和反馈引发了网络舆论的广泛关注。有博主公开吐槽购买经历，表示退货无门，进一步加剧了事件的发酵。

面对舆论压力，三只羊公司及相关方面最初并未给予明确回应或解决方案。但随着调查的深入，三只羊公司最终承认了存在的问题。

合肥市市场监督管理局（以下简称 "市场监督局"）针对此事件成立了联合调查组，依法依规对三只羊公司进行了核查处理。经过调查，市场监督局认定三只羊公司在直播带货 "香港美诚月饼" 的过程中存在虚假宣传等违法行为。此外，三只羊公司在直播推介 "澳洲谷饲牛肉卷" 时也存在虚假宣传问题。依据《中华人民共和国行政处罚法》《中华人民共和国反不正当竞争法》等相关规定，市场监督局决定对三只羊公司没收违法所得、罚款共计 6894.91 万元。同时，责令其暂停经营、限期整改，并承担相应的法律责任。三只羊公司被要求全面开展公司内部整顿，依法经营，切实保护消费者合法权益。此外，对于在工作过程中失察失职的单位和个人，纪检监察部门立案调查并依法依规严肃处理。

2. 李佳琦 "花西子眉笔" 事件

2023 年 9 月 10 日，李佳琦在直播中介绍花西子品牌的一款售价 79 元的眉笔，当有网友留言表示价格过高时，李佳琦回应称 "这么多年了工资涨没涨，有没有认真工作？" 这一言论迅速在网络上引发争议。网友们纷纷质疑李佳琦的态度，认为其言论不尊重消费者，制造焦虑，并指责花西子眉笔价格虚高，甚至有人曝光该眉笔净重仅 0.08 克，价格堪比黄金。事件迅速成为网络热点，引发广泛关注。

在事件发生后，李佳琦分别于 9 月 11 日凌晨和晚间发布博文和视频道歉，承认自己的言论不当，并反思初心。花西子品牌方面也发布了道歉信，内容涵盖道歉、宣传品牌核心理念及承诺改进等。然而，道歉信被部分网友视为推广信，因品牌核心理念的介绍多于道歉内容而引发嘲讽。

就目前公开的信息来看，李佳琦和花西子眉笔事件并未导致法律层面的直接处罚（如罚款或行政处罚）。事件主要通过舆论监督和公众批评来影响李佳琦和花西子的品牌形象，也对李佳琦个人形象和口碑造成了较大冲击，短时间内掉粉超 168 万，在一定程度上影响了其后续的带货能力和商业价值。品牌销售额在事件发生后大幅下滑，品牌形象受损。花西子不得不积极应对舆论危机，通过发布道歉信、更换公关团队等方式试图挽回品牌形象。尽管事件本身并未直接导致法律层面的处罚，但其所产生的间接影响和行业警示不容忽视。

3. 猫一杯"秦朗寒假作业"事件

猫一杯（真实姓名徐某某，网名"Thurman 猫一杯"）是一位拥有近 4000 万粉丝的网红博主。2024 年 2 月，她发布了一段关于在巴黎拾到小学生秦朗丢失作业本的视频，并公开寻找失主"秦朗"。该视频引发广泛讨论，多个社交平台出现"一年级八班秦朗""秦朗巴黎丢寒假作业"等相关话题，并迅速登上热搜榜。

随着视频的热度上升，一位自称"秦朗舅舅"的账号"@杨柏屹"出现在评论区，进一步推动了事件的发酵。然而，该账号后续被曝光为蹭流量的虚假账号，视频被全部删除，账号因违反平台社区规定被禁止关注。在事件热度持续高涨的情况下，猫一杯发布视频称已经联系上秦朗母亲，事件"圆满结束"。但网友的质疑并未因此平息。

杭州市公安局西湖区分局接到网民举报后，依法开展调查。经查，猫一杯与同事薛某共同策划、编造"拾到小学生秦朗丢失的作业本"系列视频脚本，网购寒假作业本后制作相关视频并散播至多个网络平台，造成恶劣影响。公安机关已依法对徐某某、薛某及二人所在公司作出行政处罚。具体处罚内容未详细披露，但通常可能包括罚款、拘留等。同时，猫一杯在抖音、微博等多平台的账号被封禁，无法正常关注和使用。猫一杯旗下服饰品牌也宣布闭店，事件对其个人品牌和商业链条造成了严重冲击。

4. "点读机女孩"高君雨被曝患脑瘤事件

2024 年 2 月 29 日晚间，高君雨的个人社交账号上发布了一段视频，称自己因患罕见脑瘤即将接受手术，并记录了她在手术前剃光头发的过程。这一消息迅速引发大众关注。随后，高君雨的社交账号陆续更新多条视频，记录其治疗经历，包括即将进入手术室、术后情况等。有网友在观看视频后指出，视频中人物的穿着与当时季节不符，质疑这些视频为"库存视频"。例如，视频中有医生、护士、病人家属身穿短袖短裙，且窗外景色郁郁葱葱，与北京当时的气候情况不符。

杭州市余杭区互联网违法和不良信息举报中心接到网友举报后，对此事进行了调查核实。2024年3月12日，杭州市余杭区互联网违法和不良信息举报中心发布通报称，经核实，相关视频为2023年9月拍摄，2024年2月开始剪辑制作，被MCN机构杭州豁然开朗科技有限公司配以近期发生的文字描述发布到网络。

高君雨的妈妈在微博回应称，高君雨全网的账号一直由签约公司运营，公司在发布过程中运营出现问题，造成网友误解，已与公司交涉决定停止发布相关视频。MCN机构杭州豁然开朗科技有限公司也发布致歉声明，称公司在发布"高君雨患病"等视频时，文案中的时间表述出现严重纰漏，对此深感抱歉，并表示在此期间从未进行过任何捐款和打赏等营利性操作。

虽然此次事件主要涉及的是虚假信息的发布和传播，未直接构成诈骗罪等刑事犯罪，然而，根据《中华人民共和国治安管理处罚法》的相关规定，散布谣言、谎报险情、疫情、警情或者以其他方法故意扰乱公共秩序的，可能会受到罚款乃至拘留的行政处罚。

5. 小杨哥徒弟"红绿灯的黄"开播3分钟直播间被封

2024年1月3日，小杨哥徒弟"红绿灯的黄"在社交平台再次复播，在线观看人数持续超过10万。直播动态显示，"红绿灯的黄"这次直播从19时58分到22时29分，持续约两个半小时。在直播间里，"红绿灯的黄"收起了以往夸张的表情动作，低调带货，与工作人员在直播间跳舞，包括火爆全网的"科目三"。据统计，"红绿灯的黄"此次直播，5分钟在线人数达到48万，两个多小时直播点赞超8000万。

2023年11月22日，中国消费者协会发布《2023年"双11"消费维权舆情分析报告》，"红绿灯的黄"被列入低俗带货案例。报告指出，该女主播在带货时形象邋遢、表情狰狞，在直播截图中，其甚至一度叉开腿蹲在桌上，姿势颇不雅观。12月6日，"红绿灯的黄"回归直播，开播人气高涨，超18万人观看，但仅开播3分钟后，直播间显示房间被封禁。

6. 主播小马哥夫妇偷税被罚317万

2024年3月2日，据国家税务总局网站消息，国家税务总局洛阳市税务局稽查局通过精准分析，发现网络主播马海涛、梁娜夫妻二人涉嫌偷税，在国家税务总局河南省税务局稽查局指导下，依法对马海涛、梁娜二人开展了税务检查。

经查，马海涛、梁娜二人在 2020 年至 2022 年期间通过隐匿直播带货佣金收入、转换收入性质等手段，进行虚假申报，少缴个人所得税、增值税等税费 207 万元。洛阳市税务局稽查局依据相关规定，对马海涛、梁娜二人依法追缴少缴税费、加收滞纳金并处罚款，共计 317 万元。目前，税务稽查部门已经依法送达《税务处理决定书》和《税务行政处罚决定书》，马海涛、梁娜二人已按规定缴清税款、滞纳金及罚款。

7. 百万粉丝网红"凉山孟阳"卖惨狂赚 1000 万，被判刑 11 个月

2024 年 3 月 19 日，四川凉山州昭觉县人民法院对备受关注的"凉山孟阳""凉山阿泽"等网红直播带货案进行了一审宣判。该案被称为四川首例的系列网红直播带货案，涉及多名网红和 MCN 公司负责人，他们因虚假宣传和销售伪劣产品被判刑。

据极目新闻报道，2018 年以来，一个名叫"凉山孟阳"的年轻女孩在网上迅速走红，她的"悲惨遭遇"一度感动了众多网友。走红后，"凉山孟阳"开始频繁直播带货，短短几年成为拥有 386 万粉丝的网红。与此同时，也有网友质疑她发布的视频系卖惨摆拍，有专门团队包装打造，平时还出入高档场所、戴名表、穿名贵衣服。对此，她曾回应"没有团队，也没有钱"。然而，有网友实地探访"凉山孟阳"的老家发现，她的父母都健在，视频中的土坯房也是摆拍。直到 2023 年 5 月，凉山公安机关对"凉山孟阳""凉山阿泽"等网红虚假宣传进行调查，背后真相和灰色产业链才浮出水面……2021 年以来，唐某等人注册公司，雇用郭某等人，通过话术、剧本摆拍贫困悲惨身世视频、打造虚假人设，包装孵化旗下"凉山孟阳""凉山阿泽"等网红主播。随后，以"助农"为噱头，低价购入非凉山农副产品，贴上"大凉山"商品属性，直播带货假冒大凉山原生态农特产品，销售额超 3000 万元，非法牟利超 1000 万元。

凉山州昭觉县人民法院对"凉山孟阳""凉山阿泽"案一审宣判，共有 8 人因虚假广告罪被判刑。其中，公司负责人唐某被判刑 1 年 2 个月，处罚金 10 万元；网红阿西某某（"凉山孟阳"）被判刑 11 个月，处罚金 8 万元；网红阿的某某（"凉山阿泽"）被判刑 9 个月，处罚金 4 万元；李某、郭某、林某等 5 人被判 9 个月至 1 年不等，处罚金 2 万元至 8 万元不等。以上人员的非法所得均被没收。

8. "交个朋友" 违法发布医疗广告被罚

2024 年 4 月 24 日，北京交个朋友数码科技有限公司因违反广告法规定，发布医疗、药品、医疗器械广告，被上海市市场监督管理局处以约 29.29 万元的罚款，并没收广告费用 29.29 万元，共计罚没 58.59 万元。

处罚详情显示，当事人直播间主播以口播形式对某口腔医院的口腔服务项目进行推广，该项目属于医疗服务项目，当事人在接受委托时核对了广告主体资质、广告内容和证明文件等，但未发现其提交的医疗广告审查证明并非本案广告的医疗广告审查证明，且上述直播发布前未经广告审查机关审查，未取得广告发布批准文件。此次事件不仅引发了公众对直播电商广告监管的关注，也暴露了部分电商平台在广告审查上的疏漏。

上述所提及的监管处罚事件，仅仅是整个行业内违规行为被揭露并惩处现象的冰山一角。这些事件不仅揭示了行业内存在的种种问题，更迫切地要求我们提高警惕，加强自我规范，共同维护一个健康、有序的市场环境。因此，我们必须从这些处罚事件中汲取教训，引以为戒，确保自身行为始终符合法律法规和行业标准，共同推动行业的持续健康发展。

二、监管现状及趋势

MCN 机构作为连接内容创作者与广大受众的桥梁，在推动网络直播和短视频行业发展方面发挥了重要作用。然而，随着行业的快速发展，也暴露出一些问题，如内容同质化、虚假宣传、偷税漏税等。这些问题不仅损害了消费者的利益，也影响了行业的健康发展。

据此，国家相继出台了多部法律、法规和政策指引，行业组织和平台内部也纷纷发布了各类自律公约、平台政策，这些都对直播营销主体起到了很好的正向引导作用。当前 MCN 行业的监管已从"事后追责"转向"事前规范＋事中管控"，多种法律、法规和政策指引的出台标志着行业进入精细化治理阶段。未来，随着更多法规落地、技术应用深化及行业自律加强，MCN 机构将逐步回归内容价值导向，虚假营销、数据造假等乱象有望大幅减少。

同时，由于相关规定密度大、监管部门多，经常导致直播营销主体对于直播营销的法律边界认识不清，如何建立、健全直播营销合规体系已经成为行业痛点。对此，我们整理了电商直播相关法律法规、规范性文件及自律性规范汇总（详见表 1-1《MCN 行业相关法律法规、规范性文件及自律性规范》），以期为商家、MCN

机构、主播等行业主体的直播营销过程提供合规性参考。

表 1-1

	发布日期	实施日期	发布部门	名　　称
1. 法律	2018.8.31	2019.1.1	全国人大常委会	中华人民共和国电子商务法
	2019.4.23	2019.4.23	全国人大常委会	中华人民共和国电子签名法
	2016.11.7	2017.6.1	全国人大常委会	中华人民共和国网络安全法
	2021.8.20	2021.11.1	全国人大常委会	中华人民共和国个人信息保护法
	2013.10.25	2014.3.15	全国人大常委会	中华人民共和国消费者权益保护法
	2021.4.29	2021.4.29	全国人大常委会	中华人民共和国广告法
	2019.4.23	2019.4.23	全国人大常委会	中华人民共和国反不正当竞争法
	2018.12.29	2018.12.29	全国人大常委会	中华人民共和国产品质量法
	1997.12.29	1998.5.1	全国人大常委会	中华人民共和国价格法
	2018.12.29	2018.12.29	全国人大常委会	中华人民共和国劳动法
	2012.12.28	2013.7.1	全国人大常委会	中华人民共和国劳动合同法
	2019.4.23	2019.11.1	全国人大常委会	中华人民共和国商标法
	2020.10.17	2021.6.1	全国人大常委会	中华人民共和国专利法
	2020.11.11	2021.6.1	全国人大常委会	中华人民共和国著作权法
	2020.5.28	2021.1.1	全国人民代表大会	中华人民共和国民法典
	2018.12.29	2018.12.29	全国人大常委会	中华人民共和国企业所得税法
	2018.8.31	2019.1.1	全国人大常委会	中华人民共和国个人所得税法
	2021.4.29	2021.4.29	全国人大常委会	中华人民共和国食品安全法
	2020.12.26	2021.3.1	全国人民代表大会	中华人民共和国刑法
	2019.8.26	2019.12.1	全国人大常委会	中华人民共和国药品管理法
2. 行政法规	2011.1.8	2011.1.8	国务院	互联网信息服务管理办法
	2013.1.30	2013.3.1	国务院	信息网络传播权保护条例
	2020.11.29	2020.11.29	国务院	营业性演出管理条例
	2010.12.4	2010.12.4	国务院	价格违法行为行政处罚规定
	2008.9.18	2008.9.18	国务院	中华人民共和国劳动合同法实施条例
	2014.4.29	2014.5.1	国务院	中华人民共和国商标法实施条例
	2010.1.9	2010.2.1	国务院	中华人民共和国专利法实施细则
	2013.1.30	2013.3.1	国务院	中华人民共和国著作权法实施条例

14

	发布日期	实施日期	发布部门	名　称
2. 行政法规	2020.6.16	2021.1.1	国务院	化妆品监督管理条例
	2024.3.15	2024.7.1	国务院	中华人民共和国消费者权益保护法实施条例
3. 部门规章	2019.12.15	2020.3.1	国家互联网信息办公室	网络信息内容生态治理规定
	2013.7.16	2013.9.1	工业和信息化部	电信和互联网用户个人信息保护规定
	2021.3.15	2021.5.1	国家市场监督管理总局	网络交易监督管理办法
	2020.10.29	2020.12.1	国家市场监督管理总局	规范促销行为暂行规定
	2020.10.23	2020.10.23	国家市场监督管理总局	侵害消费者权益行为处罚办法
	2020.10.23	2020.10.23	国家市场监督管理总局	网络购买商品七日无理由退货暂行办法
	2019.11.21	2020.1.1	国家市场监督管理总局	消费品召回管理暂行规定
	2019.12.24	2020.3.1	国家市场监督管理总局	药品、医疗器械、保健食品、特殊医学用途配方食品广告审查管理暂行办法
	2017.11.17	2017.11.17	国家食品药品监督管理总局	互联网药品信息服务管理办法
	2020.10.23	2020.10.23	国家市场监督管理总局	食品召回管理办法
	2020.10.23	2020.10.23	国家市场监督管理总局	网络餐饮服务食品安全监督管理办法
	2017.12.20	2018.3.1	国家食品药品监督管理总局	医疗器械网络销售监督管理办法
	2017.12.15	2017.12.15	文化部	互联网文化管理暂行规定
	2022.5.13	2022.5.13	文化和旅游部	营业性演出管理条例实施细则
	2020.4.29	2020.4.29	中国人民银行	非金融机构支付服务管理办法
	2021.8.30	2021.8.30	文化和旅游部	网络表演经纪机构管理办法
	2023.2.25	2023.5.1	国家市场监督管理总局	互联网广告管理办法

15

	发布日期	实施日期	发布部门	名　　称
3. 部门规章	2022.4.14	2022.7.1	国家市场监督管理总局	明码标价和禁止价格欺诈规定
	2006.9.12	2006.10.15	中华人民共和国商务部等	零售商促销行为管理办法
	2021.8.17	2021.9.15	国家市场监督管理总局	禁止网络不正当竞争行为规定
	2023.3.31	2023.9.1	国家药品监督管理局	化妆品网络经营监督管理办法
4. 国务院、部委的意见、通知、公告	2005.1.8	2005.1.8	国务院办公厅	国务院办公厅关于加快电子商务发展的若干意见
	2015.5.4	2015.5.4	国务院	国务院关于大力发展电子商务加快培育经济新动力的意见
	2020.9.16	2020.9.16	国务院办公厅	国务院办公厅关于以新业态新模式引领新型消费加快发展的意见
	2021.2.9	2021.2.9	国家互联网信息办公室等	关于加强网络直播规范管理工作的指导意见
	2018.8.1	2018.8.1	全国扫黄打非工作小组等	关于加强网络直播服务管理工作的通知
	2007.3.6	2007.3.6	商务部	商务部关于网上交易的指导意见（暂行）
	2010.6.24	2010.6.24	商务部	商务部关于促进网络购物健康发展的指导意见
	2011.1.5	2011.1.5	商务部	商务部关于规范网络购物促销行为的通知
	2020.11.5	2020.11.5	国家市场监督管理总局	市场监管总局关于加强网络直播营销活动监管的指导意见
	2020.12.28	2020.12.28	国家市场监督管理总局	市场监管总局关于加强网上销售消费品召回监管的公告
	2016.10.19	2016.10.19	国家工商行政管理总局	工商总局关于加强互联网领域消费者权益保护工作的意见
	2015.11.12	2015.11.12	国家工商行政管理总局	工商总局关于加强和规范网络交易商品质量抽查检验的意见
	2016.1.8	2016.1.8	国家工商行政管理总局	工商总局关于促进网络服务交易健康发展规范网络服务交易行为的指导意见（暂行）

	发布日期	实施日期	发布部门	名　　称
4. 国务院、部委的意见、通知、公告	2020.11.12	2020.11.12	国家广播电视总局	国家广播电视总局关于加强网络秀场直播和电商直播管理的通知
	2019.10.29	2019.10.29	国家广播电视总局	国家广播电视总局办公厅关于加强"双11"期间网络视听电子商务直播节目和广告节目管理的通知
	2016.9.2	2016.9.2	国家新闻出版广电总局	国家新闻出版广电总局关于加强网络视听节目直播服务管理有关问题的通知
	2019.6.12	2019.6.12	国家邮政局	国家邮政局、商务部关于规范快递与电子商务数据互联共享的指导意见
	2020.10.28	2020.10.28	中国银行保险监督管理委员会	中国银行保险监督管理委员会关于防范金融直播营销有关风险的提示
	2022	2022	市场监管总局等	关于进一步规范明星广告代言活动的指导意见
	2022.6.8	2022.6.8	国家广播电视总局、文化和旅游部	网络主播行为规范
	2016.7.1	2016.7.1	文化部	加强网络表演管理工作的通知
	2022.3.25	2022.3.25	国家互联网信息办公室等	关于进一步规范网络直播营利行为促进行业健康发展的意见
	2022.4.12	2022.4.12	国家广播电视总局等	关于加强网络视听节目平台游戏直播管理的通知
	2022	2022	中央网络安全和信息化文员会办公室等	关于开展"清朗·整治网络直播、短视频领域乱象"专项行动的通知
	2022	2022	中央精神文明建设指导委员会办公室等	关于规范网络直播打赏　加强未成年人保护的意见
	2023.7.5	2023.7.5	中央网络安全和信息化委员会办公室	中央网信办秘书局关于加强"自媒体"管理的通知

17

	发布日期	实施日期	发布部门	名　　称
4. 国务院、部委的意见、通知、公告	2023.5.7	2023.5.7	中央文明办、文化和旅游部、国家广播电视总局、国家互联网信息办公室	关于规范网络直播打赏加强未成年人保护的意见
5. 部委规定、规范、指引	2021.4.16	2021.5.25	国家互联网信息办公室等	网络直播营销管理办法（试行）
	2016.11.4	2016.12.1	国家互联网信息办公室	互联网直播服务管理规定
	2021.1.22	2021.2.22	国家互联网信息办公室	互联网用户公众账号信息服务管理规定
	2021.3.12	2021.5.1	国家互联网信息办公室等	常见类型移动互联网应用程序必要个人信息范围规定
	2016.12.2	2017.1.1	文化部	网络表演经营活动管理办法
	2009.4.2	2009.12.1	商务部	电子商务模式规范
	2009.4.2	2009.12.1	商务部	网络交易服务规范
	2016.8.18	2016.8.18	商务部	第三方电子商务交易平台服务规范
	2015.12.28	2016.7.1	中国人民银行	非银行支付机构网络支付业务管理办法
	2020.6.2	2020.6.2	中国人民银行	非金融机构支付服务管理办法实施细则（部分失效）
	2021.7.20	2021.9.1	中国人民银行	非银行支付机构重大事项报告管理办法
	2005.10.26	2005.10.26	中国人民银行	电子支付指引（第一号）
	2014.5.28	2014.5.28	国家工商行政管理总局	网络交易平台经营者履行社会责任指引
	2014.7.30	2014.7.30	国家工商行政管理总局	网络交易平台合同格式条款规范指引
	2020.11.13	2020.11.28	国家互联网信息办公室	互联网直播营销信息内容服务管理规定（征求意见稿）
	2006.11.10	2007.1.1	国家工商行政管理总局、卫生部	医疗广告管理办法（2006 年修改）
	2011.10.12	2013.1.1	卫生部	食品安全国家标准预包装食品营养标签通则

	发布日期	实施日期	发布部门	名　　称
	2012.12.28	2012.12.28	全国人大常委会	全国人民代表大会常务委员会关于加强网络信息保护的决定
	2020.6	2020.7.1	中国广告协会	网络直播营销行为规范
	2022.11	2022.11	北京市市场监管发展研究中心	网络交易经营者落实主体责任合规指引（市场监管领域）
	/	2021.3	中国广告协会	网络直播营销选品规范
	2023.2.25	2023.2.25	国家市场监督管理总局	市场监管总局关于发布《广告绝对化用语执法指南》的公告
	2023.3.30	/	北京市市场监督管理局	北京市明星广告代言行为合规指引
	2021.4.8	2021.5.1	国家药品监督管理局	化妆品功效宣称评价规范
	2023.1.13	2023.1.13	北京市市场监督管理局	北京市药品、医疗器械、保健食品、特殊医学用途配方食品广告合规指引
6. 其他	2022.7.15	2022.7.15	广州市人民检察院等	关于印发《广州市跨境电商行业合规指引（试行）》的通告
	2022.6.20	2022.6.20	海南省市场监督管理局	海南省市场监督管理局关于印发《户外广告合规指引》的通知
	2022.8.10	2022.8.10	厦门市市场监督管理局	厦门市市场监督管理局关于印发《厦门市商业广告代言活动合规指引》的通知
	2022.1.20	2022.1.20	上海市市场监督管理局	上海市市场监督管理局关于印发《商业广告代言活动合规指引》的通知
	2022.1.10	2022.1.10	上海市市场监督管理局	上海市市场监督管理局关于印发《上海市盲盒经营活动合规指引》的通知
	2021.10.29	2021.10.29	浙江省市场监督管理局	浙江省市场监督管理局关于印发《明星商业广告代言行为合规指引》的通告
	2021.12.27	/	深圳市市场监督管理局	深圳市药品、医疗器械、保健食品、特殊医学用途配方食品广告合规指引（征求意见稿）
	2022.9.28	2022.11.1	重庆市人大常委会	重庆市户外广告管理条例

19

续表

	发布日期	实施日期	发布部门	名　称
6. 其他	2022.1.19	2022.1.19	重庆市市场监督管理局	重庆市市场监督管理局关于印发《广告活动负面清单》的通知
	2018.7.24	/	上海市广告协会	关于发布《广告发布标准》和《广告审查提示》的告示
	/	2019.10.27	中国广告协会	中国广告协会乳粉广告自律规则
	2021.1.26	/	温州市市场监督管理局	网络直播营销选品审查提示
	2022.3.14	2022.3.15	浙江省网商协会	直播电子商务选品与品控管理规范
	2021.9.30	2022.1.1	国家药品监督管理局	国家药监局关于发布《儿童化妆品监督管理规定》的公告
	2021.4.8	2021.5.1	国家药品监督管理局	国家药监局关于发布《化妆品分类规则和分类目录》的公告
	2022.2.15	2022.10.1	国家药品监督管理局	国家药监局关于发布《化妆品不良反应监测管理办法》的公告
	2021.5.31	2022.5.1	国家药品监督管理局	国家药监局关于发布《化妆品标签管理办法》的公告
	2021.4.27	2021.5.1	国家药品监督管理局	国家药监局关于发布《已使用化妆品原料目录（2021 年版）》的公告
	2021.3.26	2021.3.26	广州市律师协会和广州市直播电子商务行业协会	网络电商直播常见法律纠纷处理指引
	2021.10.27	2021.10.27	广东省知识产权局	直播电商知识产权保护工作指引
	2024.6.7	2024.6.7	北京市市场监督管理局	北京市直播带货合规指引（征求意见稿）

第二章
搭建合规体系

商业活动的内核在于逐利，这一本质特性与法律所赋予的规制性，犹如天平两端，不时发生微妙的碰撞与平衡。法律，宛如一张无形而庞大的网，精心编织，旨在将商业活动引导至合法合规的轨道上。如何在法律的框架内，让商业之舟自由而稳健地航行，成为了每一位企业家必须深思熟虑的课题。特别是在 MCN 这一新兴且快速发展的领域，随着行业从初期的自由探索逐步迈向严格监管的新阶段，合规经营的重要性更是凸显无疑。

本篇将从 MCN 业务的资质准入门槛、业务流程的合规构建，以及业务内容的规范引导等多个维度，为企业提供全面而实用的指导策略，助力企业构建起合规体系。这不仅能让企业在法律的红线内稳步前行，更能在激烈的市场竞争中脱颖而出，有效规避因违规操作而带来的种种风险，实现健康、可持续的发展。

第一节　MCN 业务的资质要求

一、关于《增值电信业务许可证》

1. 什么是《增值电信业务许可证》

《增值电信业务许可证》中增值电信业务所对应的是基础电信业务，即根据《中华人民共和国电信条例（2016 修订）》（以下简称《电信条例》）项下的划分，电信业务被分为基础电信业务与增值电信业务。

（1）什么是电信业务

根据《电信条例》第 2 条第 2 款规定：本条例所称电信，是指利用有线、无线的电磁系统或者光电系统，传送、发射或者接收语音、文字、数据、图像以及其他任何形式信息的活动。电信一词系从英文单词 "Telecommunications" 翻译而来，而 "Telecommunications" 可以被拆解为 "Tele+communications"，即以电相关的形式进行交流，而电的形式发展至今包括当下的固定电话、手机、互联网等形式，而交流的载体包括语音、文字、数据、图像等形式，从事与前述内容相关的行业都可以被定性为从事电信业务。

（2）基础电信业务与增值电信业务

电信业务分类的具体划分在《电信条例》所附的《电信业务分类目录》中列出。国务院信息产业主管部门根据实际情况，可以对目录所列电信业务分类项目作局部调整，重新公布。《电信条例》第 8 条将电信业务区分为基础电信业务和增值电信业务。所谓基础电信业务，是指提供公共网络基础设施、公共数据传送和基本话音通信服务的业务，如固定电话、移动电话、卫星通信、互联网等基础通信服务；而增值电信业务是指利用公共网络基础设施提供附加的电信与信息服务业务，有时也称之为增强型业务，增值电信业务的主要特征是面向社会提供信息服务，凭借公用电信网的资源和其他通信设备而开发的附加通信业务，其实现的价值使原有网络的经济效益或功能价值增高，故称之为电信增值业务（又称增值业务）。而我们在此处重点讨论即为增值电信业务。

（3）第一类增值电信业务与第二类增值电信业务

根据《电信业务分类目录》的规定，增值电信业务又被细分为第一类增值电信业务与第二类增值电信业务，第一类增值电信业务许可证包含《电信业务分类目录》项下 B11 互联网数据中心业务（IDC 许可证）、B12 内容分发网络业务（CDN 许可证）、B13 国内互联网虚拟专用网业务（VPN 许可证）、B14 互联网接入服务业务（ISP 许可证）。

第二类增值电信业务许可证包含《电信业务分类目录》项下 B21 在线数据处理与交易处理业务（EDI 许可证）、B22 国内多方通信服务业务、B23 存储转发类业务、B24 呼叫中心业务、B25 信息服务业务（SP 许可证）、B25 互联网信息服务业务（ICP 许可证）。

2. ICP 许可证和 EDI 许可证

从前文中我们可以看出，《增值电信业务许可证》项下根据业务类型不同，分为不同的许可类型，在 MCN 行业中最为常见的即为 ICP 许可证以及 EDI 许可证。

ICP 许可证的全称为：增值电信业务经营许可证——信息服务业务（仅限互联网信息服务），具体是指通过信息采集、开发、处理和信息平台的建设，通过公用通信网或互联网向用户提供信息服务的业务，信息服务业务主要包含：信息发布平台和递送服务（如新闻网站、电子公告牌、客户端服务、手机报、应用商店等）、信息搜索查询服务、信息社区平台服务、信息即时交互服务、信息保护和处理服务。

EDI 证全称为：增值电信业务经营许可证——在线数据处理与交易处理业务，

具体是指利用各种与通信网络相连的数据与交易 / 事务处理应用平台，通过通信网络为用户提供在线数据和交易 / 事务处理的业务。在线数据和交易处理业务包括交易处理业务、电子数据交换业务和网络电子设备数据处理业务；主要是解决公司业务涉及在线数据处理与交易处理业务包括经营类电子商务业务、电子数据交换业务、网络 / 电子设备数据处理业务。

3．如何办理《增值电信业务许可证》

根据《电信业务经营许可管理办法（2017）》第 6 条规定，从事增值电信业务的条件如下表 2-1 所示：

表 2-1

1	公司依法设立
2	具有资金与专业人员
3	有为用户提供长期服务的信誉或者能力
4	在省、自治区、直辖市范围内经营的，注册资本最低限额为 100 万元人民币；在全国或者跨省、自治区、直辖市范围经营的，注册资本最低限额为 1000 万元人民币
5	有必要的场地、设施及技术方案
6	公司及其主要投资者和主要经营管理人员未被列入电信业务经营失信名单

办理相关许可证应当向各级工业和信息化部门申请办理，所需提交的材料如下表 2-2 所示：

表 2-2

1	公司法定代表人签署的经营增值电信业务的书面申请
2	公司营业执照副本及复印件
3	公司概况
4	公司章程、公司股权结构及股东的有关情况
5	经营电信业务的业务发展和实施计划及技术方案
6	为用户提供长期服务和质量保障的措施
7	网络与信息安全保障措施
8	证明公司信誉的有关材料
9	公司法定代表人签署的公司依法经营电信业务的承诺书

上述材料经审核通过后方能取得对应业务领域的《增值电信业务许可证》，具体审批要求应当以各地工业和信息化部门的具体要求为准。

4．未依法取得、使用《增值电信业务许可证》的法律后果

根据《电信业务经营许可管理办法（2017）》第 8 章的相关规定，未依法取得、使用《增值电信业务许可证》可能面临如下表 2-3 所示处罚：

表 2-3

序号	违法情形	处罚结果
1	隐瞒有关情况或者提供虚假材料申请电信业务经营许可的	电信管理机构不予受理或者不予行政许可，给予警告，申请人在一年内不得再次申请该行政许可
2	以欺骗、贿赂等不正当手段取得电信业务经营许可的	电信管理机构撤销该行政许可，给予警告并直接列入电信业务经营失信名单，并视情节轻重处 5000 元以上 3 万元以下的罚款，申请人在三年内不得再次申请该行政许可；构成犯罪的，依法追究刑事责任
3	擅自经营电信业务或者超范围经营电信业务的	依照《中华人民共和国电信条例》第 69 条规定予以处罚，其中情节严重、给予责令停业整顿处罚的，直接列入电信业务经营失信名单
4	伪造、涂改、冒用和以任何方式转让经营许可证	依照《中华人民共和国电信条例》第 68 条规定予以处罚
5	其他相关的违法行为	由电信管理机构责令改正，给予警告，可以并处 5000 元以上 3 万元以下的罚款

【案例链接】

某网络科技有限公司因未经用户同意发送商业性短信、未在规定时限内变更增值电信业务经营许可证法人信息，根据《通信短信息服务管理办法》（中华人民共和国工业和信息化部令第 31 号）第 18 条：短信息服务提供者、短信息内容提供者未经用户同意或者请求，不得向其发送商业性短信息。第 34 条：基础电信业务经营者、短信息服务提供者违反本规定第 7 条至第 12 条、第 15 条、第 18 条至第 21 条、第 27 条第 3 款规定的，由电信管理机构依据职权责令限期改正，予以警告，可以并处 1 万元以上 3 万元以下罚款，向社会公告。根据《电信业务经营许可管理办法》（中华人民共和国工业和信息化部令第 42 号）第 29 条：在经营许可证的有效期内，变更公司名称、法定代表人、注册资本的，应当在完成公司的工商变更登记手续之日起 30 日内向原发证机关申请办理电信业务经营许可证变更手续。第 48 条：违反本办法第 4 条第 2 款、第 20 条、第 22 条、第 23 条、第 24 条、第 29 条、

第 31 条或者第 35 条第 3 款规定的，由电信管理机构责令改正，给予警告，可以并处 5000 元以上 3 万元以下的罚款。被处以警告并罚款。（内通管罚决字〔2021〕2 号行政处罚）

二、关于《网络文化经营许可证》

1. 什么是《网络文化经营许可证》

根据《互联网文化管理暂行规定（2017 修订）》（以下简称《暂行规定》）第 9 条规定：对申请从事经营性互联网文化活动的，省、自治区、直辖市人民政府文化行政部门应当自受理申请之日起 20 日内做出批准或者不批准的决定。批准的，核发《网络文化经营许可证》，并向社会公告；不批准的，应当书面通知申请人并说明理由。因此，从事经营性互联网文化活动的公司应当办理《网络文化经营许可证》。

所谓经营性互联网文化活动，根据《暂行规定》第 3 条规定：互联网文化活动是指提供互联网文化产品及其服务的活动；根据《暂行规定》第 2 条规定：互联网文化产品包括专门为互联网而生产的网络音乐娱乐、网络游戏、网络演出剧（节）目、网络表演、网络艺术品、网络动漫等互联网文化产品以及将音乐娱乐、游戏、演出剧（节）目、表演、艺术品、动漫等文化产品以一定的技术手段制作、复制到互联网上传播的互联网文化产品。

综上所述，提供上述产品及其服务且以营利为目的（通过向上网用户收费或者以电子商务、广告、赞助等方式获取利益）的经营者需要办理《网络文化经营许可证》，这其中当然包含了 MCN 机构。

而对于 MCN 机构而言，《文化和旅游部办公厅关于调整〈网络文化经营许可证〉审批范围进一步规范审批工作的通知》第 6 条对于直播行业是否需要办理《网络文化经营许可证》进行了明确的规定，该条载明调整后的《网络文化经营许可证》审批范围包括：网络音乐、网络演出剧（节）目、网络表演、网络艺术品、网络动漫和展览、比赛活动。其中，网络表演指以网络表演者个人现场进行的文艺表演活动等为主要内容，通过互联网、移动通讯网、移动互联网等信息网络实时传播，或者以音视频形式上载传播而形成的互联网文化产品。电商类、教育类、医疗类、培训类、金融类、旅游类、美食类、体育类、聊天类等直播不属于网络表演。因此，电商类、教育类、医疗类、培训类、金融类、旅游类、美食类、体育类、聊天类等直播不属于网络表演，不符合《网络文化经营许可证》审批范围，不予发放《网络文化经营许可证》；其余符合网络表演性质的直播应当取得《网络文化经营许

25

可证》。

2. 如何办理《网络文化经营许可证》

根据《暂行规定》第 7 条规定，申请《网络文化经营许可证》的主体应当符合如下表 2-4 所示条件：

表 2-4

1	有单位的名称、住所、组织机构和章程
2	有确定的互联网文化活动范围
3	有适应互联网文化活动需要的专业人员、设备、工作场所以及相应的经营管理技术措施
4	有确定的域名

根据《暂行规定》第 9 条规定，申请《网络文化经营许可证》的主体应当提交如下表 2-5 所示材料：

表 2-5

1	申请表
2	营业执照和章程
3	法定代表人或者主要负责人的身份证明文件
4	业务范围说明
5	专业人员、工作场所以及相应经营管理技术措施的说明材料
6	域名登记证明

3. 未依法取得、使用《网络文化经营许可证》的法律后果

根据《暂行规定》的相关规定，未经批准，擅自从事经营性互联网文化活动的，由县级以上人民政府文化行政部门或者文化市场综合执法机构责令停止经营性互联网文化活动，予以警告，并处 30000 元以下罚款；拒不停止经营活动的，依法列入文化市场黑名单，予以信用惩戒。

三、关于《信息网络传播视听节目许可证》

1. MCN 机构是否需要办理《信息网络传播视听节目许可证》

答案是肯定的。根据《互联网视听节目服务管理规定》第 7 条规定：从事互联

网视听节目服务，应当依照本规定取得广播电影电视主管部门颁发的《信息网络传播视听节目许可证》或履行备案手续。《信息网络传播视听节目许可证》是指从事制作、编辑、集成并通过互联网向公众提供视音频节目，以及为他人提供上载传播视听节目服务的主体须取得的资质许可。

根据《国家新闻出版广电总局关于加强网络视听节目直播服务管理有关问题的通知》第 1 条规定：持有新闻出版广电行政部门颁发的《信息网络传播视听节目许可证》，且许可项目为第一类（详见《广电总局关于发布〈互联网视听节目服务业务分类目录（试行）〉的通告》）互联网视听节目服务第 5 项的互联网视听节目服务机构，方可通过互联网对重大政治、军事、经济、社会、文化、体育等活动、事件的实况进行视音频直播。

持有《信息网络传播视听节目许可证》且许可项目为第二类互联网视听节目服务第 7 项的互联网视听节目服务机构，方可通过互联网对一般社会团体文化活动、体育赛事等组织活动的实况进行视音频直播。

因此，对于从事制作、编辑、集成并通过互联网向公众提供网络剧的 MCN 机构或者从事社区民间体育、文化、娱乐直播活动的 MCN 机构，严格意义上而言，都需要取得《信息网络传播视听节目许可证》。

2. 如何办理《信息网络传播视听节目许可证》

根据《互联网视听节目服务管理规定（2015 修订）》第 8 条规定，申请从事互联网视听节目服务的，应当同时具备如下表 2-6 所示条件：

表 2-6

1	具备法人资格，国有独资或国有控股单位，且在申请之日前三年内无违法违规记录
2	有健全的节目安全传播管理制度和安全保护技术措施
3	有与其业务相适应并符合国家规定的视听节目资源
4	有与其业务相适应的技术能力、网络资源
5	有与其业务相适应的专业人员，且主要出资者和经营者在申请之日前三年内无违法违规记录
6	技术方案符合国家标准、行业标准和技术规范
7	符合国务院广播电影电视主管部门确定的互联网视听节目服务总体规划、布局和业务指导目录

3. 未依法取得、使用《信息网络传播视听节目许可证》的法律后果

根据《互联网视听节目服务管理规定（2015 修订）》的相关规定，未依法取

得、使用《信息网络传播视听节目许可证》(以下简称《许可证》)可能面临如下表 2-7 所示的处罚结果:

表 2-7

序号	违法情形	处罚结果
1	擅自在互联网上使用广播电视专有名称开展业务的	由县级以上广播电影电视主管部门予以警告、责令改正,可并处 3 万元以下罚款;同时,可对其主要出资者和经营者予以警告,可并处 2 万元以下罚款
2	变更股东、股权结构,或上市融资,或重大资产变动时,未办理审批手续的	
3	未建立健全节目运营规范,未采取版权保护措施,或对传播有害内容未履行提示、删除、报告义务的	
4	未在播出界面显著位置标注播出标识、名称、《许可证》和备案编号的	
5	未履行保留节目记录、向主管部门如实提供查询义务的	
6	向未持有《许可证》或备案的单位提供代收费及信号传输、服务器托管等与互联网视听节目服务有关的服务的	
7	未履行查验义务,或向互联网视听节目服务单位提供其《许可证》或备案载明事项范围以外的接入服务的	
8	进行虚假宣传或者误导用户的	
9	未经用户同意,擅自泄露用户信息秘密的	
10	互联网视听服务单位在同一年度内三次出现违规行为的	
11	拒绝、阻挠、拖延广播电影电视主管部门依法进行监督检查或者在监督检查过程中弄虚作假的	
12	以虚假证明、文件等手段骗取《许可证》的	
13	擅自从事互联网视听节目服务的	由县级以上广播电影电视主管部门予以警告、责令改正,可并处 3 万元以下罚款;情节严重的,根据《广播电视管理条例》第 47 条的规定予以处罚
14	传播的视听节目内容违反本规定的	由县级以上广播电影电视主管部门予以警告、责令改正,可并处 3 万元以下罚款;情节严重的,根据《广播电视管理条例》第 49 条的规定予以处罚

序号	违法情形	处罚结果
15	未按照许可证载明或备案的事项从事互联网视听节目服务的或违规播出时政类视听新闻节目的	由县级以上广播电影电视主管部门予以警告、责令改正，可并处3万元以下罚款；情节严重的，根据《广播电视管理条例》第50条之规定予以处罚
16	转播、链接、聚合、集成非法的广播电视频道和视听节目网站内容的，擅自插播、截留视听节目信号的	由县级以上广播电影电视主管部门予以警告、责令改正，可并处3万元以下罚款；情节严重的，根据《广播电视管理条例》第51条之规定予以处罚

四、关于《营业性演出许可证》

根据《营业性演出管理条例》《营业性演出管理条例实施细则》等相关规定，若MCN机构商业模式包括直播打赏、直播带货、线下演出，系以营利为目的，且通过售票或者接受赞助、支付演出单位或个人报酬、以演出为媒介进行广告宣传或产品促销或以其他营利方式组织演出的方式为公众举办的现场文艺表演活动的，则需要办理《营业性演出许可证》。

而随着近些年网络直播的兴起，2021年8月30日，文化和旅游部出台了《网络表演经纪机构管理办法》，其明确规定从事网络表演、网络表演者经纪活动的单位应当取得营业性演出许可证，并且明确了在本办法实施后的18个月缓冲期内取得经营资质，缓冲期内无经营资质不视为违反本办法规定。后由于疫情影响，政策缓冲期延长至2024年2月29日。

第二节　直播活动的流程

一、直播活动提前报审报备管理

关于直播活动的提前报备，鉴于分布在不同的法律法规中，我们在此对于相关制度进行了以下梳理：

根据《国家新闻出版广电总局关于加强网络视听节目直播服务管理有关问题的通知》第2条规定：通过互联网开展视听节目直播服务的互联网视听节目服务机构，开展重大政治、军事、经济、社会、文化、体育等活动、事件的实况直播前5

29

天，开展一般社会团体文化活动、体育赛事等组织活动的实况直播前 48 小时，应将拟直播的具体活动相关信息报所在地省级新闻出版广电行政部门备案。

根据《网络表演经营活动管理办法》第 10 条规定：网络表演经营单位为外国或者香港特别行政区、澳门特别行政区、台湾地区的表演者（以下简称"境外表演者"）开通表演频道并向公众提供网络表演产品的，应当于开通网络表演频道前，向文化部提出申请。未经批准，不得为境外表演者开通表演频道。为境内表演者开通表演频道的，应当于表演者开展表演活动之日起 10 日内，将表演频道信息向文化部备案。

根据《国家新闻出版广电总局关于加强网络直播答题节目管理的通知》第 3 条第 1 款规定：开设网络直播答题节目，应按照网络视听节目直播服务管理的有关规定，提前 5 天将拟直播的具体节目信息通过"网络视听节目直播服务备案系统"备案，备案通过方可上线播出。

根据《国家广播电视总局关于加强网络秀场直播和电商直播管理的通知》第 3 条规定：社会知名人士及境外人员开设直播间，平台应提前向广播电视主管部门报备。

因此，我们在此提示，直播运营方在开展上述相应的直播活动前，应当根据上述法律规定，在规定时间内向相关部门进行报备。

30

二、实名制核验

为了规范化管理直播行业，提升入驻商家、个人的质量，从而保障消费者权益，相关法律法规及直播平台对于商家、个人的身份、资质的核验，都有较为严格的要求。

《网络直播营销管理办法（试行）》第 8 条规定：直播营销平台应当对直播间运营者、直播营销人员的身份信息的真实性进行核验，并报送相关涉税信息。同时应当建立直播营销人员真实身份动态核验机制，在直播前核验所有直播营销人员身份信息。

《网络直播营销行为规范》规定，入驻直播平台的商家应当提供真实有效的主体身份、联系方式、相关行政许可等信息，信息若有变动，应及时更新并告知平台进行审核；主播入驻网络直播营销平台，应提供真实有效的个人身份、联系方式等信息，信息若有变动，应及时更新并告知。

在抖音用户协议中，平台明确约定在注册、使用抖音账号时，应提供真实、准确、合法、有效的身份证明材料及必要信息。当提交的注册信息发生变更时，应及时更新相应信息。若提交的信息不准确、不真实、不合法或者平台有理由判断上述信息存疑，则平台有权要求更正、补充，或拒绝为用户提供相关服务。同时，按照抖音电商的要求，以销售食品饮料为例，还应当提供食品生产许可证、无公害农产品认证证书、农产品地理标志登记证书、绿色食品认证证书、有机食品认证证书、农业转基因生物安全证书、原产地证明等相关证书。

因此，在进行直播营销前，应当确保自身已经取得合法的主体资格，并按照相关直播平台的要求，上传相关资质证照文件；在相关文件即将过期前，应当及时续期或重新办理，并同步上传，避免因缺乏相关资质影响正常直播。

三、直播过程合规

1. 直播前的准备

以抖音平台带货规则并以其中销售食品饮料为例，在直播前发布商品信息时应当注意以下要求：

（1）商品标题

标题的基本要求包括：第一，商品标题中的"商品名称"，须与实物包装上的品名保持一致；第二，非预包装食品，若无品牌，标题可不添加品牌；第三，标题中声称的配料，须为商品主配料；第四，如商品已临近保质期且在可售临近保质期内，须在标题中注明"临期商品"字样；通用标题模式为"中文品牌（英文品牌）+基本属性（口味等）+品名+规格参数（净含量/规格/尺寸/加工方式/包装/等级等）"。

（2）商品配图

第一张图为完整的商品正面实物图；第二至第五张为其他角度实物图展示、外包装展示、食品标识标签图展示；其中，食品标识标签图需满足的要求包括：标签图上文字须清晰可见；国产商品需展示完整的中文标签；进口商品须展示完整的简体中文标签。

（3）库存量单位（SKU）

不同规格的商品，需要在库存量单位信息中明确差异化，如：按商品重量、按商品净含量或个数；同时需在商品库存量单位中写明核心差异点并通过对应商品图片进行明示。不得发布与属性信息无关的库存量单位信息，如"嫌小勿买""不买后悔"等推荐语；不得发布"不推荐""特别推荐""力荐"等有明显诱导性词汇。

（4）商品详情

第一，商品信息展示。商品基本信息涉及以下内容：商品名称、成分或者配料表、净含量和规格、产地、保质期、产品标准代号或执行标准（进口食品可免）、食品生产许可证编号、贮存方式、净含量、生产商名称／地址等；需展示食品添加剂食品生产许可证编号（进口食品可免）；如为临近失效期商品，应在商品详情页面醒目位置明确标注为临期商品，并说明剩余保质期；转基因食品应显著标示。

第二，产品展示。商品卖点介绍、商品细节展示、标识标签展示、商品包装展示，其中标识标签展示包括：国产商品展示完整的中文标签；进口商品展示完整的简体中文标签；标签内容需符合"标志标签细则"的要求；标签必须印制在商品包装上，平台不接受标签以加贴形式出现的包装。

第三，特殊资质展示：如宣称绿色食品、有机食品、转基因食品，需展示对应资质。

（5）商品标识标签规范

发布商品需上传清晰可识读的标识标签图片，对于实拍商品标签图无法清晰全面展示的详细信息（比如：表面皱缩的真空包装食品、营养成分表与其他标签信息不在商品同一表面），可以上传标签矢量图、空包装图，具体标准可参考如下标准：

第一，预包装食品（有食品生产许可）：商品标签应符合《GB7718—2011食品安全国家标准　预包装食品标签通则》要求，标签标示应包括食品名称、配料表、净含量和规格、生产者和（或）经销者的名称、地址和联系方式、生产日期和保质期、贮存条件、食品生产许可证编号、产品标准代号、营养成分表及其他需要标示的内容。

第二，食用农产品（无食品生产许可）：根据《中华人民共和国农产品质量安全法》农产品生产企业、农民专业合作经济组织以及从事农产品收购的单位或者个人销售的农产品，按照规定应当包装或者附加标识的，须经包装或者附加标识后方可销售。包装物或者标识上应当按照规定标明产品的品名、产地、生产者、生产日期、保质期、产品质量等级等内容；使用添加剂的，还应当按照规定标明添加剂的名称。

2．直播过程中应具备的条件

根据《国家新闻出版广电总局关于加强网络视听节目直播服务管理有关问题的通知》第3条规定：直播过程中应当配备人员进行审看，建立替换机制，以便在直播过程中遇到不符合法律法规内容时实现切换，并对直播内容录制后保存60日。

《网络表演经营活动管理办法》第13条规定：网络表演经营单位应当对于网络表演进行实时监管，向公众提供的非实时的网络表演音视频（包括用户上传的），应当严格实行先自审后上线。

《国家新闻出版广电总局关于加强网络直播答题节目管理的通知》第4条规定：符合条件的网络直播答题平台，要建立健全内部管理制度，强化总编辑内容把关责任，配齐配强审核人员队伍，完善应急处置、弹幕评论、用户账号、举报受理等管理办法和细则，层层压紧压实审核责任，确保发现问题能一键关停，责任倒查能追究到人。直播内容须录制留存 60 日备查。

3. 直播弹幕

根据《国家新闻出版广电总局关于加强网络视听节目直播服务管理有关问题的通知》第 4 条规定：开展重大政治、军事、经济、社会、文化、体育等活动、事件的实况直播不得开启弹幕，其他直播应当重点对弹幕内容审核，弹幕发布应当核实其身份真实性并督促弹幕内容符合公序良俗。

此外，《互联网跟帖评论服务管理规定》要求弹幕服务提供者应当建立健全用户个人信息保护制度、对新闻信息提供跟帖评论服务的，应当建立先审后发制度、提供弹幕方式跟帖评论服务的，应当在同一平台和页面同时提供与之对应的静态版信息内容、建立监管体系并成立专业监管团队。第 4 条规定：跟帖评论服务提供者应当严格落实主体责任，依法履行以下义务：（一）按照"后台实名、前台自愿"原则，对注册用户进行基于移动电话号码、身份证件号码或者统一社会信用代码等方式的真实身份信息认证，不得向未认证真实身份信息或者冒用组织机构、他人身份信息的用户提供跟帖评论服务。（二）建立健全用户个人信息保护制度，处理用户个人信息应当遵循合法、正当、必要和诚信原则，公开个人信息处理规则，告知个人信息的处理目的、处理方式、处理的个人信息种类、保存期限等事项，并依法取得个人的同意。法律、行政法规另有规定的除外。（三）对新闻信息提供跟帖评论服务的，应当建立先审后发制度。（四）提供弹幕方式跟帖评论服务的，应当在同一平台和页面同时提供与之对应的静态版信息内容。（五）建立健全跟帖评论审核管理、实时巡查、应急处置、举报受理等信息安全管理制度，及时发现处置违法和不良信息，并向网信部门报告。（六）创新跟帖评论管理方式，研发使用跟帖评论信息安全管理技术，提升违法和不良信息处置能力；及时发现跟帖评论服务存在的安全缺陷、漏洞等风险，采取补救措施，并向网信部门报告。（七）配备与服务规模相适应的审核编辑队伍，加强跟帖评论审核培训，提高审核编辑人员专业素养。（八）配合网信部门依法开展监督检查工作，提供必要的技术、数据支持和协助。

四、跳转服务安全管理

为了更好的将流量变现，不少 MCN 机构、主播在其拍摄的短视频、直播间挂上商品链接、小程序或二维码，消费者在点击或扫描二维码后将跳转至商品销售页面，从而更好地进行营销。对于跳转服务也应当有相应的监管措施。

根据《网络直播营销管理办法（试行）》第9条第2款规定：直播营销平台应当加强直播间内链接、二维码等跳转服务的信息安全管理，防范信息安全风险；第15条第2款规定：消费者通过直播间内链接、二维码等方式跳转到其他平台购买商品或者接受服务，发生争议时，相关直播营销平台应当积极协助消费者维护合法权益，提供必要的证据等支持。这就要求直播营销平台对于跳转服务具有相应的监管义务，同时消费者对于跳转服务产生纠纷时，平台还负有协助义务。

而有些地区对于网络直播中的跳转服务有更加严格的规定，如《上海市消费者权益保护条例》第43条规定：网络直播营销平台应当对直播间运营者、直播营销人员进行身份信息认证。网络直播营销平台应当加强对直播间内链接、二维码等跳转服务的信息安全管理，防范信息安全风险。消费者通过直播间内链接、二维码等跳转到其他平台购买商品或者接受服务发生争议时，网络直播营销平台应当协助消费者维护合法权益，提供有关记录以及其他必要的信息、数据等。直播间运营者应当标明直播间内链接、二维码等跳转所对应的商品或者服务的实际经营者。消费者因通过直播间内链接、二维码等跳转到其他平台购买商品或接受服务，合法权益受到损害，直播间运营者未标明实际经营者的，应当承担相应的责任。法律、行政法规另有规定的，从其规定。直播间运营者、直播营销人员发布的直播内容构成商业广告的，应当依法履行广告发布者、广告经营者或者广告代言人的义务并承担相应责任。

因此我们在此提示，直播营销平台应当积极履行对于跳转服务的审核工作，并在出现纠纷时积极配合消费者进行维权；同时作为直播间运营者，应当按照相应的法律规定对于信息进行披露。

【案例链接】

义乌市某电子商务有限公司自2022年7月起通过某短视频直播平台投放"某洁面乳"产品推广页面，消费者点击该页面自动唤醒打开手机淘宝App，并自动跳转至当事人伪造的"某洁面乳天猫巨划算"销售页面，误导消费者以为该产品正在参与"天猫聚划算"活动。2023年11月13日，义乌市市场监督管理局根据线索依法对当事人开展检查。经查，截至案发，当事人利用上述方式诱导消费者点击跳转页面共计474万余次。另查明当事人在伪造的页面中，使用虚假内容宣传产品使用效果。义乌市市场监督管理局认为，当事人上述行为违反了《中华人民共和国反不正当竞争法》第8条第1款的规定，即"经营者不得对其商品的性能、销售状况、用户评价等作虚假或者引人误解的商业宣传，欺骗、误导消费者"。最终，涉事企业被处罚没款 76 万元的行政处罚。

第三节　直播内容合规

MCN 机构在内容输出的过程中，应当特别注意直播内容的合规，本节中，我们将结合法律法规并区分直播表演以及直播带货两种情形对直播内容合规进行具体分析。

一、直播相关法律规定

随着互联网的发展，国家监管部门以及行业协会对 MCN 机构的直播内容发布了一系列文件进行规制，如下表 2-8 所示：

表 2-8

实施时间	名　　　称
2019 年 10 月	《关于加强"双十一"期间网络视听电子商务直播节目和广告节目管理的通知》
2020 年 3 月	《网络信息内容生态治理规定》
2020 年 7 月	《网络直播营销行为规范》
2020 年 10 月	《规范促销行为暂行规定》
2020 年 10 月	《关于防范金融直播营销有关风险的提示》
2020 年 11 月	《关于加强网络秀场直播和电商直播管理的通知》
2020 年 11 月	《关于加强网络直播营销活动监管的指导意见》
2020 年 11 月	《互联网直播营销信息内容服务管理规定（征求意见稿）》
2021 年 3 月	《网络直播营销选品规范》
2021 年 5 月	《网络交易监督管理办法》
2021 年 5 月	《网络直播营销管理办法（试行）》
2021 年 8 月	《网络表演经纪机构管理办法》
2023 年 5 月	《互联网广告管理办法》
2022 年 3 月	《关于进一步规范网络直播营利行为促进行业健康发展的意见》
2022 年 4 月	《关于加强网络视听节目平台　游戏直播管理的通知》
2022 年 4 月	《关于开展"清朗·整治网络直播、短视频领域乱象"专项行动的通知》
2022 年 5 月	《关于规范网络直播打赏　加强未成年人保护的意见》
2022 年 6 月	《网络主播行为规范》

　　上述法律规定对于直播内容的要求不得出现以下内容：发布违反宪法所确定的基本原则及违反国家法律法规的内容；发布颠覆国家政权，危害国家统一、主权和领土完整，危害国家安全，泄露国家秘密，损害国家尊严、荣誉和利益的内容；发布削弱、歪曲、否定中国共产党的领导、社会主义制度和改革开放的内容；发布诋毁民族优秀文化传统，煽动民族仇恨、民族歧视，歪曲民族历史或者民族历史人物，伤害民族感情、破坏民族团结，或者侵害民族风俗、习惯的内容；违反国家宗教政策，在非宗教场所开展宗教活动，宣扬宗教极端主义、邪教等内容；恶搞、诋毁、歪曲或者以不当方式展现中华优秀传统文化、革命文化、社会主义先进文化；恶搞、歪曲、丑化、亵渎、否定英雄烈士和模范人物的事迹和精神；使用换脸等深度伪造技术对党和国家领导人、英雄烈士、党史、历史等进行伪造、篡改；损害人民军队、警察、法官等特定职业、群体的公众形象；宣扬基于种族、国籍、地域、性别、职业、身心缺陷等理由的歧视；宣扬淫秽、赌博、吸毒，渲染暴力、血腥、恐怖、传销、诈骗，教唆犯罪或者传授犯罪方法，暴露侦查手段，展示枪支、管制刀具；编造、故意传播虚假恐怖信息、虚假险情、疫情、灾情、警情，扰乱社会治安和公共秩序，破坏社会稳定；展现过度的惊悚恐怖、生理痛苦、精神歇斯底里，造成强烈感官、精神刺激并可致人身心不适的画面、台词、音乐及音效等；侮辱、诽谤他人或者散布他人隐私，侵害他人合法权益；未经授权使用他人拥有著作权的作品；对社会热点和敏感问题进行炒作或者蓄意制造舆论"热点"；炒作绯闻、丑闻、劣迹，传播格调低下的内容，宣扬违背社会主义核心价值观、违反公序良俗的内容；服饰妆容、语言行为、直播间布景等展现带有性暗示、性挑逗的内容；介绍或者展示自杀、自残、暴力血腥、高危动作和其他易引发未成年人模仿的危险行为，表现吸烟、酗酒等诱导未成年人不良嗜好的内容；利用未成年人或未成年人角色进行非广告类的商业宣传、表演或作为噱头获取商业或不正当利益，指引错误价值观、人生观和道德观的内容；宣扬封建迷信文化习俗和思想、违反科学常识等内容；破坏生态环境，展示虐待动物，捕杀、食用国家保护类动物等内容；铺张浪费粮食，展示假吃、催吐、暴饮暴食等，或其他易造成不良饮食消费、食物浪费示范的内容；引导用户低俗互动，组织煽动粉丝互撕谩骂、拉踩引战、造谣攻击，实施网络暴力；营销假冒伪劣、侵犯知识产权或不符合保障人身、财产安全要求的商品，虚构或者篡改交易、关注度、浏览量、点赞量等数据流量造假；夸张宣传误导消费者，通过虚假承诺诱骗消费者，使用绝对化用语，未经许可直播销售专营、专卖物品等违反广告相关法律法规的；通过"弹幕"、直播间名称、公告、语音等传播虚假、骚扰广告；通过有组织炒作、雇佣水军刷礼物、宣传"刷礼物抽奖"等手段，暗示、诱惑、鼓励用户大额"打赏"，引诱未成年用户"打赏"或以虚假身份信息"打赏"；在涉及国家安全、公共安全，影响社会正常生产、生活秩序，影响他人正常生活、侵犯他人隐私等场所和其他法律法规禁止的场所拍摄或播出；展示或炒作大量奢侈品、珠宝、纸币等资产，展示无节制奢靡生活，贬低低收入群体的炫富行为。

二、直播带货合规

1. 直播带货行为合规

行为合规是指主播在直播过程中的言行举止合规。《网络直播营销管理办法（试行）》第 18 条对于直播禁止性行为进行了规定：禁止发布虚假或者引人误解的信息，欺骗、误导用户；禁止营销假冒伪劣、侵犯知识产权或不符合保障人身、财产安全要求的商品；禁止虚构或者篡改交易、关注度、浏览量、点赞量等数据流量造假等。

《市场监管总局关于加强网络直播营销活动监管的指导意见》则明确了直播平台、直播间运营方以及主播的责任，并要求规范营销商品质量，规范广告审查发布，保障消费者知情权和选择权；对于相关违法行为进行严厉查处。

《上海市网络直播营销活动合规指引》（以下简称《指引》）用了一整章的篇幅对于直播营销行为合规要求进行了规定，如坚持正确导向（可以理解为行为应当有正能量的导向）、禁止恶意营销、确保公平竞争、不得虚假宣传、规范广告发布、明码标价、规范促销活动、保护知识产权、保护未成年人、保护老年人、保障消费者知情权和选择权、无理由退货等。

2024 年 6 月 7 日，北京市市场监督管理局发布《北京市直播带货合规指引（征求意见稿）》，该《指引》从直播带货平台经营者、直播带货从业人员两个层面对于直播带货进行规制，对于平台经营者而言应当建立平台入驻登记制度，核实相关信息，对于带货商品进行限制规定并建立巡查、监督以及处罚的机制；而对于直播带货从业人员，《指引》则对带货人员本身、带货行为、带货商品、带货机制等方面进行了全面的规定。

2. 直播带货商品合规

商品合规是指直播销售的商品应当符合相关规定，如《上海市网络直播营销活动合规指引》第 9 条明确列出了负面清单，下列商品不得直播销售，如下表 2-9 所示：

表 2-9

序号	商 品 类 型
1	不符合保障人身、财产安全要求和环境保护要求的商品或服务;
2	国家明令淘汰并停止销售、失效、变质的商品;
3	不符合强制性国家标准的商品,无质量检验合格证明或者无中文标明产品名称、生产厂厂名和厂址的商品;
4	损害国家利益和社会公共利益,违背公序良俗的商品或服务;
5	未依法取得许可、备案、强制性认证或者其他特殊管理要求的商品;
6	侵犯他人知识产权的商品或服务;
7	国家药品监督管理部门发布的《药品网络销售禁止清单》中的药品;
8	处方药、烟草制品(含电子烟)、声称全部或者部分替代母乳的婴儿乳制品、饮料和其他食品等法律、行政法规禁止发布广告的商品或服务;
9	枪支、弹药、军火武器类商品,军用、警用类商品,管制器具类商品等;
10	色情、暴力、低俗类商品,赌博、博彩类商品或服务等;
11	法律法规禁止销售的动物、植物及相关制品,以及法律法规禁止使用的猎捕工具;
12	危险化学品、易制毒化学品;
13	有关部门明令暂停进口、销售的商品;
14	法律、行政法规禁止网上交易的其他商品。

此外,该条款明确规定了医疗、药品、医疗器械、农药、兽药、保健食品、特殊医学用途配方食品等法律、行政法规规定应当事先进行广告发布审查的商品和服务,不适宜以网络直播形式营销。

同时,该《指引》倡导销售商品时应当谨慎营销;从事跨境零售进口商品直播营销时,应当遵守进出口监督管理的法律、行政法规和国家有关规定;保证产品质量和产品安全。

因此,MCN 机构在直播时,首先应当确保直播内容符合法律法规的规定,切勿实施低俗、虚假、违反公序良俗的行为;销售商品时应当对商品品类、质量进行严格核查,避免因直播内容违法而遭受相应的行政处罚。

【案例链接】

2023 年 6 月,青岛市市场监督管理局对某服饰店在网络直播带货过程中对所推销的食品作虚假或者引人误解的商业宣传的违法行为,依法作出罚款 25 万元的行政处罚。2022 年 6 月，根据线索，青岛市市场监督管理局对当事人直播工作室进行了执法检查，经查，当事人在某短视频平台上开设店铺，通过上架商品、主播直播推销的方式，引导观众下单购买。2022 年 4 月，当事人在为某品牌自热米饭直播带货过程中，虚构套餐的加量、降价情况，伪造自热米饭的配菜效果，并将自热米饭中的大米虚假宣传为东北五常大米，以欺骗、误导消费者购买。当事人的上述行为违反了《中华人民共和国反不正当竞争法》第 8 条第 1 款的规定，构成虚假或引人误解的商业宣传行为。青岛市市场监督管理局依据《中华人民共和国反不正当竞争法》第 20 条第 1 款的规定，对当事人作出行政处罚。

3.禁止以直播带货为噱头进行私下交易

关于直播、发布短视频时私下交易，从法律到各平台都是明令禁止的行为，禁止私下交易的原因在于直播平台对于带货行为在一定程度上起到监管作用，而绕开平台的私下交易容易导致交易缺乏监管，使得消费者在购买商品出现纠纷时难以维权。

常见的私下交易形式包括：第一，直播间/短视频内引导用户点击主页看置顶视频而在视频中加入联系方式；第二，短视频中直接出现交易的商品、服务和联系方式；第三，在商品标题中发布手机号；第四，直播间评论引导微信下单（如"加微信××××××了解详情"）；第五，通过客服发布付款码；第六，通过个人简介、账号信息等提供联系方式。上述行为不仅是法律法规明确禁止的，也在各大直播平台的用户协议中被明确禁止。

因此，MCN 机构在发布视频或是在直播带货的过程中，切勿以任何形式诱导观众进行私下交易。

4.直播带货中的消费者维权

直播带货行业的兴起使得越来越多的消费者倾向于通过直播平台购买相关商品，而消费方式的变化使得在直播带货过程中消费者与直播平台、直播间运营方产生的纠纷增加，接下来我们就从不同维度分析消费者维权过程中各方应当承担的责任。

（1）直播平台责任

直播平台即在网络直播带货中提供网络直播服务的各类平台，直播平台所需承担的责任包括：

第一，对于直播间运营方、直播人员的资质、信息以及相关行政许可进行核验；

第二，根据法律规定对直播带货的商品是否符合相关规定进行核查；

第三，加强直播内容的监管，对违反法律规定的直播内容责令整改。

（2）直播间运营方责任

直播间运营方即在直播营销平台上注册账号或者通过自建网站等其他网络服务，开设直播间从事网络直播营销活动的自然人、法人或非法人组织，直播间运营方承担的责任包括：

第一，真实、准确、全面地发布商品或服务信息；

第二，构成商业广告的，则应当履行广告法规定的广告发布者、广告经营者的义务；

第三，没有依法表明产品的实际销售者的，消费者因购买产品而遭受损害的，既可以请求产品的实际销售者承担责任，也可以请求直播间运营者承担责任；

第四，对直播营销的产品或者服务的安全性的基本审核义务。

（3）直播间直播人员责任

第一，真实、准确、全面地发布商品或服务信息；

第二，在明知销售商品存在质量瑕疵、侵权情形的前提下，拒绝从事该商品或服务的网络直播营销活动；

第三，构成广告代言的，应当承担广告法项下关于代言人的责任。

而在司法实践中，为了消费者在购买直播商品出现纠纷时更好地维权，各地法院相继出台了裁判规则，如北京市互联网法院召开新闻发布会，明确了此类案件的相关裁判思路：第一，明确直播带货的责任分配，对于直播过程中主播的承诺应当予以履行并承担相应的责任，若直播间实际销售方不明确，直播间运营方应承担销售者责任；第二，认定直播带货违法行为，直播带货商家拥有更高的注意义务，隐瞒产品质量瑕疵应当承担违约责任，隐瞒虚构商品情况属于欺诈，应当承担惩罚性赔偿；第三，直播平台应当按照其过错承担相应的责任。

综上，从直播带货主体而言，直播平台、直播间运营方以及直播人员应当切实履行相应的义务，避免在直播带货过程中因怠于履行相关义务而承担赔偿责任；从消费者角度而言，消费者在购买商品过程中若其权益受到侵害，则应当保留相关证据，避免在维权过程中因缺乏证据而承担不利后果。

三、直播表演合规

除了直播带货以外，通过直播表演的形式获得打赏从而进行流量变现也是比较常见的一种直播方式。在直播表演的模式下，首先应当遵循的是表演内容符合本节第一段内容项下的相关法律规定，如表演内容应当积极向上，禁止淫秽色情、暴力以及其他违法内容；除需遵循相关法律规定外，各大直播平台也有其自身的规定。

1. 斗鱼直播平台的规定

斗鱼直播平台明确规定，不得表演带有性暗示、性挑逗等易使人产生性联想的内容：

穿着情色着装或使人产生性联想的着装，包括但不限于过于裸露的服饰、大尺度 cosplay 服饰、情趣制服、SM 装束或印有低俗不当图案的衣服等；

进行带有性暗示的抚摸、拉扯、舔咬、拍打等动作，或使用道具引起观众对性敏感部位的注意，或利用身体上的敏感部位进行游戏，包括且不限于使用性用品、内衣等作为道具，猜内衣 / 内裤颜色、剪丝袜、脱 / 穿丝袜、撕扯或剪衣服等；

进行具有挑逗性或诱导性的表演，包括且不限于脱衣舞等；

做出有走光风险的动作，包括且不限于弯腰、高抬腿、双腿分开、劈叉、下腰、倒立、频繁切换坐姿等；

以诱惑、挑逗性质的声音或语言吸引观众，包括且不限于使用低俗词汇或语言、模仿动物发情时的叫声、使用直接或者隐晦性暗示词语、ASMR；

以任何色情、低俗惩罚表演作为节目内容；

以易使人产生性联想的方式拍摄，如由上至下拍摄胸部等敏感部位，或由下至上拍摄腿部、臀部等敏感部位，长时间聚焦腿部、脚部等敏感部位，直播换衣服等；

在床上直播或以床为道具进行易使人产生性联想的直播；

主播着装标准包括：

第一，女主播服装不能过透、过露，不能只穿比基尼及类似内衣的服装或不穿内衣，不能露出内衣或内裤；

第二，女主播不得出现因背部裸露导致的走光行为；

第三，女主播下装短裙或短裤下摆不得高于臀下线；男主播不得仅着下装或穿着内裤、紧身裤的服装直播，且裤腰不得低于胯骨；

第四，女主播胸部的裸露面积不能超过胸部的三分之一，上装最低不得超过胸部三分之一的位置。

2. 抖音直播平台的规定

抖音直播平台《抖音社区自律公约》则规定：除了暴力犯罪行为、侵害人身利益、违法与不良内容外，平台同样禁止违反公序良俗的行为。

（1）有悖公德良善的内容

第一，以恶搞方式描绘重大自然灾害、意外事故、恐怖事件、战争等灾难场面的内容；

第二，以肯定、赞许的基调或引入模仿的方式表现打架斗殴、羞辱他人、污言秽语的内容；

第三，以虚构慈善捐赠事实、编造和渲染他人悲惨身世等方式，传播虚假慈善、伪正能量的内容；

第四，侮辱逝者，或以商业、娱乐等不当方式侮辱、破坏、踩踏陵墓设施或环境的内容；

第五，未经他人允许，或无视他人意愿，恶意搭讪、恶搞、骚扰他人的行为；

第六，其他有悖于社会公德与善良风俗的内容。

（2）传播不文明行为的内容

不文明行为违背社会道德规范，展示、美化、宣扬不文明行为的内容，不仅容易造成用户的强烈反感，更容易为他人尤其是未成年人作出错误示范。该类内容有悖平台一直以来所提倡的积极健康的生活观念，因此平台谴责宣扬不文明现象的行为并拒绝该类内容的传播，包括但不限于：

第一，故意从事公共场所明令禁止的行为，如在旅游景点乱涂乱画、随意刻字等；

第二，刻意破坏公共卫生，如随地吐痰、乱扔废弃物等；

第三，刻意扰乱公共场所秩序，如逃票、翻越闸机等。

（3）传播不良价值导向的内容

平台倡导平等友善、多元丰富、真实美好、积极健康的社区环境，尊重知识，鼓励用户进行创作和表达，但同时反对用户为了获取流量和热度，发布违背公序良俗、传递错误价值导向、对生命缺乏敬畏、对人缺乏尊重的消极、负面内容。平台不欢迎用户发布、传播以下内容：

第一，展示消极颓废的人生观、世界观和价值观的内容；

第二，宣扬流量至上、奢靡享乐、炫富拜金等不良价值观，展示违背伦理道德的糜烂生活的内容；

第三，展示超额消费、过度消费，打造富豪人设的不良导向的内容；

第四，宣扬违背正确婚恋观和家庭伦理道德的内容；

第五，宣扬天价彩礼、大操大办、婚嫁陋习等不良婚恋习俗；

第六，展现"饭圈"乱象和不良粉丝文化，鼓吹炒作流量至上、畸形审美、狂热追星、粉丝非理性发声和应援、明星绯闻丑闻的内容；

第七，不正当展示自身优越条件、社会地位，存在对非富群体进行歧视、嘲讽或攻击等行为的内容；

第八，宣传和宣扬厌世情绪、丧文化以及消极负面亚文化，渲染悲观生活状态的内容。

（4）宣扬低俗庸俗，娱乐化倾向严重的内容

第一，宣扬传播以丑示美、化丑为美的畸形"流量崇拜"行为或细致展示恶俗行为、审丑文化的；

第二，恶意制造舆论热点，揭秘炒作不良绯闻、丑闻、劣迹历史等行为的内容；

第三，有伤社会风化、易引起不良联想及模仿的内容，包括但不限于衣着暴露不雅、言行低俗等；

第四，展示良莠不齐、哗众取宠、价值观紊乱等行为；

第五，网络恶搞、调侃等迎合低级趣味的内容。

（5）不当推广、虚假演绎的内容

第一，不当推广炒作的内容，包括但不限于以卖惨、出轨、家暴、炫富、引战、恶搞、虐待等违反公序良俗的内容或通过刻意制造夸张、猎奇噱头等方式进行炒作；

第二，出于获取经济、社会或其他利益的目的，采用欺骗等手段营造人设、进行虚假剧情演绎，骗取关注和流量的行为或内容；

第三，营造虚假人设及遭遇的卖惨带货、演戏炒作等违背公序良俗层面的内容或行为；

第四，含有法律、行政法规或相关主管部门禁止的其他内容，或者可能危害社会公德、破坏网络生态的内容的。

同时抖音平台还出台了《抖音直播健康分试运行公告》，该机制项下平台内的主播将拥有初始分值，出现相关违规情形后会根据违法的程度扣减相应的分数，主播单次一般违规，扣除 1—2 分；中等违规扣 2—4 分；严重违规扣 4—8 分。评分在不同区间内对于主播的限制也将不相同，总分低于 70 分的主播，会被减少推荐流量且限制单日 PK 次数；低于 40 分，将被禁止使用 PK 功能；如果低于 20 分，在上述基础上还将失去礼物收入功能；0 分主播会被永久回收直播权限。该制度在一定程度上对于直播人员在直播内容的合规性上起到了警示作用。

【案例链接】

1. 2024 年 2 月 29 日，半年多未更新动态的高某雨在其个人账号上发布视频，视频中她称自己患上罕见脑瘤，并录下了用电动剃刀剃光头发的过程。随后，"点读机女孩高某雨"自曝患脑瘤一事就冲上热搜，引发网友关注。接下来，高某雨账号在 11 天内连续发布 8 条视频，记录了做手术、术后恢复的过程。不过，后来有网友发现其之前发布的视频中出现人物穿着与季节不符的情况，质疑高某雨账号发布的一系列视频是以前的库存视频，疑似视频造假，由此引发争议。3 月 12 日，杭州市余杭区互联网违法和不良信息举报中心发布举报声明称，经核实，相关视频为 2023 年 9 月拍摄，2024 年 2 月开始剪辑制作，被该 MCN 机构配以近期发生的文字描述发布到网络。随后，高某雨被全平台、全网禁言。

2. 鲍鱼家姐被封前也有 230 万粉丝。其以高调作风闻名，常常在网络上大方地分享昂贵的珠宝，由此，网民自然而然地为她贴上了"富贵""金光闪闪""穿金戴银"和"豪奢"的标签。可能正是这种过于炫耀奢华的展示，最终导致她的社交账号被全数封禁。

3. 2024 年 1 月 19 日，因在直播间自曝嫖娼经历而陷入舆论争议的网红"铁头"，已被多个社交媒体平台封号禁言。此前在一次网络直播过程中，网红"铁头"突然自曝涉黄经历，讲述了自己过往的嫖娼历程。该场直播结束后，有不少网友跑到政务官方账号下留言举报。事情引起热议后，"铁头"终于在直播间就此事作出回应，他否认了自己之前的说法，称当时只是去按摩。公开资料显示，"铁头"因犀利的打假风格引发关注，追随者众多，也不乏批评者。他的社交账号粉丝超过 500 万人。

4. 王某权是一位以"非八位数资产不外出"而闻名的网红，因其过度炫耀财富而引发广泛争议。其奢华的家里名牌无数，各种翡翠珠宝数不胜数，出行各大拍卖行每次从不空手。在北京繁华的 SKP 商场附近开设的奢侈品二手店"权星汇"，更是邀请众多艺人现身。他的行为不仅违背了社会主义核心价值观，也严重损害了网络空间的健康生态。最终，他因违反了相关法律法规，被平台永久封杀。

第四节　知识产权与商业秘密

一、著作权侵权

根据《中华人民共和国著作权法》第 10 条规定，著作权人享有的权利包括：发表权、署名权、修改权、保护作品完整权、复制权、发行权、出租权、展览权、表演权、放映权、广播权、信息网络传播权、摄制权、改编权、翻译权、汇编权等；著作权人可以许可他人行使前款第 5 项至第 17 项规定的权利，并依照约定或者本法有关规定获得报酬。

在满足一定条件的情形下，构成合理使用的，可以对于著作权进行免费使用。《中华人民共和国著作权法》第24条规定：在下列情况下使用作品，可以不经著作权人许可，不向其支付报酬，但应当指明作者姓名或者名称、作品名称，并且不得影响该作品的正常使用，也不得不合理地损害著作权人的合法权益："（一）为个人学习、研究或者欣赏，使用他人已经发表的作品；（二）为介绍、评论某一作品或者说明某一问题，在作品中适当引用他人已经发表的作品；（三）为报道新闻，在报纸、期刊、广播电台、电视台等媒体中不可避免地再现或者引用已经发表的作品；（四）报纸、期刊、广播电台、电视台等媒体刊登或者播放其他报纸、期刊、广播电台、电视台等媒体已经发表的关于政治、经济、宗教问题的时事性文章，但著作权人声明不许刊登、播放的除外；（五）报纸、期刊、广播电台、电视台等媒体刊登或者播放在公众集会上发表的讲话，但作者声明不许刊登、播放的除外；（六）为学校课堂教学或者科学研究，翻译、改编、汇编、播放或者少量复制已经发表的作品，供教学或者科研人员使用，但不得出版发行；（七）国家机关为执行公务在合理范围内使用已经发表的作品；（八）图书馆、档案馆、纪念馆、博物馆、美术馆、文化馆等为陈列或者保存版本的需要，复制本馆收藏的作品；（九）免费表演已经发表的作品，该表演未向公众收取费用，也未向表演者支付报酬，且不以营利为目的；（十）对设置或者陈列在公共场所的艺术作品进行临摹、绘画、摄影、录像；（十一）将中国公民、法人或者非法人组织已经发表的以国家通用语言文字创作的作品翻译成少数民族语言文字作品在国内出版发行；（十二）以阅读障碍者能够感知的无障碍方式向其提供已经发表的作品；（十三）法律、行政法规规定的其他情形。前款规定适用于对与著作权有关的权利的限制。"

因此，MCN机构在发布短视频或在直播过程中，若对于相关内容未进行实质性审核，导致相关内容侵犯了他人的著作权，则可能承担相应的侵权损害赔偿责任。下文我们将列举一些常见的在直播中侵犯著作权的情形。

1. 搬运使用他人的作品进行二次创作

不少短视频账号主要发表的作品系将他人的作品剪辑后发布，如将一些电影、电视剧的内容进行剪辑、配音后进行发布，上述行为是否构成侵权，我们将从以下方面进行论证：

（1）是否构成新作品

根据《中华人民共和国著作权法》第3条第1款对于作品的定义，其基本特征可以概括为以下几类：其一，属于文学、艺术、科学领域；其二，具有独创性；其

45

三，具有一定形式的表达；其四，为智力成果。

实践中的视频分为两种类型：其一为简单剪辑类，通过将精彩剧情进行单独剪辑，制作出时长 4—5 分钟不等的短视频，并添加"描述精彩内容"的解说标题，但没有加入解说音频。其二为引用解说类，视频画面全部来自电视剧集，并插入第三人称解说音轨，介绍本集主要剧情。而在司法实践中上述两种类型的作品一般都不会被认定为新作品，原因在于不满足独创性的特点，上述视频均是在原有作品基础上制作而成，虽有个人加工，也难以认定达到独创性要求。

（2）是否构成合理使用

《中华人民共和国著作权法》第 24 条对于"合理使用"进行了规定，司法实践中，此类案件的被告一般会引用其中的第 2 款，即"为介绍、评论某一作品或者说明某一问题，在作品中适当引用他人已经发表的作品"；但此种引用不能明显超出必要范围，即介绍、评论或说明的合理需要。意味着被引用的片段只能是不可或缺的配角，是为了介绍、评论有的放矢，或将一个问题说清楚而在必要的范围内使用，显然上述情形并不符合这一规定。

【案例链接】

华数传媒网络有限公司（以下简称"华数公司"）与北京爱奇艺科技有限公司（以下简称"爱奇艺公司"）侵害作品信息网络传播权纠纷案，爱奇艺公司系涉案作品电视剧《花千骨》的独家信息网络传播权人，但华数公司在其经营的"华数手机电视"App 中上传了涉案作品每一集完整视频中四分钟左右的短视频，作品片段共计 56 个，涉及第 1 至第 28 集的内容，提供在线播放服务。一审法院判决华数公司赔偿爱奇艺公司经济损失及合理开支共计 105000 元。华数公司不服北京市海淀区人民法院作出的一审判决，提起上诉，二审法院驳回上诉维持原判。二审法院认为，依据著作权法第二十二条第一款列举式规定，华数公司对涉案片段进行简单整理和编辑供观众观看，并未做出对原作品内容的实质改变或意义功能上的增加，不属于个人学习、研究和欣赏，也不是为了介绍、评论某一作品或说明某一问题，不属于前述著作权法列举的十二项情形。

2. 在直播间演唱他人享有著作权的歌曲

不少主播在直播过程中会播放音乐，甚至一些主播的直播内容就是对于歌曲的翻唱，前述行为都需要经过音乐作品著作权人的授权，否则就有可能构成侵权；如未经授权擅自播放或演唱他人歌曲，属于以有线及无线的方式向公众公开传播他人音乐作品，涉嫌侵犯音乐作品著作权人的广播权；而将直播视频保存在平台上，使得用户可以在主播直播结束之后自主选择何时、何地对其之前的直播内容进行回看，获得未经授权的音乐作品，涉嫌侵犯音乐作品著作权人的信息网络传播权。

【案例链接】

中国音乐著作权协会（以下简称"中国音协"）诉武汉斗鱼网络科技有限公司（以下简称"斗鱼公司"）侵害音乐作品信息网络传播权纠纷案中，原告中国音协诉斗鱼公司签约主播在直播中使用了其版权保护音乐《恋人心》，使用音乐时长为1分10秒。主播在直播中允许进行打赏、互动交流等，主播下播后将带有背景音乐的视频剪辑为小视频并放在主页中，观众可以回放观看和分享。

法院在本案中认定，网络直播平台与签约主播约定，直播产生的音视频作品的知识产权归平台所有，同时平台从用户在线观看直播、回放直播视频时对网络主播的虚拟打赏中盈利。所以，斗鱼公司既是直播平台服务的提供者，也是直播平台上音视频作品的权利人和受益者，对其平台上的侵害著作权行为不应当仅限于承担"通知—删除"义务。斗鱼公司应当对直播及视频内容的合法性负有更高的注意义务；对平台上直播及视频的制作和传播中发生的侵权行为，除履行"通知—删除"义务外，还应当承担相应的赔偿责任。

3. 在直播间直播网络游戏

游戏直播是近年来比较火的一种直播形式，而未经授权的游戏直播可能会因为侵犯游戏著作权而承担相关责任。司法实践中认为游戏连续动态画面属于文学、艺术领域具有独创性并能以有形形式复制的智力成果，能够作为作品获得著作权法保护。而游戏直播不属于著作权法规定的展览权、放映权、表演权、广播权、信息网络传播权的调整控制范围，属于"应当由著作权人享有的其他权利"。如果直播者未经游戏著作权人许可，擅自直播游戏画面，就可能侵犯著作权人的相关权利。

【案例链接】

广州网易计算机系统有限公司（以下简称"网易公司"）诉广州华多网络科技有限公司（以下简称"华多公司"）一案中，法院认为涉案游戏连续动态画面构成"类电作品"，网易公司是涉案游戏画面著作权人。华多公司在其网络平台上开设直播专区，组织主播人员进行涉案游戏直播，侵害了网易公司依法享有的"其他权利"，应承担侵权责任。根据华多公司关联企业欢聚时代文化传媒（北京）有限公司（以下简称"欢聚时代"）公开的财务报告对被诉游戏直播业务获益进行估算，综合考虑涉案作品类型、权利种类、华多公司持续侵权的情节、规模和主观故意，以及网易公司合理维权支出等因素，酌情确定赔偿数额。

4. 在直播间直播现场表演

如前所述，著作权人拥有表演权，即公开表演作品，以及用各种手段公开播送作品的表演的权利；而著作权人同样可以许可他人表演自身的作品，即《中华人民共和国著作权法》第 38 条规定的相关权利。而表演者在经过著作权人同意后，可以使用他人作品演出，同时可以许可他人从现场直播和公开传送其现场表演，并获得报酬，但许可他人从现场直播和公开传送其现场表演也应当取得著作权人许可，并支付报酬。因此若在直播过程中播放其他表演者的现场直播，不但需要经过表演者的许可，还应当经过其表演作品的著作权人的许可。

因此，若在直播间直播表演者的现场表演应当经过表演者以及著作权人的许可；对于游戏直播应当明确直播平台是否取得游戏著作权人的授权。

二、商标权侵权

《中华人民共和国商标法》第 57 条规定："有下列行为之一的，均属侵犯注册商标专用权：（一）未经商标注册人的许可，在同一种商品上使用与其注册商标相同的商标的；（二）未经商标注册人的许可，在同一种商品上使用与其注册商标近似的商标，或者在类似商品上使用与其注册商标相同或者近似的商标，容易导致混淆的；（三）销售侵犯注册商标专用权的商品的；（四）伪造、擅自制造他人注册商标标识或者销售伪造、擅自制造的注册商标标识的；（五）未经商标注册人同意，更换其注册商标并将该更换商标的商品又投入市场的；（六）故意为侵犯他人商标专用权行为提供便利条件，帮助他人实施侵犯商标专用权行为的；（七）给他人的注册商标专用权造成其他损害的。"

在直播过程中，最为常见的商标侵权行为包括主播在直播间销售侵犯注册商标专用权的商品，如在（2022）浙 8601 民初 206 号案件中，法院认为涉案白色 T 恤与公证书中徐某妍涉案店铺销售宣传图片截图比对，其服装样式、标识等均一致。故徐某妍涉案店铺所销售的白色 T 恤明显存在不同的两个版本。另外，叶某颖分别于 2021 年 10 月 22 日、23 日向徐某妍发货，而在现货前提下以及该极短的发货时间内，叶某颖提供两个服装版本的可能性较低，亦不符合常理。徐某妍并未提供证据证明其店铺销售的产品来自叶某颖向其发售的商品，亦未提交证据证明其向第三方厂商订购的 T 恤未使用被诉侵权标识。徐某妍未经许可销售上述侵权商品，属于侵犯叶某颖涉案商标专用权的行为。综上，法院一审判决：徐某妍立即停止涉案侵权行为，并赔偿叶某颖经济损失及合理费用共计 85000 元。

此外，若销售侵犯注册商标专用权的商品情形严重的还有可能构成刑事犯罪，如 2023 年 10 月，根据权利人企业举报线索，上海市公安机关破获一起制售假冒知名电商平台品牌包材案，打掉 2 个以冒用该平台"官方鉴定真品"为名，实际对外销售假冒潮流商品的犯罪团伙，抓获犯罪嫌疑人 26 名，查获假冒电商平台品牌防伪扣、防伪证书、商标标识等 170 余万件，制假生产线 3 条、设备 68 套，涉案金额 2000 余万元。

因此，在直播带货的过程中，MCN 机构应当充分对所销售的商品进行审核，并与品牌方在带货协议中就销售商品不存在侵权行为作出约定，在最大程度上减少带货过程中因商品侵权而产生的风险，同时 MCN 机构可以确保在赔偿之后能够有明确的合同依据向品牌方进行追偿。

三、商业秘密侵权

根据《中华人民共和国反不正当竞争法》第 9 条的规定，商业秘密的构成有秘密性、保密性、价值性三个要件。

秘密性是指权利人所主张的商业信息"不为公众所知悉"。判断某一信息是否"不为公众所知悉"，需要同时满足不为所属领域的相关人员普遍知悉和容易获得两个条件。保密性即权利人对其所主张的商业信息是否采取了相应的保密措施。而在直播行业中，也可能出现商业秘密侵权的行为。

【案例链接】

1.（2021）浙 01 民终 11274 号案件中，一审法院经审理认为，杭州某网络公司主张的后台实时数据遵循用户的打赏行为实时产生、实时变动，须在后台登录相应权限账号方得查看，杭州某网络公司对其采取签订保密协议等一系列措施进行保护，该些数据具有还原打赏场景、归纳中奖规律的现实价值，还具备预测用户行为、审视经营策略的深层潜在价值，构成商业秘密。汪某曾为杭州某网络公司员工，违反保密义务，利用所查看的实时数据，推算未来中奖可能性的高低，伺机刷礼获得更高的中奖机会，以此获得高额奖金，还通过掌握多个账号、向主播返现进行大规模刷奖，该行为违反了《中华人民共和国反不正当竞争法》第 9 条第 1 款第 3 项的相关规定。

综上，一审法院考虑汪某的主观故意和情节严重等因素，确定适用惩罚性赔偿，遂以获利金额 200 万元为赔偿基数，以侵权获利的 1.5 倍确定赔偿数额，判决汪某赔偿杭州某网络公司经济损失 300 万元。宣判后，汪某提起上诉，二审法院判决驳回上诉，维持原判。

2. 2023 年 4 月，杭州市余杭区市场监督管理局在调查中发现，缪某某在负责某知名网购平台的网店运营期间，实名认证并使用其担任店长的店铺子账号，该账号能够查看该店铺订购的数据。2022 年 6 月至 8 月期间，缪某某将其掌握的店铺子账号，提供给案外人杨某某使用，供杨某某登录浏览"生意参谋"数据。余杭区市场监督管理局经过核查，认为杨某某的行为涉嫌侵犯商业秘密，2023 年 3 月对杨某某立案调查。

杨某某的上述行为违反了《中华人民共和国反不正当竞争法》第 9 条之规定，属于侵犯商业秘密的违法行为。余杭区市场监督管理局调查认为，缪某某泄露了网购平台的商业秘密，责令其停止侵犯商业秘密行为，并作出罚款 5 万元的行政处罚。

从上述案例中我们可以看出，对于 MCN 机构而言，在商业秘密保护方面须构建起一套严谨且完备的体系。首要任务是对机构所掌握的信息进行精准甄别，明确界定其是否具备商业秘密的属性。一旦确认相关信息属于商业秘密范畴，MCN 机构便应在运营管理的全流程中，采取一系列针对性强、行之有效的保护措施。

具体而言，MCN 机构应当建立健全保密制度，针对信息获取、存储、使用到销毁的每一个环节，都制定出详细且可操作的规范，确保商业秘密在机构内部流转的安全性。同时，与每一位员工以及旗下红人签署全面、细致的保密协议，明确双方在商业秘密保护方面的权利与义务，以法律文书的形式为商业秘密加上一道坚实的"防护锁"。

而对于那些直接掌握公司核心秘密的员工和红人来说，他们肩负着不可推卸的保密责任。在日常工作与活动中，必须时刻保持高度的保密意识，严格遵守保密制度与协议约定，杜绝任何可能泄露商业秘密的行为。因为一旦故意或因疏忽违反保密义务而导致商业秘密外泄，他们将不得不承担由此引发的一系列法律责任，包括但不限于经济赔偿等，这不仅会对个人声誉造成严重影响，更可能给 MCN 机构带来难以估量的损失。

第三章
直播带货中的广告宣传

随着监管政策的不断完善和市场竞争的日益激烈，广告合规将成为直播电商行业发展的必然要求。广告合规是指广告活动必须符合《中华人民共和国广告法》《互联网广告管理办法》等国家法律法规、行业规范以及道德伦理的要求。在广告的制作、发布、传播等各个环节，都需要遵守相关规定，确保广告内容真实、合法、健康，不含有虚假、误导、违法或不良信息。广告合规的主要目的是保障消费者的合法权益，维护公平竞争的市场秩序，以及促进行业的健康发展。通过广告合规，可以确保广告内容的真实性、合法性，防止虚假、违法广告的出现，从而保护消费者不受误导和欺骗。同时，广告合规也有助于维护市场的公平竞争，防止不正当竞争行为的发生，保障市场的稳定和秩序。此外，广告合规还能促进广告行业的健康发展，提高广告的质量和水平，推动广告行业的创新和进步。

本篇将介绍 MCN 机构、网红主播等直播带货主体在直播带货业务中需要注意的广告合规要点。通过将直播带货行业中 MCN 机构、带货主播、直播平台的广告主体身份一一对应，理清责任主体。根据广告合规的法律法规和政策要求，详细介绍广告内容的具体审查要求以及各广告主体的法律责任。梳理国家相关部门针对互联网行业广告发布的管理办法并结合具体案例，分析直播带货中常见的风险点及处罚要点。

▉ 第一节　直播带货广告合规概述

一、广告、互联网广告和直播带货

《中华人民共和国广告法》第 2 条规定，广告是指商品经营者或者服务提供者通过一定媒介和形式直接或者间接地介绍自己所推销的商品或者服务的商业广告活动。

《互联网广告管理办法》第 2 条规定，互联网广告是指利用网站、网页、互联网应用程序等互联网媒介，以文字、图片、音频、视频或者其他形式，直接或者间接地推销商品或者服务的商业广告活动。互联网广告利用互联网的广泛覆盖和高效传播能力，将商品信息传递给潜在的消费者。广告主可以通过购买广告位或与网站、应用程序等进行合作，将广告展示给目标受众。互联网广告具有许多优势，如可以追踪、研究用户的偏好，实现精准营销；没有传统广告的诸多强制性和时段性，任何能够触碰到互联网的人，都有可能会看到广告主的营销信息；并且随着互联网的不断进步，互联网营销也必然成为营销的主流方式。

《互联网广告管理办法》第 9 条规定，除法律、行政法规禁止发布或者变相发布广告的情形外，通过知识介绍、体验分享、消费测评等形式推销商品或者服务，并附加购物链接等购买方式的，广告发布者应当显著标明"广告"。因此，我们常见的直播带货、"种草"营销、内容带货、探店视频等商品或者服务的推广方式，都可能构成商业广告。

直播带货，也称为直播营销，是指通过互联网站、应用程序、小程序等，以视频直播、音频直播、图文直播或多种直播相结合等形式开展营销的商业活动。直播带货不仅是互联网广告最常见的模式，同时也是最快实现流量变现的模式。一般通过互联网直播平台进行实时的商品展示、咨询答复和导购服务。这种模式允许主播与观众进行实时互动，介绍产品的特点、用途和优势，并通过各种促销手段激发消费者的购买欲望。直播带货通常能够实现商品的低价销售，因为它绕过传统经销商渠道，直接将商品与消费者相连。这种模式不仅提供了更直观、真实的产品展示和销售体验，还增强了用户的购买决策信心和满意度。直播带货已经成为电商和品牌营销的重要方式之一，充分利用了粉丝经济和网红效应，实现了产品的销售和品牌的知名度提升。

"种草"营销是一种通过社交媒体和在线平台引发用户兴趣和购买欲望的营销策略。该策略的核心在于通过发布高质量、吸引人的内容来激发用户的兴趣，并通过用户的分享和传播来扩大品牌的影响力。"种草"营销旨在通过用户口碑和社交媒体力量传播品牌形象，提高产品知名度和销售额，通常依赖网络红人和直播平台等渠道。"种草"营销是一种结合内容营销、口碑营销和社交媒体营销等多种策略的综合性营销方式。它通过高质量的内容引发用户兴趣，通过用户的分享和传播扩大品牌影响力，最终实现提高产品知名度和销售额的目标。

内容带货是一种通过优质的内容创作和社交媒体平台来推广和销售产品的营销策略。它强调以有价值、有趣、有吸引力的内容来吸引目标受众的注意，并在内容中巧妙地植入产品信息和购买链接，从而引导消费者产生购买行为。内容带货的核心在于创造有吸引力的内容，这可以包括文章、视频、直播等多种形式。通过精心策划和制作高质量的内容，品牌能够建立起与目标受众的情感连接，提高品牌知名度和信任度。同时，通过精准定位目标受众，内容带货能够确保信息被准确传达给潜在客户，提高营销效果。

探店视频是一种通过实地探访店铺，展示店铺环境、产品特点和服务质量等内容，从而吸引观众关注和兴趣的视频形式。主播通常会亲自前往店铺，实地探访并展示店铺的环境、装修、产品、服务等方面。他们会对店铺进行详细的介绍和评论，分享自己的消费体验和感受，同时也会与店铺的负责人、员工、客户进行互动，了解店铺的经营理念和特色，从而增加视频的可信度和说服力。这些顾客的反馈和评价对于其他潜在消费者来说具有重要的参考价值，能够帮助他们更好地了解店铺的真实情况。

二、直播带货广告主体身份

根据《网络直播营销管理办法（试行）》第 19 条、《中华人民共和国消费者权益保护法实施条例》第 14 条中都有规定，直播间运营者、直播营销人员发布的直播内容构成商业广告的，应当履行广告发布者、广告经营者或者广告代言人的责任和义务。既然直播内容可能构成商业广告，我们将详细梳理直播带货中直播平台、MCN机构、带货主播如何对应广告发布者、广告经营者或者广告代言人的法律身份。

1. 带货主播是不是广告代言人？

《中华人民共和国广告法》第 2 条规定，广告代言人是指广告主以外的，在广告中以自己的名义或者形象对商品、服务作推荐、证明的自然人、法人或者其他组织。

《互联网广告管理办法》第 19 条规定，直播营销人员以自己的名义或者形象对商品、服务作推荐、证明，构成广告代言的，应当依法承担广告代言人的责任和义务。

市场监管总局、中央网信办、文化和旅游部、广电总局、银保监会、证监会、国家电影局七部门联合发布的《关于进一步规范明星广告代言活动的指导意见》将知名艺人、娱乐明星、网络红人都纳入了明星代言的范围。随后北京市市场监督管理局发布的《北京市明星广告代言行为合规指引》、上海市市场监督管理局发布《商业广告代言活动合规指引》、浙江省市场监督管理局发布的《明星商业广告代言行为合规指引》中，都将网络红人或者 KOL（某个领域具有一定影响力的人）纳入了明星代言人的范围。

深入分析上述法律文件，我们认为并非所有直播营销人员都符合广告代言人身份，但具有一定粉丝数、影响力和号召力的网络红人或 KOL 符合广告代言人范围的，应依法承担相应责任和义务。这类的网红主播进行直播带货通常具备高度的身份可识别性、较强的感染力、说服力和粉丝黏性，消费者会为网红主播的影响力买单；反之，刚入行的直播营销人员或者是新人网红带货，消费者一般不会为网红买单，而是基于产品或服务本身，所以一般不认定其广告代言人身份。

2. MCN 机构是不是广告经营者、发布者？

MCN 机构在网络直播营销中扮演着重要角色，它们通常负责内容创作者（如网红、博主、主播等）的孵化、内容开发、用户管理、平台资源对接、商业化变现等。在广告法的框架下，MCN 机构可能承担多种角色：

MCN 机构如果接受委托提供广告设计、制作、代理服务，它就是广告经营者；

MCN 机构如果为广告主或者广告主委托的广告经营者发布广告，它就是广告发布者，结合直播带货行业，我们认为 MCN 在其运营的直播间为品牌方直播带货的行为一般构成广告发布者。

3. 直播平台是不是广告发布者？

根据《网络直播营销管理办法（试行）》的规定，如果直播平台为商品经营者或网络直播者提供付费导流等服务，并对网络直播营销活动进行宣传、推广，构成商业广告的，应按照《中华人民共和国广告法》的规定履行广告发布者的责任和义务。如果直播平台仅提供技术服务，不参与导流或者推广，那么只能被视为互联网信息服务提供者，不承担广告发布者的法律责任。

如果直播平台开放网络直播推广服务经营者入驻功能，为采用网络直播方式推广商品或服务的经营者提供直播技术服务，应按照《中华人民共和国电子商务法》的规定履行电子商务平台经营者的责任和义务。

三、直播带货广告法律规范

直播带货中涉及广告合规的相关法律法规、办法、条例整理如下表 3-1 所示：

表 3-1

实施时间	名　　　称
2021 年 4 月 29 日	《中华人民共和国广告法（2021 年修正）》
2019 年 4 月 23 日	《中华人民共和国反不正当竞争法（2019 年修正）》
2014 年 3 月 15 日	《中华人民共和国消费者权益保护法（2013 年修正）》
2024 年 7 月 1 日	《中华人民共和国消费者权益保护法实施条例》

实施时间	名　　称
2023 年 5 月 1 日	《互联网广告管理办法》
2020 年 3 月 1 日	《药品、医疗器械、保健食品、特殊医学用途配方食品广告审查管理暂行办法》
2007 年 1 月 1 日	《医疗广告管理办法》
2024 年 8 月 22 日	《互联网广告可识别性执法指南》
2022 年 10 月 31 日	《关于进一步规范明星广告代言活动的指导意见》
2021 年 5 月 25 日	《网络直播营销管理办法（试行）》
2021 年 5 月 1 日	《化妆品功效宣称评价规范》

除了以上列举的法律规定还有《中华人民共和国食品安全法》《中华人民共和国药品管理法》《预包装食品标签通则》《食品安全国家标准　较大婴儿配方食品》等相关法律文件中也包含了很多与广告合规相关的规定，会在下文相关部分展开介绍。

第二节　直播带货广告基本要求

直播带货广告，作为一种常见的互联网广告形式，不仅要遵循一般广告的基本审核要求，确保广告内容的真实、合法和公平，还要满足互联网广告的特殊要求，包括但不限于广告的可识别性、互动性以及对用户隐私的保护。这些要求旨在维护健康的市场秩序，保护消费者的合法权益，同时也为直播带货行业的可持续发展提供了法律保障。

一、一般广告的基本审核要求

对于直播带货而言，广告合规尤为重要，因为直播广告具有实时性、互动性强等特点，一旦出现违规行为，可能会对消费者造成更大的伤害，也会给整个行业带来负面影响。因此，直播行业首先要严格遵守广告法规，具体包括：

1. 信息准确、清楚

广告中对商品的性能、功能、产地、用途、质量、成分、价格、生产者、有效期限、允诺等或者对服务的内容、提供者、形式、质量、价格、允诺等有表示的，应当准确、清楚、明白。广告中表明推销的商品或者服务附带赠送的，应当明示所附带赠送商品或者服务的品种、规格、数量、期限和方式。法律、行政法规规定广告中应当明示的内容，应当显著、清晰标识。

2．广告禁用词

广告禁用词包括："最高级""最佳""最低""最好"等体现最高级别或极致的广告用语；"中国第一""唯一""TOP.1""独一无二"等彰显唯一或者排名第一的广告用语，但如果经过权威机构认证属实的内容可以按照实际情况使用，比如"2023年度某精密零件在某行业领域内销量第一"；"国家级""全球级""世界级""顶级"等描述范围级别的广告用语；广告不得利用国家、国家机关、军队的名义、形象和标识；不得使用或者变相使用中华人民共和国的国旗、国歌、国徽，军旗、军歌、军徽；不得使用或者变相使用国家机关、国家机关工作人员的名义或者形象。

3．广告禁止内容

广告禁止内容包括：损害国家的尊严或者利益，泄露国家秘密的内容；妨碍社会安定，损害社会公共利益的内容；危害人身、财产安全，泄露个人隐私的内容；妨碍社会公共秩序或者违背社会良好风尚的内容；含有淫秽、色情、赌博、迷信、恐怖、暴力的内容；含有民族、种族、宗教、性别歧视的内容；妨碍环境、自然资源或者文化遗产保护的内容；损害未成年人和残疾人身心健康的内容。

二、互联网广告的特殊要求

1．弹窗广告

页面以弹出等形式发布的广告，应当显著标明关闭标志，确保一键关闭。旨在确保用户在浏览网页或使用互联网应用程序时，能够轻松、快速地关闭不想看到的广告，从而提升用户体验。根据《互联网广告管理办法》规定，广告主、广告发布者应当确保广告具有一键关闭的功能，并且这一功能应当是显著的、易于操作的。

"弹出广告"一键关闭，以弹出等形式发布互联网广告，广告主、广告发布者应当显著标明关闭标志，确保一键关闭，不得有下列情形：没有关闭标志或者计时结束才能关闭广告；关闭标志虚假、不可清晰辨识或者难以定位等，为关闭广告设置障碍；关闭广告须经两次以上点击；在浏览同一页面、同一文档过程中，关闭后继续弹出广告，影响用户正常使用网络；其他影响一键关闭的行为。

2．不得以欺骗方式诱使用户点击广告内容

这是互联网广告行业的一条重要原则，欺骗方式诱使用户点击广告内容可能包括但不限于以下几种形式：制造虚假的点击效果，如通过伪装成其他类型的互动元素（如按钮、链接等）来误导用户点击广告；利用虚假的奖励或优惠信息吸引用户点击，但实际上并不提供所承诺的内容；或者故意隐藏或模糊广告的真实性质，使用户在不知情的情况下点击广告。这种行为不仅损害了用户的权益，也破坏了互联网广告市场的公平竞争环境。

3．有关未成年人的广告规定

在针对未成年人的网站、网页、互联网应用程序、公众号等互联网媒介上不得发布医疗、药品、保健食品、特殊医学用途配方食品、医疗器械、化妆品、酒类、美容广告，以及不利于未成年人身心健康的网络游戏广告。

这一规定是基于对未成年人身心健康的保护和规范特殊行业广告市场的需要。首先，未成年人正处于身心发展的关键阶段，他们的价值观、审美观和消费观都尚未成熟。上述广告往往容易引导未成年人对该领域过分关注，相关广告内容也可能对未成年人的自尊心、自信心和心理健康产生较大的负面影响。其次，上述广告涉及的产品和服务往往具有一定的风险性和复杂性。未成年人的认知能力和判断能力有限，他们可能无法准确理解广告中的信息，也无法对涉及产品和服务的风险进行充分评估。因此，在未成年人经常接触的互联网媒介上发布上述广告，可能会增加他们受到误导和欺骗的风险。

4．互联网广告应当具有可识别性

互联网广告应当显著标明"广告"字样，使消费者能够辨明其为广告；对于竞价排名的商品或者服务，广告发布者应当显著标明"广告"，与自然搜索结果明显区分。

5．知识介绍、体验分享、消费测评类广告规定

除法律、行政法规禁止发布或者变相发布广告的情形外，通过知识介绍、体验分享、消费测评等形式推销商品或者服务，并附加购物链接等购买方式的，应当显著标明"广告"，广告发布者应当显著标明"广告"。

57

6. 不得以介绍健康、养生知识发布特殊类别广告

互联网信息服务提供者不得以介绍健康、养生知识等形式变相发布医疗、药品、医疗器械、保健食品广告。

三、直播带货违规的法律责任及违规案例

1. 一般广告违规的法律责任

（1）民事责任

当广告主或广告发布者违反广告法律法规，给消费者或相关方造成损失时，需要承担相应的民事赔偿责任。这主要是赔偿损失的责任。

（2）行政责任

对于违反广告法律法规的行为，相关部门可以采取一系列行政措施。这些措施包括但不限于责令改正、停止发布广告、公开更正、罚款、没收广告费用、停止广告业务、吊销营业执照或广告经营许可证等。

（3）刑事责任

如果广告违法行为构成犯罪，相关责任人将依法追究刑事责任。例如，利用广告对商品或者服务作虚假宣传，或者发布广告有《中华人民共和国广告法》严格禁止的情形，一旦构成犯罪，将依法追究刑事责任。

2. 互联网广告违规的特殊规定

区别于一般传统广告违规的法律责任，互联网广告的违规增加了更多的行政处罚规定：

违反《互联网广告管理办法》第 10 条和第 26 条规定，利用互联网发布广告，未显著标明关闭标志，确保一键关闭的，由市场监督管理部门责令改正，对广告主处 5 千元以上 3 万元以下的罚款。

违反《互联网广告管理办法》第 11 条和第 27 条规定，欺骗、误导用户点击、浏览广告的，法律、行政法规有规定的，依照其规定；法律、行政法规没有规定的，由县级以上市场监督管理部门责令改正，对广告主、广告经营者、广告发布者处 5 千元以上 3 万元以下的罚款。

互联网广告对广告合规的要求体现在更加严格地要求建立、健全广告业务管理制度上，广告经营者、广告发布者、互联网平台经营者在开展互联网广告业务的过程中，更应该完善相关广告合规制度，所以《互联网广告管理办法》将相关要求落

实到责任主体。

表 3-2

互联网广告主体	互联网广告违规	处罚内容
广告经营者、广告发布者	未建立、健全广告业务管理制度	责令改正、罚款
广告经营者、广告发布者	未建立广告档案、内容未进行核对	责令改正、罚款
广告经营者、广告发布者	不配合市场监督管理部门开展调查、提供虚假资料	责令改正、罚款
互联网平台经营者	未采取措施防范、制止广告违法	责令改正、罚款
互联网平台经营者	明知违法不予制止	责令改正、罚款
广告主、广告经营者、广告发布者	违规发布竞价排名广告、未经同意违规发布互联网广告	责令改正、罚款

3．互联网广告违规案例

表 3-3

序号	处罚文号	当事人	违 规 内 容	处罚	关键字
1	穗黄市监处罚〔2023〕55号行政处罚决定书	广州市军地文化管理有限公司	当事人在官方网站发布含有以下内容的广告对其经营的"军事夏令营"项目进行推广宣传：一是使用含有"八一"军徽图案的黄埔青少年军校校徽图片；二是使用穿着制式迷彩服，佩戴含有"八一"军徽肩饰，吹冲锋号的军人形象；三是使用"今天交我一群学生，明天还你一支部队"用语。	处罚款21万元整	军人、部队
2	长市监处罚〔2024〕8号行政处罚决定书	山西仕途通汽车销售有限公司	当事人在其微信公众号"安居加油站"发表的宣传广告《八一建军节，致敬最可爱的人》，内容中显示有庆祝八一建军节我站油价大回馈8月1日—8月7日进站消费92#汽油5.99/升，且文章使用了"国旗""军徽""军人""利用建军节发布商业广告"的内容做宣传，属于涉嫌发布违法广告行为。当事人在执法人员取证后，立即删除了公众号中上述宣传内容。	处罚款2万元整	国旗、军徽、军人

序号	处罚文号	当事人	违 规 内 容	处罚	关键字
3	沪市监机处〔2020〕202020000033 号行政处罚决定书	湉澜（上海）商务咨询有限公司	当事人作为广告经营者，受委托制作的微信文章，其中使用的 5 幅中国地图存在漏绘领土、国界绘制错误等主要问题，未将我国领土表示完整、准确。缺少部分领土的中国地图用来宣传福时公司的"酒店分布"和经营规模，当事人的上述行为违反了《中华人民共和国广告法》第 9 条第 4 项"广告不得有下列情形：（四）损害国家的尊严或者利益，泄露国家秘密"的规定，构成了发布损害国家尊严广告的行为。	处罚款 45 万元整	国家尊严、公序良俗
4	绍柯市监处罚〔2023〕706 号行政处罚决定书	绍兴天阔文化传媒有限公司	当事人在直播间发布标注了"黄酒第一古越龙山"的广告的行为违反了《中华人民共和国广告法》第 9 条第 3 项"广告不得有下列情形：（三）使用（国家级）（最高级）（最佳）等用语"规定，属发布的广告使用绝对化用语的违法行为。	责令当事人停止发布广告；并处罚款 5 万元整	绝对化用语
5	玉市监处〔2021〕439 号行政处罚决定书	台州洪亚鞋业有限公司	当事人于 2020 年 5 月在其开设的天猫网店上一款标题名为"化煞招财镇宅保平安天然开口大小酒葫芦厕所收煞家居风水摆件挂件"的葫芦挂件产品，宣传页面标题栏、首图及详细信息里均涉及迷信内容，广告含有淫秽、迷信、恐怖、暴力、丑恶的内容。	责令当事人停止发布上述广告；并处罚款 2 万元整	迷信
6	岳南市监处罚〔2023〕1 号行政处罚决定书	岳阳华壹科技有限公司	当事人在网络平台招收视频剪辑、直播带货等业务的在线视频学员过程中，宣传对技能的掌握及保底收入、预期可获收益等培训效果与实际不符。当事人在互联网"抖音"平台发布的短视频广告及教程中，单方面列举的优势及作出的承诺，明显带有明示或暗示保证性的意愿，多为绝对化的语气或用语，易误导受众对象。	责令当事人停止发布违法教育培训广告，消除影响；并处罚款 15 万元整	保证性承诺

60

序号	处罚文号	当事人	违 规 内 容	处罚	关键字
7	济槐市监综〔2022〕04008号行政处罚决定书	济南骏辰朵颐电子商务有限公司	当事人在一场直播中销售的"纤美源8D玻尿酸套盒"在直播中用文字展示牌宣传了"奢宠8D玻尿酸套盒，四国（中国、美国、日本、韩国）发明专利，功效：1.预防及改善敏感肌；2.抵抗紫外线的伤害；3.抗皱改善肌肤衰老；4.深层补水保湿积雪草，植物胶原蛋白，减少面部皱纹松弛玻色因小分子，'美容界奥斯卡'"等内容，无法提供产品样品和说明书，无法证明涉案商品的成分，无法证明获得四国发明专利及宣传功效的事实； 当事人在该场直播中销售的"纤美源美白祛斑霜"在直播中用文字展示牌宣传了"击退斑点、焕亮肌肤，纤美源专注高端护肤，色斑、妊娠斑、蝴蝶斑、暗斑、色素斑、晒斑、雀斑、真皮斑、激素斑、黑斑、黄褐斑、暗黄斑"等内容，但当事人宣传可以击退上述各类斑点的表述不准确。 在该场直播中销售的"纤美源377套盒"在直播中用文字展示牌宣传了"377套盒改善肌肤问题，敏感肌、暗黄粗糙痘痘肌、干纹细纹、激素脸、皮肤松弛、黑点点、毛孔粗大、红脸蛋、皮肤衰老"，但当事人无法提供证据证明其发布的上述广告内容是准确、清楚、明白的。	责令停止发布广告；并处罚款2万元整	涉及专利、引证内容真实准确性
8	源市监处罚〔2021〕685号行政处罚决定书	河源市好品购网络科技有限公司	公司经营的"好品购"网站上已没有"双11福利清单"弹出广告。据法定代表人陈述，今年"双11活动"期间，在"好品购"网站主页发布一个"双11福利清单"的弹出广告，该弹出广告没有一键关闭标志，在"双11活动"过后已撤下该弹出广告。	处罚款5000元整	一键关闭

61

序号	处罚文号	当事人	违规内容	处罚	关键字
9	沪监管长处字（2019）第052018000157号行政处罚决定书	上海鲜橙信息科技有限公司	当事人在未经上海寻梦信息技术有限公司许可的情况下，利用超出当事人被授权的管理权限在微信公众号"拼多多""拼多多商城"及微信朋友圈上制作发送标题为："9.9元可抢购工具箱""【免费领 oppo R11 手机】恭喜你获得 oppo R11 手机！点击领取""恭喜！你被选中免费领取【荣耀9手机】!""【拼多多】恭喜你被选中免费领《20寸拉杆箱》—0元试用，特权2小时后过期，点击领取""恭喜你中奖了！免费领【铂金万向轮拉杆行李箱】""【到货】请您确认收货，恭喜你被选中1.9元抢波士顿男士羽绒服!""恭喜您被抽中0元幸运得，特权2小时后过期，立即领取""恭喜你被选中免费领取【华为P10手机】"等推文链接，诱导消费者点击或者下载软件。构成"以欺骗方式诱使用户点击广告内容"的行为。	责令停止发布违法广告；并处罚款人民币2万元整	以欺骗方式诱使用户点击广告内容

上述表格呈现了多起互联网广告违规案例，从违规内容来看，互联网广告违规行为的处罚案例，不仅涵盖《中华人民共和国广告法》中的一般规定，还包括《互联网广告管理办法》中提到的"无法一键关闭""诱使用户点击"等行为。这些行为不仅损害了消费者的合法权益，也破坏了公平竞争的市场环境。监管部门通过责令停止发布广告、罚款等处罚措施，对违规行为进行整治，有效规范互联网广告市场，维护市场的健康发展。

四、虚假广告及其法律后果

1. 虚假广告的定义

广告用虚假或者引人误解的内容欺骗、误导消费者的，构成虚假广告，主要包括：商品或者服务不存在的；商品的性能、功能、产地、用途、质量、规格、成分、价格、生产者、有效期限、销售状况、曾获荣誉等信息，或者服务的内容、提供者、形式、质量、价格、销售状况、曾获荣誉等信息，以及与商品或者服务有关的允诺等信息与实际情况不符，对购买行为有实质性影响的；使用虚构、伪造或者无法验证的科研成果、统计资料、调查结果、文摘、引用语等信息作证明材料的；虚构使用商品或者接受服务的效果的；以虚假或者引人误解的内容欺骗、误导消费者的其他情形。

2. 虚假宣传的责任主体

责任主体包括：第一，广告主、广告经营者、广告发布者。第二，对在虚假广告中作推荐、证明受到行政处罚未满三年的自然人、法人或者其他组织，不得利用其作为广告代言人。

3. 虚假广告与反不正当竞争

除了《中华人民共和国广告法》之外，《中华人民共和国反不正当竞争法》中同样存在涉及虚假宣传的规定。《中华人民共和国反不正当竞争法》中明确规定了多种不正当竞争行为，其中一些行为与虚假宣传直接相关。例如：

虚假宣传：在广告中对商品的性能、功能、质量、销售状况、用户评价、曾获荣誉等作虚假或者引人误解的商业宣传，欺骗、误导消费者。商业混淆：在广告中利用他人有一定影响的商品名称、包装、装潢等相同或者近似的标识，引人误认为是他人商品或者与他人存在特定联系，容易引发消费者的混淆和误认。商业贿赂：比如经营者通过不正当手段获取广告位或推广资源等。

《中华人民共和国反不正当竞争法》作为维护市场竞争秩序、保护经营者和消费者合法权益的重要法律，其立法目的之一就是制止不正当竞争行为。而广告作为市场竞争中信息传递和品牌推广的重要手段，也直接关系到市场竞争的公平性和消费者的权益保护。

4. 虚假广告与消费者保护

虚假广告不仅扰乱了市场秩序，还直接侵害了消费者的合法权益，因此，加强虚假广告的监管和打击，是保护消费者权益的重要措施之一。

根据《中华人民共和国消费者权益保护法》第 20 条规定，经营者向消费者提供有关商品或者服务的质量、性能、用途、有效期限等信息，应当真实、全面，不得作虚假或者引人误解的宣传。

《中华人民共和国消费者权益保护法实施条例》第 14 条规定，直播间运营者、直播营销人员发布的直播内容构成商业广告的，应当依照《中华人民共和国广告

63

法》的有关规定履行广告发布者、广告经营者或者广告代言人的义务。

【案例链接】

"假燕窝"退一赔三事件。某团队在直播带货中向消费者推荐一款"碗装燕窝冰糖即食燕窝"。消费者质疑其并非真实燕窝，某团队在直播中展示产品检验报告，否认售假。随着事件舆论的发酵，职业打假人指出某团队所售燕窝其实为风味饮料。

经检测报告显示，某团队销售的燕窝蛋白质含量几乎为 0，确认该产品为风味饮料而不是真正的燕窝。有关部门介入调查后，认定某团队存在引人误解的商业宣传行为，违反了《中华人民共和国反不正当竞争法》的相关规定，并对其作出罚款 90 万元的行政处罚。同时，燕窝品牌方广州融昱贸易有限公司也被罚款 200 万元，河南省消费者协会也针对此事提起消费民事公益诉讼。最终，某团队承诺"退一赔三"。

在"假燕窝"案件中，我们认为该团队因被行政机关认定存在虚假广告行为，其作为广告发布者或代言人，除了塑造积极影响力和舆论压力外，按照《中华人民共和国广告法》规定也应该与"假燕窝"的生产者承担"退一赔三"的连带责任。

直播带货主体是不是可以直接认定为产品的销售者，进而根据《中华人民共和国消费者权益保护法》第 55 条规定"经营者提供商品或者服务有欺诈行为的，应当按照消费者的要求增加赔偿其受到的损失，增加赔偿的金额为消费者购买商品的价款或者接受服务的费用的 3 倍；增加赔偿的金额不足 500 元的，为 500 元。法律另有规定的，依照其规定。"直接承担"退一赔三"的法律责任，在实践中存在两种观点：

第一种观点认为直播带货主体不属于销售者，如上述案例，直播带货主体仅作为虚假广告的发布者或者代言人承担连带责任，并且也仅在广告主需要承担"退一赔三"义务，并且满足其他限制条件下承担连带责任。

第二种观点认为直播带货主体如果在带货过程中"分佣"，则直播带货主体作为销售者直接承担"退一赔三"的法律责任。该观点认为，即使消费者未将货款直接支付到直播带货主体，但是直播带货主体一旦参与"分佣"，则应该认定其为经营者身份。

现在相关行政处罚的实践中，一般采用第一种观点进行处理，相对保守。我们认为有关部门是否采用第二种观点，可能将会对直播带货行业发生巨大影响。

五、虚假宣传的法律责任及违规案例

1. 行政责任

表 3-4

广告主	
一般情形	责令停止发布广告； 责令广告主在相应范围内消除影响； 处广告费用 3 倍以上 5 倍以下的罚款； 广告费无法计算或明显偏低，处 20 万元以上 100 万元以下的罚款。
两年内有三次以上违法行为或者有其他严重情节	处广告费用 5 倍以上 10 倍以下的罚款； 广告费无法计算或明显偏低，处 100 万元以上 200 万元以下的罚款； 可以吊销营业执照； 并由广告审查机关撤销广告审查批准文件、一年内不受理其广告审查申请。
《中华人民共和国消费者权益保护法》	警告、没收违法所得、处以违法所得 1 倍以上 10 倍以下的罚款，没有违法所得的，处以 50 万元以下的罚款；情节严重的，责令停业整顿、吊销营业执照。
《中华人民共和国反不正当竞争法》	责令停止违法行为，处 20 万元以上 100 万元以下的罚款；情节严重的，处 100 万元以上 200 万元以下的罚款，可以吊销营业执照。
特殊主体的处罚	医疗机构有违法行为，情节严重的，除以上处罚外，卫生行政部门可以吊销诊疗科目或者吊销医疗机构执业许可证。
广告经营者、广告发布者 （明知或者应知广告虚假仍设计、制作、代理、发布的）	
一般情形	没收广告费用； 处广告费用 3 倍以上 5 倍以下的罚款； 广告费无法计算或明显偏低，处 20 万元以上 100 万元以下的罚款。
两年内有三次以上违法行为或者有其他严重情节	处广告费用 5 倍以上 10 倍以下的罚款； 广告费无法计算或明显偏低，处 100 万元以上 200 万元以下的罚款； 可以吊销营业执照，暂停广告发布业务。
广告代言人 （明知或者应知广告虚假仍在广告中对商品、服务作推荐、证明的）	
没收违法所得，并处违法所得 1 倍以上 2 倍以下的罚款。	

65

2. 民事责任

表 3-5

	广告主承担民事责任。
发布虚假广告，欺骗、误导消费者，使消费者的合法权益受到损害的，退一赔三	广告经营者、广告发布者不能提供广告主的真实名称、地址和有效联系方式的，消费者可以要求广告经营者、广告发布者先行赔偿。
	广告经营者、广告发布者、广告代言人，明知或者应知广告虚假仍设计、制作、代理、发布或者作推荐、证明的，应当与广告主承担连带责任。
关系消费者生命健康的虚假广告、经营者明知存在缺陷，2 倍以下的惩罚性赔偿	广告经营者、广告发布者、广告代言人应当与广告主承担连带责任。

3. 刑事责任

《中华人民共和国刑法》第 222 条规定了虚假广告罪："广告主、广告经营者、广告发布者违反国家规定，利用广告对商品或者服务作虚假宣传，情节严重的，处二年以下有期徒刑或者拘役，并处或者单处罚金。"

【案例链接】

1. 虚假成分——杭州仰某服饰有限公司被处罚案（杭萧市监处罚〔2024〕478 号）

当事人直播人员在直播推广销售"某射频健发梳"套装产品时宣称产品具备"生发"功能的行为，违反了《中华人民共和国广告法》第 17 条的规定，属医疗、药品、医疗器械外的其他广告涉及医疗用语、明示或暗示医疗作用和效果词语的违法行为。直播推广销售"某金装白金奶酪棒"产品时对产品主要原料制成比例作虚假商业宣传，根据《中华人民共和国广告法》第 28 条第 1 款、第 2 款第 5 项的规定，属虚假广告。处罚结果：没收当事人广告费 55679.92 元，罚款人民币 96000 元。

2. 虚假功效——广州赛某广告传媒有限公司被处罚案（穗云市监处罚〔2023〕900 号）

当事人在快手平台直播带货销售商品过程中，其员工为提高商品销售量，在商品卖点宣传内容之外，采取虚假实验、虚构商品功能及性能等宣传用语进行销售商品，欺骗、误导消费者。处罚结果：责令停止虚假的商业宣传违法行为，罚款 150 万元。

3. 虚假交易——安溪豪某家居工艺品有限公司被处罚案（安市监处罚〔2024〕89号）

当事人采取网络刷单方式虚构其淘宝店铺交易情况，违反了《网络交易监督管理办法》第14条第2款第1项"网络交易经营者不得以下列方式，作虚假或者引人误解的商业宣传，欺骗、误导消费者：（一）虚构交易、编造用户评价"和《中华人民共和国反不正当竞争法》第8条第1款"经营者不得对其商品的性能、功能、质量、销售状况、用户评价、曾获荣誉等作虚假或者引人误解的商业宣传，欺骗、误导消费者"的规定，构成虚假商业宣传的违法行为，处罚结果：罚款20万元。

4. 虚假代言——女星某某代言虚假广告案

广州无限畅健康科技有限公司选用女明星某某为其生产经营的"果蔬类"食品作广告代言，相关"果蔬类"食品为普通食品，该公司无有效证据证实其具有"阻止油脂和糖分吸收"功效，其行为已违反广告法有关规定。广州市天河区市场监督管理局依据对女明星作出没收违法所得，罚款464.22万元（罚款金额合计722.12万元）的行政处罚决定。

5. 虚假数据——义乌市韶某企业管理有限公司被处罚案（义市监处罚〔2023〕2092号）

当事人在"韶某带货服务""韶某供应链""韶某传媒公司""专业帮带货""裙摆电子商务商行"等多个抖音账号上发布宣传、推广义乌市韶某企业管理有限公司的短视频广告，在发布的部分短视频广告中有宣称"每个月能够卖货6000多万""现在每个月可以稳定带货6000多万"等内容，而经过对其销售情况进行调查，当事人并未达到宣传广告中宣称的"现在每个月可以稳定带货6000多万"的销售业绩，上述短视频宣传广告对公司的经营情况进行了虚假宣传。市场监督管理局责令立即停止发布虚假广告的行为；罚款24000元。

6. 虚构价格——某皮肤管理中心被处罚案（沪市监黄处〔2023〕012023000457号）

当事人在其抖音平台店铺"某皮肤管理中心"上架"日式睫毛嫁接高端水貂毛单根嫁接""清洁＋油脂管理/5D超能补水""末町日本罐装胶单色美甲""海菲秀单次体验"4个优惠团购项目，并以划线价形式标示团购价的被比较价格，页面显示"日式睫毛嫁接高端水貂毛单根嫁接"团购价178元，划线价526元；"清洁＋油脂管理/5D超能补水"团购价88元，划线价5534元；"末町日本罐装胶单色美甲"团购价168元，划线价388元；"海菲秀单次体验"团购价680元，划线价1214元。当事人无法提供上述划线价的真实交易记录，划线价格均为虚构价格。处罚结果：罚款5万元。

上述六个案例均属于虚假广告的违规情形。虚假广告不仅会破坏市场的公平竞争环境，损害其他合法商家的利益，还会严重侵犯消费者的知情权和选择权，致使消费者在信息不对称的情况下作出错误的消费决策，进而可能遭受经济损失，甚至面临健康风险。各地市场监督管理部门针对这些虚假广告行为均采取了相应的处罚措施，包括没收违法所得、处以罚款以及责令停止违法行为等，这些举措充分体现了对虚假广告"零容忍"的态度。

第三节　"三品一械"产品广告合规

一、"三品一械"产品的定义及分类

1."三品一械"产品的定义

"三品一械"产品是指药品、保健食品、特殊医学用途配方食品和医疗器械。药品是指用于预防、治疗、诊断人的疾病，有目的地调节人的生理机能并规定有适应症或者功能主治、用法和用量的物质，包括中药材、中药饮片、中成药、化学原料药及其制剂、抗生素、生化药品、放射性药品、血清、疫苗、血液制品和诊断药品等。

保健食品是指声称具有特定保健功能或者以补充维生素、矿物质为目的的食品，即适宜于特定人群食用，具有调节机体功能，不以治疗疾病为目的，并且对人体不产生任何急性、亚急性或慢性危害的食品。作为食品的一个种类，保健食品具有一般食品的共性，但保健食品的标签说明书可以标示保健功能，而普通食品的标签不得标示保健功能。

特殊医学用途配方食品是指为了满足进食受限、消化吸收障碍、代谢紊乱或者特定疾病状态人群对营养素或者膳食的特殊需要，专门加工配制而成的配方食品。这类食品包括适用于 0 月龄至 12 月龄的特殊医学用途婴儿配方食品和适用于 1 岁以上人群的特殊医学用途配方食品。特殊医学用途配方食品是食品，不是药品，也不是正常人吃的普通食品。它必须在医生或临床营养师的指导下使用，可以单独使用，也可以与普通食品或其他特殊膳食食品共同使用。

医疗器械是指直接或者间接用于人体的仪器、设备、器具、体外诊断试剂及校准物、材料以及其他类似或者相关的物品，包括所需要的计算机软件。它的目的是疾病的诊断、预防、监护、治疗或者缓解，损伤的诊断、监护、治疗、缓解或者功能补偿，生理结构或者生理过程的检验、替代、调节或者支持，生命的支持或者维

68

持，妊娠控制等。

2. "三品一械"产品的分类

第一类：绝对禁止性产品。包括：麻醉药品、精神药品、医疗用毒性药品、放射性药品、药品类易制毒化学品，以及戒毒治疗的药品、医疗器械；军队特需药品、军队医疗机构配制的制剂；医疗机构配制的制剂；依法停止或者禁止生产、销售或者使用的药品、医疗器械、保健食品和特殊医学用途配方食品；法律、行政法规禁止发布广告的情形（《中华人民共和国广告法》第 15 条）。例如，当事人在互联网平台发布含有介绍"肉毒素"内容的毒性药物广告，肉毒素是一种神经毒素，对人体健康具有潜在风险，属于绝对禁止性发布的药物。发布关于肉毒素的广告，可能会误导公众，导致不必要的健康问题和社会风险。

第二类：相对禁止性产品。处方药和特殊医学用途配方食品中的特定全营养配方食品广告只能在国务院卫生行政部门和国务院药品监督管理部门共同指定的医学、药学专业刊物上发布（《中华人民共和国广告法》第 15 条）。例如，医药公司在研讨会期间，在酒店会议签到处及会场内放置易拉宝印刷品推广公司处方药产品，都可能会受到市场监督管理局处罚。（"甲磺酸伏美替尼片"广告处罚——市监浦处〔2021〕第 152021001991 号）

第三类：普通类产品。各省、自治区、直辖市市场监督管理部门、药品监督管理部门（以下称广告审查机关）负责药品、医疗器械、保健食品和特殊医学用途配方食品广告审查，依法可以委托其他行政机关具体实施广告审查。（《中华人民共和国广告法》第 46 条）

二、"三品一械"产品的外观审查

1. 药品广告外观审查

审查内容主要包括：禁忌、不良反应；非处方药标识（OTC）；提示语"请按药品说明书或者在药师指导下购买和使用"；广告批准文号。

2. 保健食品广告的外观审查

审查内容主要包括：提示语"保健食品不是药物，不能代替药物治疗疾病"；保健食品标志（蓝帽子标志）；适宜人群和不适宜人群；广告批准文号；功能描述。

3. 特殊医学用途配方食品外观审查

审查内容主要包括：适用人群；提示语"不适用于非目标人群使用"；提示语"请在医生或临床营养师指导下使用"；广告批准文号。

4. 医疗器械外观审查

审查内容主要包括：提示语"禁忌内容或者注意事项详见说明书"（仅限产品注册证书中有禁忌内容、注意事项的医疗器械）；提示语"请仔细阅读产品说明书或者在医务人员的指导下购买和使用"（仅限推荐给个人自用的医疗器械）；广告批准文号。

三、"三品一械"产品广告审查要点及违规案例

第一，药品广告的内容应当以国务院药品监督管理部门核准的说明书为准。（《药品、医疗器械、保健食品、特殊医学用途配方食品广告审查管理暂行办法》第5条）

【案例链接】

某大药房有限公司于2014年7月入驻天猫平台，并开设名为"某大药房旗舰店"的店铺，销售一款"爱乐维 复合维生素片30片/100片 孕前补充叶酸维矿物质孕妇防流产"和一款名为"华中维福佳 维生素C片100片 补充维生素 坏血病 克山病"的维生素C，广告内容与药品说明书不一致，经改正后减轻处罚：罚款2万元。

第二，保健食品广告的内容应当以市场监督管理部门批准的注册证书或者备案凭证、注册或者备案的产品说明书内容为准，不得涉及疾病预防、治疗功能。（《药品、医疗器械、保健食品、特殊医学用途配方食品广告审查管理暂行办法》第7条）

【案例链接】

当事人通过网站和微信商城等媒介发布保健食品"葡萄籽芦荟软胶囊"具有"淡斑"功能；"天然维生素E软胶囊"具有"祛斑美白、抗衰老"功能的广告，广告宣传的功能与取得行政许可的内容不符。同时，当事人"氨糖软骨素加钙片"广

告中出现的标志性成分的含量未能准确、清楚表明。上海市徐汇区市场监督管理局作出行政处罚,责令停止发布违法广告,并处罚款 19.5 万元。

第三,特殊医学用途配方食品广告的内容应当以国家市场监督管理总局批准的注册证书和产品标签、说明书为准。(《药品、医疗器械、保健食品、特殊医学用途配方食品广告审查管理暂行办法》第 8 条)

第四,特殊医学用途婴儿配方食品广告不得在大众传播媒介或者公共场所发布。(《药品、医疗器械、保健食品、特殊医学用途配方食品广告审查管理暂行办法》第 22 条)

【案例链接】

小安素属于特殊医学用途配方食品,当事人运营的"某培小安素"在抖音平台于 1 月 26 日至 30 日期间针对 18—40 岁妈妈人群进行定向推广。上海市杨浦区市场监督管理局决定责令停止发布涉案违法广告并在相应范围内消除影响,并作行政处罚如下:罚款 194.81 万元。

第五,医疗器械广告的内容应当以药品监督管理部门批准的注册证书或者备案凭证、注册或者备案的产品说明书内容为准。(《药品、医疗器械、保健食品、特殊医学用途配方食品广告审查管理暂行办法》第 6 条)

【案例链接】

喜某健牌多功能温热理疗床适用范围为"该产品适用于腰肌劳损、腰椎间盘突出症、颈椎病、肩周炎、慢性疲劳综合症、便秘、慢性胃炎、失眠症、盆腔炎、前列腺炎(非细菌感染)、高血压病、2 型糖尿病等疾病的辅助治疗,具有康复保健作用"。但宣传产品有净化血液、净化空气、治疗脂肪瘤、脑梗、淋巴疾病、子宫肌瘤等功能。淮安市洪泽区市场监督管理局要求其停止虚假宣传,并处罚金 20 万元。(洪市监处罚〔2023〕00070 号)

第六,不得利用广告代言人作推荐、证明。(《中华人民共和国广告法》第 16 条)

【案例链接】

当事人为推销产品,在某综艺第三季第 4、6、7 三期片尾小剧场中通过知名主持人、著名影视演员、知名脱口秀演员等口播广告内容的方式发布含有广告代言人名义和形象的植入广告及其他违规行为。上海市市场监督管理局责令停止发布违法广告，并处罚款 90 万元。

第七，不得有表示功效、安全性的断言或者保证。(《中华人民共和国广告法》第 16 条)

【案例链接】

某当事人在其网站上发布肉毒素等医疗用毒性药品广告，并宣传"某超频刀"技术，含有"无创无痛、安全有效、带给你舒适的变美体验"等表示功效、安全性的断言或者保证的内容。当事人的广告行为违反《中华人民共和国广告法》的规定，依据《中华人民共和国广告法》第 57 条、第 58 条的规定，属地市场监督管理局对当事人作出罚款 41 万元的行政处罚。

第八，不得说明治愈率或者有效率。(《中华人民共和国广告法》第 16 条)

【案例链接】

汝州市工商局望嵩路工商所在检查中发现，某企业为宣传推广所生产的药品，在网站上发布的药品广告中明确标示"总有效率"和"总显效率数据"。汝州市工商局查处了这起违法发布药品广告案，并对违法宣传企业作出了立即改正、罚款的行政处罚。

第九，不得与其他药品、医疗器械的功效和安全性或者其他医疗机构比较。(《中华人民共和国广告法》第 16 条)

【案例链接】

当事人为营利性医疗机构，已取得医疗机构执业许可证，且作为广告主，为销售其医疗服务项目，于某氧 App 网店内发布激光手术矫正近视广告，该广告中使用"拥有最先进的准分子激光技术"的用语以及发布了"1.3 秒矫正 100 度近视"保证医疗功效、安全性内容的广告；发布了"速度：比戴隐形眼镜还要快""伤害：比戴隐形眼镜小太多"与其他医疗器械功效和安全性进行对比内容的广告。上海市长宁区市场监督管理局责令当事人停止发布广告，在相应范围内消除影响，并罚款人民币 10 万元整。

第十，不得使用或者变相使用国家机关、国家机关工作人员、军队单位或者军队人员的名义或者形象，或者利用军队装备、设施等从事广告宣传。国家机关、国家机关工作人员、军队单位或军队人员等具有特殊的身份和地位，他们的名义或形象不应被用于商业广告中，以免误导公众或产生不良影响。同时，军队装备、设施等也具有特殊的性质和用途，不应被用于商业宣传，以免损害军队形象和利益。(《药品、医疗器械、保健食品、特殊医学用途配方食品广告审查管理暂行办法》第11条)

【案例链接】

当事人为推广其保健产品，从生产企业获取落款为中央人民政府采购办、政府采购军队采购信息服务网认证中心，内容包含"中央人民政府供货商资格企业"的图片样式，自行打印装裱在其商堂内，并在产品宣传时对消费者作宣传介绍。当事人所悬挂牌匾内容系不真实、虚假的内容。同时当事人存在夸大产品保健功效的事实，当事人在售的保健品经注册的保健功效为延缓衰老、调节血脂，而当事人在进行产品推销时，则称该产品具有提高免疫力、消炎等功效，与实际不符。湖州市吴兴区市场监督管理局责令当事人停止违法行为、消除影响，处罚款50万元。(吴市监处罚〔2022〕915号)

73

第十一，不得使用科研单位、学术机构、行业协会或者专家、学者、医师、药师、临床营养师、患者等的名义或者形象作推荐、证明。使用这些单位或个人的名义或形象进行推荐或证明，可能会使广告内容看起来更具有权威性和可信度，但实际上可能并不准确或全面。这可能会误导消费者做出不恰当的选择，甚至可能对他们的健康和安全造成威胁。(《药品、医疗器械、保健食品、特殊医学用途配方食品广告审查管理暂行办法》第11条)

【案例链接】

"患者宋先生，疾病名称脑桥缺血新病灶，使用了本药品，身体机能明显好转，言语笨拙的症状也消失了"——在广告中使用患者等的名义或形象进行推荐或证明，可能使广告看起来更具有说服力和可信度，但这种方式往往缺乏客观性和真实性。患者的情况和体验是因人而异的，不能作为普遍适用的推荐或证明。因此，这种行为可能误导消费者做出不恰当的选择，损害其权益。

第十二，不得违反科学规律，明示或者暗示可以治疗所有疾病、适应所有症状、适应所有人群，或者正常生活和治疗病症所必需等内容。(《药品、医疗器械、保健食品、特殊医学用途配方食品广告审查管理暂行办法》第 11 条)

【案例链接】

老年保健食品"包治百病"——对于老年人来说，他们可能更容易受到这种虚假宣传的误导。一些不良商家会利用老年人对健康的渴望和对疾病的恐惧，通过夸大保健食品的功效来吸引他们购买。然而，这些所谓的"包治百病"的保健食品往往并不能达到宣传的效果，甚至可能对身体造成损害。

第十三，不得引起公众对所处健康状况和所患疾病产生不必要的担忧和恐惧，或者使公众误解不使用该产品会患某种疾病或者加重病情的内容。(《药品、医疗器械、保健食品、特殊医学用途配方食品广告审查管理暂行办法》第 11 条)

第十四，不得含有"安全""安全无毒副作用""毒副作用小"；明示或者暗示成分为"天然"，因而安全性有保证等内容。(《药品、医疗器械、保健食品、特殊医学用途配方食品广告审查管理暂行办法》第 11 条)

【案例链接】

"上海某生物科技有限公司发布违法广告案"：当事人通过某直播平台宣传其销售的"矿宝牌矿物元素口服液"含有"原料要天然……天然意味着安全""它不仅可以内服，还可以外用，伤口一抹上它就很快愈合，它有消炎的作用""喝了三个月，奇迹出现了，怀孕了"等内容。经查，该产品为进口保健食品，保健功能为"补充锌、硒"。当事人以直播广告形式，对其经营的产品作安全性的保证，并宣传对疾病的治疗作用，违反了《药品、医疗器械、保健食品、特殊医学用途配方食品广告审查管理暂行办法》第 11 条及《中华人民共和国广告法》第 18 条第 1 款第（一）项、第（二）项、第（三）项的规定，构成发布违法保健食品广告的行为。市场监管部门依据《中华人民共和国广告法》第 58 条第 1 款第（三）项的规定，责令当事人停止发布广告，并处罚款 15 万元。

第十五，不得含有"热销、抢购、试用""家庭必备、免费治疗、免费赠送"等诱导性内容，"评比、排序、推荐、指定、选用、获奖"等综合性评价内容，"无效退款、保险公司保险"等保证性内容，怂恿消费者任意、过量使用药品、保健食品和特殊医学用途配方食品的内容。(《药品、医疗器械、保健食品、特殊医学用途配

方食品广告审查管理暂行办法》第 11 条）

【案例链接】

当事人于 2023 年 7 月 10 日自行制作了促销贴 2 张，其中 1 张写有"家庭必备　板蓝根"字样，另 1 张写有"抢购中　板蓝根颗粒买一送一"字样，分别摆放于清热解毒类药品专区待售货架上的 2 个品种规格的"板蓝根颗粒"（OTC）药品旁，市场监督管理局罚款 2500 元。（博市监处罚〔2023〕396 号）

第十六，不得以介绍健康、养生知识等形式变相发布医疗、药品、医疗器械、保健食品广告。以介绍健康、养生知识为名，实则推销医疗、药品、医疗器械或保健食品的行为，往往会混淆视听，使消费者难以分辨广告的真实意图。这种做法可能导致消费者作出错误的购买决策，甚至可能对他们的健康造成危害。消费者在面对这类广告时，也应保持警惕，审慎判断。不要被华丽的辞藻和看似专业的介绍所迷惑，而是要通过多渠道了解产品信息和相关知识，作出明智的购买决策。（《互联网广告管理办法》第 8 条）

【案例链接】

胡某某涉嫌虚假广告罪被淮安警方刑事拘留案。

犯罪嫌疑人王某某与卢某某等人注册了"北京中科健康研究院""沈阳市和平区康源健康信息咨询公司""沈阳伍沣顺健康管理有限公司"，聘请"医药广告演员"胡某某录制了《颈中小斑块　脑梗大祸首》等节目分别在江苏省内某电视台两个频道进行虚假宣传，宣称其产品能够从根本上解决老胃病和脑血栓等疾病，并在北京、沈阳等地设立话务中心，招聘话务人员冒充医学专家，将保健食品"卫奥开牌海参壳聚糖"和"欢乐海洋牌疏通诺口服液"冒充药品进行销售，涉案价值 2000 余万元。除了在江苏，胡某某的身影还出现在广西卫视、江西卫视、山东教育电视台等全国十多家电视台，胡某某先后在这些电视台播出的《十六味汤方》等虚假养生栏目中冒充胃病、脑血管、妇科、减肥养生、苗医等专家，大肆鼓吹包治百病的所谓神药，欺骗全国观众，尤其是中老年观众。因涉嫌虚假广告罪，全国著名"医药广告演员"胡某某被淮安警方刑事拘留。

第十七，不得在针对未成年人的大众传播媒介上发布药品、保健食品、医疗器械的广告。这主要是出于保护未成年人的身心健康和合法权益的考虑。未成年人的认知能力和判断能力相对较弱，容易受到广告的影响，而药品、保健食品、医疗器械等涉及健康和安全的产品，其广告内容往往较为复杂和专业，不适合未成年人接触和理解。在针对未成年人的大众传播媒介上发布这类广告，可能会引发未成年人的好奇心或误导他们进行不适当的消费选择，甚至可能对他们的健康造成潜在威胁。对于涉及未成年人的广告，更应注重教育性和引导性，避免对他们产生不良影响。(《中华人民共和国广告法》第40条)

第十八，"三品一械"中涉及的专利要求。药品、医疗器械等"三品一械"的广告当中往往会涉及产品或方法的专利内容，除了专利的内容必须真实、准确，不得夸大其词或虚假宣传，同时，广告中涉及专利产品或者专利方法的，应当标明专利号和专利种类。未取得专利权的，不得在广告中谎称取得专利权。禁止使用未授予专利权的专利申请和已经终止、撤销、无效的专利做广告。(《中华人民共和国广告法》第12条)

【案例链接】

当事人在其店内墙上发布含有"慢性疾病的克星""调理高血压、高血脂等与血液有关的疾病""能使三高一多症患者一个月至半年康复的产品""专门对付心梗脑中风、高血脂高血压""目前对付心脑血管疾病的最安全、最有效、最省钱的健康食品"等内容的食品广告。广告内容含有绝对化用语，涉及疾病治疗功能，且只标明了专利号，未标明专利种类。苏州工业园区市场监督管理局作出行政处罚，责令当事人停止发布违法广告，并处罚款20.09万元。

四、"三品一械"广告违规的法律责任

1. 绝对、相对禁止发布产品的广告违规的法律责任

违规发布处方药广告、药品类易制毒化学品广告、戒毒治疗的医疗器械和治疗方法广告的，由市场监督管理部门责令停止发布广告，对广告主处20万元以上100万元以下的罚款，情节严重的，并可以吊销营业执照，由广告审查机关撤销广告审查批准文件、一年内不受理其广告审查申请；对广告经营者、广告发布者，由市场监督管理部门没收广告费用，处20万元以上100万元以下的罚款，情节严重的，并可以吊销营业执照。(《中华人民共和国广告法》第57条)

2. 违反"三品一械"广告审查的法律责任

"三品一械"产品广告发布与其他广告最显著的特征就是"三品一械"的广告

必须经广告审查，如果未经广告审查发布广告，违规主体将受到相应行政处罚。（《中华人民共和国广告法》第46、58条）

表3-6

违规主体	广告审查违规行为	处罚内容
广告主	违反外观审查要点	停止发布广告、10万元以下罚款
广告主	未经广告审查、超过有效期继续发布广告；发布内容与审核内容不一致	停止发布、消除影响、罚款、吊销营业执照、撤销广告审批文件
广告经营者、广告发布者（明知）		没收广告费、罚款、暂停广告发布业务、吊销营业执照

3. 媒体在广告发布中违规的法律责任

广播电台、电视台、报刊音像出版单位发布违法广告，或者以新闻报道形式变相发布广告，或者以介绍健康、养生知识等形式变相发布医疗、药品、医疗器械、保健食品广告，市场监督管理部门依照本法给予处罚的，应当通报新闻出版、广播电视主管部门以及其他有关部门。新闻出版、广播电视主管部门以及其他有关部门应当依法对负有责任的主管人员和直接责任人员给予处分；情节严重的，并可以暂停媒体的广告发布业务。新闻出版、广播电视主管部门以及其他有关部门未依照前款规定对广播电台、电视台、报刊音像出版单位进行处理的，对负有责任的主管人员和直接责任人员，依法给予处分。（《中华人民共和国广告法》第67条）

第四节 医疗美容行业广告合规

一、医疗美容和医疗广告的含义

1. 医疗美容的含义

医疗美容是指运用手术、药物、医疗器械以及其他具有创伤性或者侵入性的医学技术方法对人的容貌和人体各部位形态进行的修复与再塑。医疗美容项目种类繁多，包括但不限于皮肤和头发的医疗美容技术（如皮肤和头发护理、文身美容等）、理化美容技术（如激光、冷冻、电疗、脱皮、化学脱皮等）、非手术塑形美容技术（如双眼皮无切口、注射填充、吸脂塑形等）、美容保健技术（如按摩保健、药物瘦身、食品美容等）以及涉及皮肤表面的美学项目（如注射、激光以及文刺等）。常见的医美项目还包括眼部整形、唇部整形、隆胸手术、拉皮手术、抽脂手术、磨骨手术等。根据手术的风险程度，这些项目通常被分为不同的级别，例如一级项目可能包括双眼皮手术、隆鼻等，而四级项目则可能包括磨颧骨、磨下颌角等更复杂的手术。

2. 医疗美容机构的定义

医疗美容机构（即医美机构）是指以开展医疗美容诊疗业务为主的医疗机构，开展医疗美容诊疗业务必须是取得《医疗机构执业许可证》的医疗机构，根据国家的有关政策规定，按不同规模，医疗美容机构可分为美容医院、医疗美容门诊部、医疗美容诊所和医疗机构设置的医疗美容科四种类型。

3. 医疗广告的定义

医疗广告是指利用各种媒介或者形式，直接或间接介绍医疗机构或医疗服务的广告。这些广告可以出现在报纸、杂志、电台、网络等各种媒介上。发布医疗广告，应当在发布前由广告审查机关对广告内容进行审查。广告内容必须限定在以下八项内容之内：医疗机构第一名称、医疗机构地址、所有制形式、医疗机构类别、诊疗科目、床位数、接诊时间、联系电话。医美广告也是医疗广告，同样必须遵守国家法律对于医疗广告的合规要求。

二、医疗广告的审查要点及违规案例

1. 医疗广告的审查要点

第一，非医疗机构不得发布医疗广告，医疗机构不得以内部科室名义发布医疗广告。（《医疗广告管理办法》第 5 条）

第二，医美机构必须取得《医疗广告审查证明》。（《医疗广告管理办法》第 3 条）

第三，不得利用广告代言人作推荐、证明。（《中华人民共和国广告法》第 16 条）

第四，不得违背社会良好风尚，制造"容貌焦虑"，将容貌不佳与"低能""懒惰""贫穷"等负面评价因素做不当关联或者将容貌出众与"高素质""勤奋""成功"等积极评价因素做不当关联。（《市场监管总局关于发布〈医疗美容广告执法指南〉的公告》第 5 条）

第五，禁止利用新闻、医疗资讯的形式变相发布医美广告。禁止利用新闻形式、医疗资讯服务类专题节（栏）目发布或变相发布医疗广告。有关医疗机构的人物专访、专题报道或宣传内容，可以出现医疗机构名称，但不得出现有关医疗机构的地址、联系方式等医疗广告内容；不得在同一媒介的同一时间段或者版面发布该

医疗机构的广告。(《医疗广告管理办法》第 16 条)

第六,医美广告的表现形式不得含有以下情形:涉及医疗技术、诊疗方法、疾病名称、药物的;使用解放军和武警部队名义的;利用患者、卫生技术人员、医学教育科研机构及人员以及其他社会社团、组织的名义、形象作证明的;保证治愈或者隐含保证治愈的;宣传治愈率、有效率等诊疗效果的;淫秽、迷信、荒诞的;贬低他人的。(《医疗广告管理办法》第 7 条)

第七,不得在针对未成年人的大众传播媒介上发布医美广告。(《中华人民共和国广告法》第 40 条)

2. 医疗广告的违规案例

(1) 医疗广告与核准内容不符

《医疗广告审查证明》的有效期为一年,到期需要重新审查,广告内容改动、变化也需要重新审查。设定《医疗广告审查证明》的有效期并实行到期重新审查、广告内容改动变化重新审查的制度,是为了确保医疗广告内容始终合法、真实、准确,保护消费者权益,促进医疗行业的健康发展。

【案例链接】

当事人从事医疗美容服务。2022 年 5 月 23 日至 2022 年 6 月 15 日,当事人官方网站"XD 六大植发技术"页面标有"巨量隐痕毛发移植技术""艺术毛发种植技术""活细胞植发技术""植发加密技术""不剃发技术""多维毛囊提取技术"字样,属于医疗技术范畴,上述广告内容与其《医疗广告审查证明》核准的广告成品样件不符。该网站是当事人 2022 年 4 月 1 日委托北京某文化传媒有限公司负责其官方网站的设计、制作,网站广告设计制作费用 3 万元。北京市朝阳区市场监督管理局对当事人处以 3 万元罚款。

(2) 制造容貌焦虑

"容貌焦虑"是指个体过度关注自己的外貌,担心自己的容貌不符合社会审美标准,从而产生的焦虑、不安等负面情绪。这种焦虑往往源于社会对美的过度强调和单一化审美标准,对个体的心理健康和社会和谐产生不良影响。广告作为大众传媒的一种重要形式,其传播的内容对公众的价值观和审美观念具有重要影响。如果广告通过夸大宣传、制造恐慌等手段来推销产品,不仅违背了广告的真实性原则,更容易引发公众的容貌焦虑,加剧社会审美观念的扭曲。广告应确保内容健康、积极、向上,不违背社会良好风尚。同时,广告也应倡导多元化的审美观念,尊重每

79

个人的独特性和差异性，避免制造不必要的容貌焦虑。

【案例链接】

　　榆林某专科医院通过医院墙体、展示牌等发布含有"丑并不可怕，可怕的是你习惯了丑的样子"等内容的广告。2023 年 4 月，陕西省榆林市场监督管理局依法对当事人作出罚款 20.45 万元的行政处罚。

（3）不得含有医疗技术、诊疗方法

　　不同患者的病情存在个体差异，医疗技术和诊疗方法在实际应用中的效果也会因人而异。如果医疗广告中宣传特定的医疗技术和诊疗方法，容易让患者产生不切实际的期望。患者可能会在未充分了解自身病情和治疗风险的情况下，盲目选择该医疗服务，从而延误病情或遭受不必要的伤害。

【案例链接】

　　杭州某医疗美容医院有限公司广告表现形式含有医疗技术、诊疗方法，罚款人民币 2 万元；利用患者和医生形象作推荐，罚款人民币 2 万元；其他违规行为合计罚款 49902 元。

（4）不得利用患者形象证明

　　利用患者形象进行医疗广告宣传，极有可能泄露患者的隐私，如疾病症状、治疗过程等敏感信息。这些信息一旦公开，可能给患者带来心理压力和社会歧视。

【案例链接】

　　自 2022 年 6 月 1 日至 2022 年 6 月 10 日，当事人在其经营的微信公众号中发布含有"矫正前后对比"的医疗产品宣传广告，链接页面中含有"牙齿矫正实例28 岁男性牙齿前突矫正"等文字及图片内容；自 2022 年 6 月 1 日至 2022 年 6 月10 日，当事人在其经营的微信公众号中发布含有"种牙流程"的医疗产品宣传广告，链接页面中含有"患者种牙前后对比"等文字及图片内容；自 2022 年 10 月 20日至 2022 年 11 月 10 日，当事人在其经营的大众点评店铺和美团店铺中发布含有"美国 3M-P60 高端树脂补牙"的医疗产品宣传广告，链接页面中含有"高端 P60树脂补牙，好医生好服务好材料，联系客服可优先安排"等文字及图片内容。市场监督管理局对这家医院开出了 9.6 万元的罚单。

（5）不得含有治愈率或保证治愈

广告应避免误导患者决策，患者在面对疾病时往往急切寻求有效的治疗方法，容易受到广告影响。若医疗广告含有治愈率或保证治愈的内容，会误导患者做出不恰当的医疗选择。

【案例链接】

河北省某县医院通过互联网发布医疗广告，含有"治愈率高、无副作用，手术成功率在99%以上，均达到满意疗效"等表示功效、安全性的保证。2023年4月，河北省承德市某县市场监督管理局依法对当事人作出罚款22万元的行政处罚。

（6）不得含有功效和安全性保证

医疗行为的复杂性和个体差异，人体生理机能和疾病状况极为复杂，不同患者对同一种医疗产品或服务的反应存在显著差异。一种药物或治疗方法对某些患者可能效果显著且安全性高，但对另一些患者可能效果不佳，甚至出现严重不良反应。

【案例链接】

"一次热玛吉解决5大衰老问题，快速、直接、精准解决衰老下垂，效果立竿见影"，这是北京某医疗美容医院有限公司发布的广告，含有表示功效、安全性保证的内容。2023年4月，北京市朝阳区市场监督管理局依法对当事人作出罚款30万元的行政处罚。

三、医美广告违规的法律责任

表3-7

主　体	医疗广告违规行为	处罚内容
医疗机构	虚假广告（《中华人民共和国广告法》第55条）	吊销诊疗科目、医疗机构执业许可证
医疗机构	在针对未成年人的大众媒体发布医疗广告（《中华人民共和国广告法》第57条）	处20万元以上100万元以下罚款、吊销营业执照、撤销广告审查批准文件、一年内不受理广告审查申请
广告经营者、广告发布者		没收广告费、处20万元以上100万元以下罚款、吊销营业执照

续表

主　体	医疗广告违规行为	处罚内容
广播电台、电视台、报刊音像出版单位	以新闻报道、健康养生知识等形式变相发布医疗广告（《中华人民共和国广告法》第67条）	通报新闻出版、广播电视主管部门、对主管人员和直接责任人给予处罚、暂停媒体的广告发布业务

医疗广告作为连接医疗机构与患者的重要信息渠道，必须严格遵循法律法规，以保障公众的健康权益和医疗市场的有序发展。然而，现实中各类违规行为屡见不鲜，医疗机构作为医疗服务的提供者，一旦出现违规，可能对患者的生命健康造成严重威胁，因此对于此类违规广告的处罚必须严厉。

广播电台、电视台、报刊音像出版单位凭借广泛的传播力和影响力，更应坚守法律底线。以新闻报道、健康养生知识等形式变相发布医疗广告，不仅违背了媒体的社会责任，还容易误导公众。对媒体行业除了要求其自律以外，更需要加强监管，确保传播内容的真实、合法。

第五节　食品、保健食品、乳粉行业广告合规

一、食品和保健食品的含义

1. 食品的含义

食品的概念随着社会和经济的发展也在不断变化。古人曰："食，命也。"意思是说，凡是能够延续人体生命的物质，都称之为食品。《现代汉语词典》里将食品的概念界定为："商店出售的经过加工制作的食物，称之为食品。"国际食品法典委员会（CAC）的定义为："食品（food），指用于人食用或者饮用的经加工、半加工或者未经加工的物质，并包括饮料、口香糖和已经用于制造、制备或处理食品的物质，但不包括化妆品、烟草或者只作为药品使用的物质。"《食品工业基本术语》（GB/T 15091—1994）中对食品的定义是："可供人类食用或饮用的物质，包括加工食品、半成品和未加工食品，不包括烟草或只作药品用的物质。"《中华人民共和国食品安全法》对食品的定义为："指各种供人食用或者饮用的成品和原料以及按照传统既是食品又是中药材的物品，但是不包括以治疗为目的的物品。"

2. 保健食品的含义

《食品安全国家标准 保健食品》（GB16740—2014）第2.1条中将保健食品定义为："声称并具有特定保健功能或者以补充维生素、矿物质为目的的食品。产品属

性明确为食品。"

基于上述定义，保健食品介于其他食品和药品之间，大致有以下特质：保健食品强调具有特定保健功能，而其他食品强调提供营养成分；保健食品具有规定的食用量，而其他食品一般没有服用量的要求；保健食品根据其保健功能的不同，具有特定适宜人群和不适宜人群，而其他食品一般不进行区分。

3. 二者的区别

食品和保健食品既有联系又有区别，两者的主要区别有以下几点：

第一，保健食品可以声称保健功能，而普通食品强调提供营养成分，普通食品如果声称保健功能则是违法的。

第二，保健食品可以使用列入目录的中药材为原料，其形态可有片剂、胶囊、口服液等多种形式。

第三，保健食品有严格的摄入量和特定的食用人群，而普通食品则没有这些要求。

二、食品和保健食品的原料和包装标识

1. 食品和保健食品的原料

原卫生部 2007 年、2009 年分别发布《关于"黄芪"等物品不得作为普通食品原料使用的批复》（卫监督函〔2007〕274 号）、《关于普通食品中有关原料问题的批复》（卫监督函〔2009〕326 号）规定，原卫生部 2002 年公布的《可用于保健食品的物品名单》所列物品仅限用于保健食品。除已公布可用于普通食品的物品外，《可用于保健食品的物品名单》中的物品不得作为普通食品原料生产经营。如需开发《可用于保健食品的物品名单》中的物品用于普通食品生产，应当按照《新食品原料安全性审查管理办法》规定的程序申报批准。对不按规定使用《可用于保健食品的物品名单》所列物品的，应按照《中华人民共和国食品安全法》及其实施条例的有关规定进行处罚。

2. 食品和保健食品的包装标识

（1）食品的包装标识

《中华人民共和国食品安全法》第 67 条规定，预包装食品应标明：名称、规格、净含量、生产日期，成分或者配料表，生产者的名称、地址、联系方式，保质期，产品标准代号，贮存条件，所使用的食品添加剂在国家标准中的通用名称，生

产许可证编号，法律、法规或者食品安全标准规定应当标明的其他事项。食品添加剂、保健食品的配料表可以用"成分"或"配料"表作为引导词。其他食品的配料表应以"配料"或"配料表"为引导词，当加工过程中所用的原料已改变为其他成分（如酒、酱油、食醋等发酵产品）时，可用"原料"或"原料与辅料"作为引导词。

（2）保健食品的包装标识

保健食品标识的文字、图形、符号必须清晰、醒目、直观，易于辨认和识读。背景和底色应采用对比色。保健食品标识的文字、图形、符号必须牢固、持久，不得在流通和使用过程中变得模糊甚至脱落。必须以规范的汉字为主要文字，可以同时使用汉语拼音、少数民族文字或外文，但必须与汉字内容有直接的对应关系，并书写正确。所使用的汉语拼音或外国文字不得大于相应的汉字。保健食品标签所有标识内容应与产品的质量要求相符，不得以误导性的文字、图形、符号描述或暗示某一保健食品或保健食品的某一性质与另一产品的相似或相同。不得以虚假、夸张或欺骗性的文字、图形、符号描述或暗示保健食品的保健作用，也不得描述或暗示保健食品具有治疗疾病的功用。

三、食品和保健食品广告审查要点

1. 食品广告的合规审查要点

（1）审查食品资质及其真实性

审查食品资质及其真实性需要综合考虑生产企业资质、产品标签包装、合规标准、检验报告、消费者反馈等多方面信息，确保食品的安全和合规。首先，审查食品生产企业的生产许可证。生产食品的企业必须持有有效的食品生产许可证，该许可证由地方食品药品监督管理部门颁发，表明企业符合相关法律法规要求。其次，检查食品的标签和包装，确保产品的基本信息（如名称、规格、成分、生产日期、保质期、生产企业信息等）清晰、准确地标示在包装上。同时，注意查看是否有国家强制标准的标识，如 QS 标志等。再者，对于食品包装上标注的生产企业信息，可以通过官方网站、电话查询等方式核实其真实性。确认生产企业是否存在、是否持有有效的生产许可证等。如有必要，可以向当地的食品药品监督管理部门查询相关企业和产品的合规情况，获取更多信息和支持。

【案例链接】

东莞市某食品有限公司生产了沙琪玛（黑糖＋燕麦），在包装标签面版上标注

"黑糖＋燕麦沙琪玛"食品名称经查，该公司在生产过程中未添加黑糖，而是使用黑糖香精。按照"应在食品标签的醒目位置，清晰地标示反映食品真实属性的专用名称"的规定，该公司的行为违反了《中华人民共和国食品安全法》，被市场监督管理局处罚。

（2）审查广告脚本内容

首先，应核对广告脚本中涉及的产品信息，包括产品名称、品牌、功能、成分、生产企业等，确保这些信息与实际产品相符，并符合食品广告的真实性要求。广告含引证内容的，须注意以下要点：引证内容涉及的数据及资料真实、准确、合法；引证内容的表达清晰、显著、明确；引证内容应当标明来源和出处；引证内容不构成与其他品牌产品的不正当竞争；引证内容有适用范围和有效期限的，应当明确表示。

其次，确认广告中宣传的产品功能、效果是否真实可靠。广告宣传内容不得夸大、虚假或误导消费者，必须符合产品的实际特性和科学证据。同时，检查广告中使用的语言是否符合法律法规和道德规范，避免使用夸张、虚假、误导性的言辞。特别注意避免使用与实际情况不符的绝对化词语，如"绝对有效""无副作用"等。如果广告包含图文内容，如图片、视频等，同样需要审查其内容是否真实、合规。图片和视频内容不得与实际产品性能或使用场景不符，也不得含有违法违规、低俗不良的内容。

85

【案例链接】

某上海食品有限公司网店销售的"某品牌鲜炖燕窝每20ｇ含2ｇ干盏正宗燕窝即食无糖孕期滋补营养品"宣称："食物中唾液酸比例：10克燕窝7%—12%，10克燕窝的唾液酸含量约等于400只鸡蛋，5000 ml 奶粉，3000 ml 母乳"，且某上海食品有限公司未在广告页面上标注上述引用数据的出处。某上海食品有限公司收到《责令改正通知书》后仍未改正。市场监督管理局送达行政处罚告知书，责令改正并罚款。

（3）审查广告未违反法律特别规定

广告含广告代言人的，应符合广告代言人不得未满十周岁等要求。广告面向未成年人发布的，应审查广告未违反特殊的限制性规定。例如，除公益广告外，不得利用中小学生和幼儿的教材、教辅材料、练习册、文具、教具、校服、校车等发布或者变相发布广告。

2．保健食品广告的审查要点

（1）审查是否虚假表述、涉及疾病治疗功能等

保健食品的功能内容是具有一定"封闭性"的，其可声称的保健功能及表述应符合保健食品功能目录、功能声称标准用语，或受限于注册过程中评审机构的评审结果，而不得任意删改、添加或合并；违反相关规定声称保健功能的，均可能被认定为存在虚假表述、明示／暗示具有疾病防治功能、使用医疗用语或可能与药品混淆等。根据国家市场监督管理总局发布的《关于防范保健食品功能声称虚假宣传的消费提示》、2023 版《允许保健食品声称的保健功能目录》，允许声称的保健功能及常见虚假宣传的表述如表 3-8 所示：

表 3-8

序号	现保健功能声称	原保健功能声称	常见虚假宣传表述
1	有助于增强免疫力	免疫调节、增强免疫力	防癌；抗癌；对放化疗有辅助作用等
2	有助于抗氧化	延缓衰老、抗氧化	治疗肿瘤；预防治疗心脑血管等疾病；预防老年痴呆；治疗白内障；延年益寿等
3	辅助改善记忆	改善记忆、辅助改善记忆	提高智力；提高学习专注力；提高考试成绩；缓解脑力疲劳、头昏头晕；预防老年痴呆等
4	缓解视觉疲劳	改善视力、缓解视疲劳	治疗近视；预防和治疗白内障、青光眼等
5	清咽润喉	清咽润喉、清咽	辅助戒烟；抗雾霾；缓解烟毒、霾毒；对疾病引起的咽喉肿痛有治疗效果、治疗慢性咽炎等
6	有助于改善睡眠	改善睡眠	缓解大脑衰老、神经损害；可替代安眠药快速入睡；保持皮肤光泽等
7	缓解体力疲劳	抗疲劳、缓解体力疲劳	提高记忆或学习专注力；提高性功能；预防因疾病引起的身体疲劳；改善缓解脑力疲劳；壮阳等
8	耐缺氧	耐缺氧、提高缺氧耐受力	可缓解因心脑血管系统障碍或呼吸系统障碍导致的供氧不足；治疗脑缺氧；治疗运动缺氧，补氧等
9	有助于控制体内脂肪	减肥	无须保持健康合理膳食和运动等规律生活习惯，可达到快速减脂、减体重、塑形效果，体重不反弹；预防便秘；可完全替代正常饮食等

序号	现保健功能声称	原保健功能声称	常见虚假宣传表述
10	有助于改善骨密度	改善骨质疏松、增加骨密度	增高；促进骨骼生长；治疗骨损伤；增强身体强度等
11	改善缺铁性贫血	改善营养性贫血、改善缺铁性贫血	调节内分泌失调；养颜美容等
12	有助于改善痤疮	美容（祛痤疮）、祛痤疮	修护受损肌肤；清除黑头；预防长痘；改善各种面部肌肤问题等
13	有助于改善黄褐斑	美容（祛黄褐斑）、祛黄褐斑	可根除黄褐斑；提高肌肤自身养护能力；有效抑制并淡化黑色素等
14	有助于改善皮肤水分状况	美容（改善皮肤水分/油分）、改善皮肤水分	抗皮肤衰老、暗黄、色斑；延缓衰老；抑制黑色素等
15	有助于调节肠道菌群	改善胃肠功能（调节肠道菌群）、调节肠道菌群	治疗肠道功能紊乱；治疗便秘、腹泻；增强免疫力等
16	有助于消化	改善胃肠功能（促进消化）、促进消化	治疗胃胀、胃痛等
17	有助于润肠通便	改善胃肠功能（润肠通便）、通便	治疗便秘等
18	辅助保护胃黏膜	改善胃肠功能（对胃黏膜损伤有辅助保护作用）、对胃黏膜损伤有辅助保护功能	治疗胃部疾病；对所有程度的胃黏膜损伤均有保护功能；酒前、酒后服用解酒等
19	有助于维持血脂（胆固醇/甘油三酯）健康水平	调节血脂（降低总胆固醇、降低甘油三酯）、辅助降血脂	抗动脉粥样硬化；保护心肌细胞；减肥；防止血液凝固；预防脑溢血、脑血栓；预防老年痴呆；降低血液黏度；促进血液循环及消除疲劳等
20	有助于维持血糖健康水平	调节血糖、辅助降血糖	可以替代胰岛素等降糖类药物；预防或治疗糖尿病等
21	有助于维持血压健康水平	调节血压、辅助降血压	治疗高血压；抗血栓；预防改善老年痴呆症等
22	对化学性肝损伤有辅助保护作用	对化学性肝损伤有保护作用、对化学性肝损伤有辅助保护功能	治疗化学性肝损伤；酒前、酒后服用解酒；治疗脂肪肝、肝硬化等
23	对电离辐射危害有辅助保护作用	抗辐射、对辐射危害有辅助保护作用	治疗因辐射造成的损伤；抗手机、电脑等电磁辐射等
24	有助于排铅	促进排铅	吸附并排除各种对人体有害的毒素，如铵盐、重金属等；调节体内酸碱度，恢复身体机能；对抗自由基侵害，排毒养颜等

87

【案例链接】

天津市某智慧健康信息咨询有限公司在其广告宣传册中发布含有"某原花青素对各种细胞病变引起疾病有如下功效：减缓动脉粥样硬化的形成，延缓心脑血管疾病的发生。延缓老年痴呆的发生，并改善老年痴呆的临床症状。某原花青素是迄今为止纯度最高、生物活性最强的纯植物自由基清除剂"等内容的保健食品广告。该广告内容不仅包含绝对化用语，更涉及疾病预防、治疗功能，明显违反了《中华人民共和国广告法》第4条、第9条、第18条、第46条等法律规定。2019年5月，天津市南开区市场监督管理局依据《中华人民共和国广告法》第55条、第57条、第58条的规定，作出行政处罚，责令停止发布违法广告，并处罚款20万元。

（2）审查广告代言人

保健食品广告不得利用代言人作推荐、证明，须注意代言人不仅包括通常意义上的明星等具有一定社会影响力的知名人士，亦不得利用专家、学者、医生，甚至是普通患者对保健食品进行推荐、证明。

【案例链接】

2021年3月，潘某接受委托拍摄了日加满饮品（绿瓶装，属保健食品）的视频和图片用于商业推广，违反了广告法中"保健品广告不得利用广告代言人作推荐、证明"之规定。为宣传、推广上述日加满饮品，上海某商贸有限公司先后在各网络平台发布上述视频，均未标明"本品不能代替药物"。2021年7月22日，上海某商贸有限公司删除上述广告。

上海市市场监督管理局认为，潘某以自己的名义和形象为保健食品作推荐和证明的上述行为，违反《中华人民共和国广告法》相关规定，构成违法代言广告行为，对其没收违法所得25万元，罚款25万元。

（3）审查行政许可情况

保健食品广告的内容应当以市场监督管理部门批准的注册证书或者备案凭证、注册或者备案的产品说明书内容为准，不得涉及疾病预防、治疗功能。保健食品广告涉及保健功能、产品功效成分或者标志性成分及含量、适宜人群或者食用量等内容的，不得超出注册证书或者备案凭证、注册或者备案的产品说明书范围。

上海某博士电子商务股份有限公司通过网站和微信商城等媒介发布保健食品"葡萄籽芦荟软胶囊"具有"淡斑"功能、"天然维生素E软胶囊"具有"祛斑美白、抗衰老"功能的广告，广告宣传的功能与取得行政许可的内容不符。同时，上海某博士电子商务股份有限公司"氨糖软骨素加钙片"广告中出现的标志性成分的含量未能准确、清楚表明。上海市徐汇区市场监督管理局作出行政处罚，责令停止发布违法广告，并处罚款 19.5 万元。

四、婴幼儿乳粉广告审查要点

1. 婴幼儿乳粉的定义

婴幼儿配方乳粉是根据婴幼儿生长发育特点，通过科学组方，经过精细加工工艺生产出的专用配方食品。婴幼儿配方乳粉是指符合相关法律法规和食品安全国家标准要求，以乳类及乳蛋白制品为主要原料，加入适量的维生素、矿物质和（或）其他成分，仅用物理方法生产加工制成的粉状产品，适用于正常婴幼儿食用。其能量和营养成分能够满足婴儿的正常营养需要；或适用于较大婴儿和幼儿食用，其营养成分能满足正常较大婴儿和幼儿的部分营养需要。

89

2. 婴幼儿乳粉的分类

2021 年 2 月 22 日，国家卫生健康委和市场监督管理总局联合发布了新国标《食品安全国家标准 婴儿配方食品》（GB 10765—2021）、《食品安全国家标准 较大婴儿配方食品》（GB 10766—2021）和《食品安全国家标准 幼儿配方食品》（GB 10767—2021），并已于 2023 年 2 月 22 日实施。我国对婴幼儿配方乳粉有明确的分类方法，依婴儿月龄不同，分成：婴儿配方乳粉（1 段，0—6 月龄）、较大婴儿配方乳粉（2 段，6—12 月龄）、幼儿配方乳粉（3 段，12—36 月龄）三个类别。

3. 婴幼儿乳粉广告的审查要点及违规案例

（1）不得宣称或暗示可替代母乳

根据《中华人民共和国广告法》第 20 条规定，禁止在大众传播媒介或者公共场所发布声称全部或者部分替代母乳的婴儿乳制品、饮料和其他食品广告。

【案例链接】

菲某食品贸易（上海）有限公司于 2019 年 12 月 27 日与杭州某贸易有限公司签署了《美素佳儿产品 2020 年度经销商协议》，授权杭州某贸易有限公司作为菲某食品贸易（上海）有限公司天猫平台"皇家美素佳儿官方旗舰店"的经销商，在上述店铺内经营菲某食品贸易（上海）有限公司的产品，并发布由菲某食品贸易（上海）有限公司设计、制作的产品宣传广告。皇家美素力荷兰原装进口奶粉 1 段 800 g*1（适用 0—6 个月）的产品宣传页面中有"天然含有乳磷脂天然含有 OPO 类似结构脂天然乳铁蛋白……科技解密母乳珍稀营养""亲近源乳比例促进 DHA 吸收　珍稀乳磷脂营养组成比例接近源乳"等内容。

该行为违反了《中华人民共和国广告法》第 20 条"禁止在大众传播媒介或者公共场所发布声称全部或者部分替代母乳的婴儿乳制品、饮料和其他食品广告的行为"的规定，构成了在大众传播媒介或者公共场所发布声称全部或者部分替代母乳的婴儿乳制品，上海市黄浦区市场监督管理局对其处以罚款 20 万元。

（2）广告不得包含或暗示疾病治疗功能、使用医疗用语

《中华人民共和国广告法》第 17 条规定，除医疗、药品、医疗器械广告外，禁止其他任何广告涉及疾病治疗功能，并不得使用医疗用语或者易使推销的商品与药品、医疗器械相混淆的用语。婴幼儿配方奶粉不属于医疗、药品、医疗器械，其广告中不得出现《中华人民共和国广告法》第 17 条规定的内容和词汇。但实践中，婴幼儿配方奶粉违法广告案例中常出现违反前述第 17 条规定的情形。

【案例链接】

某贸易（上海）有限公司在其微信公众号发布视频广告，广告中含有"婴幼儿卡通形象，该婴幼儿出现腹泻和胀气，该品牌奶粉出现，腹泻和胀气的字样即刻消失"的广告画面，并宣传该品牌奶粉具有低乳糖配方，可以有效预防缓解宝宝乳糖不耐受发生风险，可改善甚至消除乳糖不耐受疾病所带来的腹泻和胀气等主要症状；结合上述视频广告画面和广告宣传词，原上海市工商行政管理局机场分局认为上述宣传内容涉及疾病治疗与预防功能，并使用了与药品相混淆的广告用语，构成违法广告。

乳糖不耐受属于医疗用语，菲某食品贸易（上海）有限公司的上述行为违反了《中华人民共和国广告法》第 17 条"除医疗、药品、医疗器械广告外，禁止其他任何广告涉及疾病治疗功能，并不得使用医疗用语或者易使推销的商品与药品、医疗器械相混淆的用语"的规定，构成了发布含有《中华人民共和国广告法》第 17 条

禁止情形广告的行为，市场监督管理局对其处以罚款 10 万元。

（3）不得宣称具有保健功能

《中华人民共和国食品安全法实施条例》第 38 条第 1 款规定，对保健食品之外的其他食品，不得声称具有保健功能。因此，婴幼儿配方奶粉作为非保健食品，不得在广告中宣传保健功能。

实践中，婴幼儿配方奶粉经营者在直播间进行产品介绍时宣传奶粉具有"激发身高潜能""减少宝宝便秘"的功能；在官方网站宣传页面中介绍奶粉"富含支持脑部发育的 DHA""DHA 和 ARA 帮助宝宝的脑部全面发育"或宣传奶粉中的成分"核苷酸能增强免疫力"等，均因涉及宣传增强免疫力、改善生产发育、通便等保健功能，被监管部门认定为构成违法广告，并因此遭受相应的行政处罚。

【案例链接】

某培贸易（上海）有限公司于 2021 年 7 月 21 日在其京东平台网店"某培京东自营官方旗舰店"直播间开展了"超闪 CP"直播活动，其为了提高产品销量，提升产品知名度，对婴幼儿配方乳粉进行直播宣传推广活动。直播活动中主播对其产品"有机儿童配方调制乳粉 4 段"介绍宣传时，宣称产品"能够激发身高的潜能"；对产品"纯净幼儿配方奶粉 3 段"介绍宣传时，宣称产品"减少便秘、拉肚子的情况"。

上述两款产品均非保健食品，但其在广告中宣称的"改善生长发育"和"通便"属于保健食品的功能，违反《中华人民共和国食品安全法实施条例》第 38 条第 1 款的规定，构成在广告中对保健食品之外的其他食品，声称具有保健功能的违法行为。

（4）不得贬低其他生产经营者的产品

《中华人民共和国广告法》第 13 条规定，广告不得贬低其他生产经营者的商品或者服务。《中华人民共和国反不正当竞争法》第 11 条规定，经营者不得编造、传播虚假信息或者误导性信息，损害竞争对手的商业信誉、商品声誉。因此，婴幼儿配方奶粉经营者发布广告贬低其他生产经营者的产品，除构成发布违法广告的违法情形外，还可能构成不正当竞争的行为。若被认定构成不正当竞争行为，经营者因此被处以的罚款处罚标准可能大幅提高。

【案例链接】

　　杭州某母婴用品店通过其注册的抖音账号在抖音 App 直播和发布短视频进行商业宣传活动，杭州某母婴用品店于 2022 年 5 月 6 日发布标题为"57 个婴儿奶粉品牌，17 个有不友好成分添加，你要选择避开？还是选择继续吃？"的短视频，视频宣传以下内容："查了 57 个品牌奶粉，其中有 17 个品牌是有不友好成分添加的……惠氏铂臻有棕榈油、香兰素；贝唯它有棕榈油、香兰素；美素佳儿有棕榈油、葡萄糖、葡萄糖浆、白砂糖；爱荷美有棕榈油、葡萄糖浆；喜宝倍喜有棕榈油；蓝河姆爱普有棕榈油；诺优能有棕榈油；诺优能活力罐有棕榈油；高培有棕榈油；美赞臣铂臻 A2 有玉米糖浆固体、白砂糖，以及香兰素；蓝臻有玉米糖浆固体、白砂糖、香兰素；纽奶乐有玉米糖浆固体；合生元拍星有葡萄糖浆固体；启赋蕴萃有香兰素、麦芽糊精；启赋蓝钻有香兰素；雅培恩美丽有白砂糖、香兰素；雅培菁挚纯净有白砂糖、香兰素……"

　　杭州富阳区市场监督管理局经调查发现，上述视频内容无相应证明依据，认为该奶粉品牌经销商发布的广告存在贬低其他生产经营者的商品的情形，违反《中华人民共和国广告法》第 13 条规定，责令其停止发布广告，并对其处以罚款 25 万元。

（5）不得违规使用代言人

　　《中华人民共和国广告法》第 38 条第 2 款规定，不得利用不满十周岁的未成年人作为广告代言人。因此，如果不满十周岁的普通儿童在广告中不表明身份，不是以自己的名义作广告宣传，只是担任某个广告角色，进行表演，不属于广告代言。但是，不满十周岁的为公众所熟知的童星或其他具有一定知名度的儿童在广告中，即使不表明身份，但由于其形象可以被公众直接辨识，应认为构成以自己的形象对商品作推荐，因此属于广告代言行为。

【案例链接】

　　某牛奶贸易（上海）有限公司为对其经销的 A2 奶粉进行宣传推广，邀请艺人胡某参与其品牌网络直播活动，并使用胡某及其子的形象进行广告宣传。后某牛奶贸易（上海）有限公司通过官方网站、微信公众号、官方微博等自媒体使用胡某及其子的姓名和形象为其产品进行代言，而胡某其子在当事人组织活动及广告发布时，实际年龄未满十周岁。

　　上海市市场监督管理局检查总队认为当事人行为违反了《中华人民共和国广告法》第 38 条的规定。依据《中华人民共和国广告法》第 58 条规定，责令停止发布违法广告，并处罚款 10 万元。

第六节　化妆品、儿童化妆品行业广告合规

一、化妆品的定义和分类

1．化妆品的定义

根据《化妆品监督管理条例》第 3 条，化妆品是指以涂擦、喷洒或者其他类似方法，施用于皮肤、毛发、指甲、口唇等人体表面，以清洁、保护、美化、修饰为目的的日用化学工业产品。该定义从四个方面规定了作为化妆品必须满足的要求，消费者可以通过以下方面来判断一个产品是否属于化妆品。

（1）使用方法

使用方法超出涂擦、喷洒或者其他类似方法的，如揉、抹、敷等，而通过口服、注射等方式达到美容目的的产品均不属于化妆品范畴。

（2）施用部位

产品施用于人体的部位应该是皮肤、毛发、指甲、口唇等部位，而用于非皮肤表面，如黏膜、皮下等不在此范围，不属于化妆品。可见，化妆品对安全性的要求较高，一般来说，要求在正常以及合理的、可预见的使用条件下，不得对人体健康产生危害。

（3）使用目的

产品的使用目的应是以清洁、保护、美化、修饰为目的，不具有预防、诊断、治疗疾病的功能，这也是化妆品和药品、医疗器械的本质区别。例如，驱蚊花露水使用目的为杀菌、驱蚊等，故不属于化妆品的管理范畴。此外，"消字号""械字号"的产品均不是化妆品，"消字号"属于经卫生部门审核批准的消毒产品，"械字号"则属于医疗器械。

（4）产品属性

化妆品的属性应为日用化学工业产品，超出此范围的不属于化妆品，如化妆刷、粉扑、洗脸仪等化妆工具和设备。

2．化妆品的分类

为规范化妆品生产经营活动，保障化妆品的质量安全，根据《化妆品监督管理条例》及有关法律法规的规定，国家药品监督管理局发布了《化妆品分类规则和分类目录》。该规定从化妆品功效宣称、作用部位、使用人群、产品剂型和使用方法

93

五个方面对产品进行分类总结，化妆品注册人、备案人应当按照相应规则和目录进行分类编码。本文将按照以上方面对化妆品的分类进行具体介绍。

（1）按照功效宣称分类

功效宣称指对化妆品在正常使用条件下的功效宣称内容进行科学测试和合理评价，并作出相应评价结论的过程。《化妆品分类规则和分类目录》（以下简称《目录》）附表 1 "功效宣称分类目录"明确的化妆品功效共分为"26 种 +1 类"新功效（详见表 3-9）。

表 3-9

序号	功效类别	释义说明和宣称指引
A	新功效	不符合以下规则的
01	染发	以改变头发颜色为目的，使用后即时清洗不能恢复头发原有颜色
02	烫发	用于改变头发弯曲度（弯曲或拉直），并维持相对稳定 注：清洗后即恢复头发原有形态的产品，不属于此类
03	祛斑美白	有助于减轻或减缓皮肤色素沉着，达到皮肤美白增白效果；通过物理遮盖形式达到皮肤美白增白效果 注：含改善因色素沉积导致痘印的产品
04	防晒	用于保护皮肤、口唇免受特定紫外线所带来的损伤 注：婴幼儿和儿童的防晒化妆品作用部位仅限皮肤
05	防脱发	有助于改善或减少头发脱落 注：调节激素影响的产品，促进生发作用的产品，不属于化妆品
06	祛痘	有助于减少或减缓粉刺（含黑头或白头）的发生；有助于粉刺发生后皮肤的恢复 注：调节激素影响的、杀（抗、抑）菌的和消炎的产品，不属于化妆品
07	滋养	有助于为施用部位提供滋养作用 注：通过其他功效间接达到滋养作用的产品，不属于此类
08	修护	有助于维护施用部位保持正常状态 注：用于疤痕、烫伤、烧伤、破损等损伤部位的产品，不属于化妆品
09	清洁	用于除去施用部位表面的污垢及附着物
10	卸妆	用于除去施用部位的彩妆等其他化妆品
11	保湿	用于补充或增强施用部位水分、油脂等成分含量；有助于保持施用部位水分含量或减少水分流失
12	美容修饰	用于暂时改变施用部位外观状态，达到美化、修饰等作用，清洁卸妆后可恢复原状 注：人造指甲或固体装饰物类等产品（如：假睫毛等），不属于化妆品
13	芳香	具有芳香成分，有助于修饰体味，可增加香味

序号	功效类别	释义说明和宣称指引
14	除臭	有助于减轻或遮盖体臭 注：单纯通过抑制微生物生长达到除臭目的产品，不属于化妆品
15	抗皱	有助于减缓皮肤皱纹产生或使皱纹变得不明显
16	紧致	有助于保持皮肤的紧实度、弹性
17	舒缓	有助于改善皮肤刺激等状态
18	控油	有助于减缓施用部位皮脂分泌和沉积，或使施用部位出油现象不明显
19	去角质	有助于促进皮肤角质的脱落或促进角质更新
20	爽身	有助于保持皮肤干爽或增强皮肤清凉感 注：针对病理性多汗的产品，不属于化妆品
21	护发	有助于改善头发、胡须的梳理性，防止静电，保持或增强毛发的光泽
22	防断发	有助于改善或减少头发断裂、分叉；有助于保持或增强头发韧性
23	去屑	有助于减缓头屑的产生；有助于减少附着于头皮、头发的头屑
24	发色护理	有助于在染发前后保持头发颜色的稳定 注：为改变头发颜色的产品，不属于此类
25	脱毛	用于减少或除去体毛
26	辅助剃须剃毛	用于软化、膨胀须发，有助于剃须剃毛时皮肤润滑 注：剃须、剃毛工具不属于化妆品

95

根据上表，所有化妆品都应从中选择一种或者多种功效类别，并在产品注册或备案时填报对应的分类编码。化妆品功效宣称可直接使用表中功效类别名称，也可以使用其他词语表达类似含义。但需要关注的是，用于化妆品功效宣称的文字、图案等多种多样，尽管《目录》给出了指引，仍有很多功效宣称的归属类别存在争议，如抗氧化、抗蓝光、抗糖化、止痒、除螨等，需要进一步明确功效宣称范围。

（2）按照作用部位分类

《目录》附表2"作用部位分类目录"根据作用部位对化妆品进行分类说明。作用部位应是人体表面任何部位，如皮肤、毛发、指甲、口唇等，而牙齿、口腔黏膜等不在作用部位范畴内。

作用部位应当根据产品标签中的具体施用部位合理选择对应序号。宣称作用部位包含"眼部"或者"口唇"的化妆品，编码中应当包含对应序号，并按照"眼部"或"口唇"化妆品的安全性和功效宣称要求管理（详见表 3-10）。

表 3-10

序号	作用部位	说　　明
B	新功效	不符合以下规则的
01	头发	注：染发、烫发产品仅能对应此作用部位； 防晒产品不能对应此作用部位
02	体毛	不包括头面部毛发
03	躯干部位	不包含头面部、手、足
04	头部	不包含面部
05	面部	不包含口唇、眼部； 注：脱毛产品不能对应此作用部位
06	眼部	包含眼周皮肤、睫毛、眉毛； 注：脱毛产品不能对应此作用部位
07	口唇	注：祛斑美白、脱毛产品不能对应此作用部位
08	手、足	注：除臭产品不能对应此作用部位
09	全身皮肤	不包含口唇、眼部
10	指（趾）甲	

（3）按照使用人群分类

《目录》附表 3 "使用人群分类目录"明确宣称的使用人群包括"婴幼儿""儿童"的化妆品，编码中应当包含对应序号，并按照"婴幼儿""儿童"化妆品的安全性和功效宣称要求管理（详见表 3-11）。

表 3-11

序号	使用人群	说　　明
C	新功效	不符合以下规则的产品；宣称孕妇和哺乳期妇女适用的产品
01	婴幼儿 （0—3 周岁，含 3 周岁）	功效宣称仅限于清洁、保湿、护发、防晒、舒缓、爽身
02	儿童 （3—12 周岁，含 12 周岁）	功效宣称仅限于清洁、卸妆、保湿、美容修饰、芳香、护发、防晒、修护、舒缓、爽身
03	普通人群	不限定使用人群

（4）按照产品剂型分类

化妆品的剂型是指化妆品的物理形态或外观，以及其在使用时的状态。化妆品常见的剂型包含乳剂类产品、水剂产品、油剂产品以及凝胶类产品，各类产品都具有不同的特点，每一种剂型的化妆品包含的产品也存在差异。《目录》附表4"产品剂型分类目录"对产品剂型进行了分类和说明（详见表3-12）。

表 3-12

序号	产品剂型	说　　明
00	其他	不属于以下范围的
01	膏霜乳	膏、霜、蜜、脂、乳、乳液、奶、奶液等
02	液体	露、液、水、油、油水分离等
03	凝胶	啫喱、胶等
04	粉剂	散粉、颗粒等
05	块状	块状粉、大块固体等
06	泥	泥状固体等
07	蜡基	以蜡为主要基料的
08	喷雾剂	不含推进剂
09	气雾剂	含推进剂
10	贴、膜、含基材	贴、膜、含配合化妆品使用的基材的
11	冻干	冻干粉、冻干片等

（5）按照使用方法分类

《目录》附表5"使用方法分类目录"规定了使用方法分为淋洗和驻留，当使用方法同时包含淋洗和驻留的，应按照驻留类化妆品选择对应序号，《化妆品安全技术规范》（2015版）对淋洗类化妆品及驻留类化妆品进行了释义。淋洗类化妆品系在人体表面（皮肤、毛发、甲、口唇等）使用后及时清洗的化妆品，驻留类化妆品为除淋洗类产品外的化妆品。

表 3-13

序号	使用方法	说　　明
01	淋洗	根据国家标准、《化妆品安全技术规范》要求，选择编码
02	驻留	

二、化妆品的标签管理

《化妆品标签管理办法》规定，化妆品标签是指产品销售包装上用以辨识说明产品基本信息、属性特征和安全警示等的文字、符号、数字、图案等标识，以及附有标识信息的包装容器、包装盒和说明书。化妆品标签包括信息和信息的载体，承载了产品的整体形象，是企业宣传产品的主要途径。消费者通过查看标签知悉产品品牌、生产主体、产品成分、功效、使用方法、注意事项等，从而正确选购、使用产品。作为《化妆品监督管理条例》的配套文件，《化妆品标签管理办法》贯彻落实《化妆品监督管理条例》立法精神，细化标签相关管理要求，从文字使用、产品命名等多方面对化妆品标签标识作出规定，以维护消费者权益。

标签必须标注的内容：产品中文名称、特殊化妆品注册证书编号；注册人、备案人的名称、地址，注册人或者备案人为境外企业的，应当同时标注境内责任人的名称、地址；生产企业的名称、地址，国产化妆品应当同时标注生产企业生产许可证编号；产品执行的标准编号；全成分；净含量；使用期限；使用方法；必要的安全警示用语；法律、行政法规和强制性国家标准规定应当标注的其他内容。

标签禁止标注的内容：使用医疗术语、医学名人的姓名、描述医疗作用和效果的词语或者已经批准的药品名明示或者暗示产品具有医疗作用；使用虚假、夸大、绝对化的词语进行虚假或者引人误解的描述；利用商标、图案、字体颜色大小、色差、谐音或者暗示性的文字、字母、汉语拼音、数字、符号等方式暗示医疗作用或者进行虚假宣称；使用尚未被科学界广泛接受的术语、机理编造概念误导消费者；通过编造虚假信息、贬低其他合法产品等方式误导消费者；使用虚构、伪造或者无法验证的科研成果、统计资料、调查结果、文摘、引用语等信息误导消费者；通过宣称所用原料的功能暗示产品实际不具有或者不允许宣称的功效；使用未经相关行业主管部门确认的标识、奖励等进行化妆品安全及功效相关宣称及用语；利用国家机关、事业单位、医疗机构、公益性机构等单位及其工作人员、聘任的专家的名义、形象作证明或者推荐；表示功效、安全性的断言或者保证；标注庸俗、封建迷信或者其他违反社会公序良俗的内容；法律、行政法规和化妆品强制性国家标准禁止标注的其他内容。

三、化妆品的功效宣称

1. 明确化妆品功效宣称的范围

化妆品功效宣称不应超出化妆品的使用目的范畴和产品归属的功效类别。根据

《化妆品监督管理条例》，化妆品的使用目的为清洁、保护、美化、修饰，因此抑制炎症反应、助眠、排毒、防雾霾等不属于化妆品功效范畴。《化妆品分类规则和分类目录》包含 5 个特殊化妆品功效类别、21 个普通化妆品功效类别和新功效，并给出了对应的释义说明和宣称指引，所有化妆品都应从《化妆品分类规则和分类目录》中选择一种或者多种功效类别，并在产品注册或备案时填报对应的分类编码。化妆品功效宣称可直接使用《化妆品分类规则和分类目录》中功效类别名称，也可以使用其他词语表达类似含义。

2．化妆品功效宣称应有充分的科学依据

《化妆品监督管理条例》第 22 条规定，化妆品的功效宣称应当有充分的科学依据；化妆品注册人、备案人应当在国务院药品监督管理部门规定的专门网站公布功效宣称所依据的文献资料、研究数据或者产品功效评价资料的摘要，接受社会监督。

3．原料功效宣称与产品功效应具有充分关联性

原料的功效宣称通常会在产品名称或标签内容中出现，宣称的原料名称或表明原料类别的词汇应该与产品配方成分一致。同时，原料的功效宣称应与产品的功效宣称具有充分的关联性，该原料在产品中产生的功效作用应当与产品功效宣称相符。例如，产品名称为"某某氨基酸面膜"，产品功效宣称为抗皱，则产品配方中应包含氨基酸，且氨基酸的使用目的应当与抗皱相关。

4．化妆品标签以及网络经营展示页面的功效宣称应与化妆品注册或备案资料一致

化妆品经营者披露的有关产品功效宣称的信息，应当与其所经营化妆品的注册或者备案资料中标签信息和功效宣称依据摘要的相关内容一致。

四、化妆品广告审查要点及违规案例

1．避免使用绝对化用语

根据《中华人民共和国广告法》第 9 条第（三）项的规定，广告不得使用"国家级""最高级""最佳"等用语，此项规定构成了实践中绝对化用语违法情形的执法依据。实践中，对绝对化用语的判断一般结合广告词语的词性、指向性、真实性等进行综合考量，企业在广告宣传中应注意避免使用该类词汇。

【案例链接】

上海某药妆保健用品有限公司从事化妆品销售的经营活动。上海某药妆保健用品有限公司在天猫网站开设的"某某旗舰店"由其运营及管理。2019 年 10 月 10 日，上海某药妆保健用品有限公司天猫网"某某旗舰店"中一款名为"某某品牌美白祛斑精华乳 30 ml 淡斑痘印烟酰胺面部精华法国进口"的产品页面中使用了"法国最好药妆""秒杀大牌美白精华""拥有世界级先进研发设备"等宣传用语。

上海市徐汇区市场监督管理局根据《中华人民共和国广告法》第 9 条及第 57 条规定，责令其停止发布违法广告，并处罚款人民币 10 万元。

2. 不得违规宣称涉及疾病治疗或使用医疗用语

《中华人民共和国广告法》第 17 条规定，除医疗、药品、医疗器械广告外，禁止其他任何广告涉及疾病治疗功能，并不得使用医疗用语或者易使推销的商品与药品、医疗器械相混淆的用语。常见的医疗术语包含"医疗、排毒、脱敏、抗敏、防敏、杀菌、防菌、抑菌、抗菌、激素、荷尔蒙、抗生素等"。同时，《化妆品监督管理条例》第 43 条规定，化妆品广告不得明示或者暗示产品具有医疗作用，不得含有虚假或者引人误解的内容，不得欺骗、误导消费者。常见的明示或暗示医疗作用和效果的词语包含"补血、活血、除湿、排毒、解毒、调节内分泌、祛寒、去除雀斑、祛红等"。

【案例链接】

上海某医药科技有限公司是经营化妆品的批发、零售的企业。2019 年 10 月开始上海某医药科技有限公司在天猫平台上注册了"艺霏旗舰店"销售艺霏牌化妆品。从 2023 年 6 月 30 日起，上海某医药科技有限公司为推销其经营的一款艺霏传明酸烟酰胺精华液，委托上海某广告公司在其天猫"艺霏旗舰店"内的艺霏传明酸烟酰胺精华液交易页面上制作、发布了含有"生物糖胶-1 舒缓抗敏"用语的商业宣传。

经国家药品监督管理局国产普通化妆品备案信息系统查实，该精华液为一款普通化妆品，产品名称：艺霏传明酸烟酰胺精华液，成分为：["水""丁二醇""凝血酸""烟酰胺""1，2-己二醇""1，3-丙二醇""β-葡聚糖""糖类同分异构体""银耳多糖""EDTA 二钠""苯氧乙醇""辛酰羟肟酸""生物糖胶-1""乳糖酸"]，备案编号：沪 G 妆网备字 2022002293，备案人：上海某医药科技有限公司，功效宣称："08 修护，11 保湿，17 舒缓"。上海某医药科技有限公司提供上海微谱化工技术服务有限公司出具的检测报告（SHA01-21120348-JC-02）证明艺霏传明酸烟酰胺精华液具有其所宣称的功效：修护、保湿、舒缓，但无相关证据证明有抗敏功效。根据《疾病分类与代码》（GB/T14396—2016）的规定，过敏属于疾病，常见的过敏性疾病有过敏性哮喘、过敏性鼻炎、花粉病、某些皮炎等。过敏反应即变态反应，是指机体受抗原性物质刺激后引起的组织损伤或生理功能紊乱，是一种免疫病理损伤过程。故"抗敏"属于疾病治疗功能，是医疗用语。

上海市奉贤区市场监督管理局认为上海某医药科技有限公司发布的该广告中含有对艺霏传明酸烟酰胺精华液的功效宣传"抗敏"属于医疗用语，涉及疾病治疗功能，故该行为涉嫌违反《中华人民共和国广告法》第17条"除医疗、药品、医疗器械广告外，禁止其他任何广告涉及疾病治疗功能，并不得使用医疗用语或者易使推销的商品与药品、医疗器械相混淆的用语"之规定，构成了在医疗、药品、医疗器械广告外，制作、发布涉及疾病治疗功能的广告并使用医疗用语的违法行为，根据《中华人民共和国广告法》第58条规定对其处以罚款2000元。

3. 普通化妆品不得涉及特殊功效宣传

根据《中华人民共和国广告法》第11条第1款规定，广告内容涉及的事项需要取得行政许可的，应当与许可的内容相符合。发布特殊用途化妆品广告，或者在化妆品广告中宣传特殊用途的，应当提供国家食品药品监督管理部门核发的特殊用途化妆品批准文号。对于不能提供特殊用途化妆品批准文号的，根据《中华人民共和国广告法》第34条第2款规定，广告经营者不得提供设计、制作、代理服务，广告发布者不得发布。如果有证据证明，上述化妆品实际不具备特殊用途功效的，则构成《中华人民共和国广告法》第28条规定的虚假广告。因此，化妆品在涉及"美白""祛斑""防晒""防脱发"这类特殊功效宣称前，需经药品监督管理部门注册后方可进行生产和宣称。

【案例链接】

2018年3月至6月，某（上海）化妆品销售有限公司在其运营的天猫美妆某官方旗舰店上线销售两款商品，分别为："LANCASTER/兰嘉丝汀沁爽运动防晒啫喱SPF30""LANCASTER/兰嘉丝汀沁爽运动防晒喷雾SPF50+惠选套装"。两款商品的销售页面中的"成分和功效"版块均使用了宣传用语："使用了RPF抗氧化复合物专利号：EP1651183B1（专利种类：发明，国籍：欧洲专利）绿茶、绿咖啡豆、红石榴、当归、苦橙皮。上述两款产品均已取得进口防晒类特殊用途化妆品认证。"根据国家食品药品监督管理总局进口特殊用途化妆品备案凭证显示，两款产品的实物标签标注"茶叶提取物、水黄皮籽提取物、小果咖啡籽提取物、圆叶当归根提取物、苦橙果皮提取物"，均不含宣传语中的"红石榴"成分。网页上标注的"红石榴"实际为该专利"RPF 抗氧化复合物"的来源之一，并不是商品实际含有的成分。

2018 年 3 月至 7 月，某（上海）化妆品销售有限公司在其运营的官方旗舰店内销售一款名为"宠爱之名（For Beloved One）亮颜晶化维生素 C 系列亮颜晶化维生素 C 面膜买一赠一套装"的商品。在商品的销售内"规格及包装——功效"版块中使用了"美白"的宣传用语。根据国家食品药品监督管理总局进口非特殊用途化妆品备案凭证的商品配方显示，该款化妆品各成分使用目的有"溶剂、保湿剂、增稠剂、皮肤调理剂、防腐剂、增溶剂、润肤剂、芳香剂、螯合剂、PH 调节剂"等，不含有作为祛斑剂用途使用的成分，当事人也无法提供两款商品具备其网页中宣称的"功效美白"的相关实验报告等。

上海市静安区市场监督管理局认为，该公司的行为构成虚假或者引人误解的商业宣传，根据《中华人民共和国反不正当竞争法》第 20 条第 1 款规定，对其责令停止违法行为并处以罚款 40 万元。

4. 化妆品标签以及功效宣称应与化妆品注册或备案资料一致

根据《化妆品监督管理条例》第 36 条，化妆品标签应当标注全成分。《化妆品监督管理条例》第 35 条规定，化妆品标签应当"内容真实、完整、准确"。《化妆品标签管理办法》第 5 条规定："标签内容应当合法、真实、完整、准确，并与产品注册或者备案的相关内容一致。"因此，化妆品的注册备案成分、实际成分和标签标注成分应保持一致。

【案例链接】

杭州某文化传播有限公司通过旗下直播间推广"三式解忧美肌无美春光精华液"化妆品时，功效宣传与国家药品监督管理局国产普通化妆品备案内容不一致，属于普通化妆品宣传特殊化妆品功效。

杭州市市场监督管理局根据《中华人民共和国广告法》第 55 条第 3 款，对其处以处罚 240630.4 元。

5. 不得贬低竞争对手

根据《中华人民共和国广告法》第 13 条规定，广告不得贬低其他生产经营者的商品或者服务。《中华人民共和国反不正当竞争法》第 11 条规定，经营者不得编造、传播虚假信息或者误导性信息，损害竞争对手的商业信誉、商品声誉。在化妆品广告中，企业经常通过自身产品与同类产品进行比较，或者选取其他生产经营者的一款或几款商品，与其进行对比，以突出自有产品的优势。在此情况下，一旦经营者对外片面、歪曲地散布一些未经证明的事实，给公众或者消费者带来误解，从而损害竞争对手的商誉的，就可能构成不正当竞争。因此，在对化妆品进行宣传时经营者应当遵循诚实信用的原则，确保内容的全面、客观、准确、真实，避免陷入纷争。

【案例链接】

上海某化妆品有限公司是一家从事化妆品网上销售的贸易型公司，2017年11月至2018年4月，当事人在天猫商城网店销售标签为"香水身体乳　保湿滋润补水　淡香体润肤露　浴后香味　全身去鸡皮　学生男女"的产品时，页面宣传将该产品与其他款身体乳进行对比，在对其他款身体乳的介绍中使用了"香气低廉　自毁品味""不够滋润　无法保湿""配方简单　功效单调""质地稀薄　偷工减料"进行宣传，该公司自述以上针对其他款身体乳的表述为美工杜撰。

上海市金山区市场监督管理局依据《中华人民共和国广告法》第59条第1款第（四）项和《中华人民共和国行政处罚法》第27条第1款第（一）项的规定，责令其停止发布广告，消除影响，并罚款1万元。

五、儿童化妆品的特殊要求

103

1. 规范功效宣传

根据《儿童化妆品监督管理规定》第7条第1款、第2款相关规定，在儿童化妆品广告中不能使用"基因技术""纳米技术"等用语进行宣传，不得进行"祛斑美白""祛痘""脱毛""除臭""去屑""防脱发""染发""烫发"等与儿童化妆品使用目的不一致的功效宣传。

另外，儿童化妆品广告禁止夸大功能、虚假宣传、贬低同类产品或容易给消费者造成误解或者混淆的内容，以及违反社会公序良俗的内容。同时，应根据《化妆品分类规则和分类目录》的相关规定按照适用人群特点规范功效宣称。例如，使用人群为婴幼儿（0—3周岁，含3周岁）的化妆品，功效宣称仅限于清洁、保湿、护发、防晒、舒缓、爽身；使用人群为儿童（3—12周岁，含12周岁）的化妆品，功效宣称仅限于清洁、卸妆、保湿、美容修饰、芳香、护发、防晒、修护、舒缓、爽身。

【案例链接】

杭州某化妆品有限公司于2022年9月15日在某商城旗舰店销售的产品，有一款优上婴幼儿保湿滋润舒缓特护霜，该款商品在某商城产品页面上存在以下违法事实：第一，页面宣传"富含 50 亿益生菌、4000+ 拒绝添加成分、天然红没药醇 100% 天然成分"等内容，这些数据当事人无法提供真实来源；第二，页面宣传"权威检测安全保证"，化妆品宣传存在安全保证的内容；第三，页面宣传"实验证明 SymReboo 成分能有效改善皮肤受损"，后附来自某技术服务有限公司杭州分公司的检测报告。这份检测报告末尾已注明该检测报告仅用于客户科研、教学、内部质量控制、产品研发等目的，而当事人私自用于产品页面宣传；第四，页面宣传"特护霜、护屏障缓干痒、修护、筑造宝宝肌肤的防护盾"，属于超出该化妆品备案功效"保湿、舒缓"的范围进行宣传。

杭州高新技术产业开发区（滨江）市场监督管理局依据《中华人民共和国广告法》第 55 条第 1 款、《浙江省广告管理条例》第 32 条第 1 款第（二）项规定对其处以人民币 56430 元罚款的行政处罚并责令停止发布虚假广告。

2. 不得标注"食品级""可食用"等词语或者食品有关图案

根据《儿童化妆品监督管理规定》第 13 条规定，儿童化妆品标签不得标注"食品级""可食用"等词语或者食品有关图案。在儿童化妆品广告中含有"食品级""可食用"等宣传内容或使人误解其可食用的有关图案的，违反法律规定。

104

【案例链接】

某科技有限公司在其天猫旗舰店销售"婴儿牙膏儿童牙膏"时使用"安全可食、可吞咽"的宣传用语。根据 2022 年 1 月 1 日起实施的《儿童化妆品监督管理规定》第 13 条第 2 款规定，儿童化妆品标签不得标注"食品级""可食用"等词语或者食品有关图案。依据《化妆品监督管理条例》第 77 条之规定，牙膏参照本条例有关普通化妆品的规定进行管理。

2022 年 4 月 14 日，密云区市场监管局以该科技有限公司的上述行为违反了《中华人民共和国广告法》第 28 条第 1 款、第 55 条第 1 款之规定，对其处以罚款 1500 元的行政处罚。

3. 规范产品标签

儿童化妆品应当在销售包装展示面标注国家药品监督管理局规定的儿童化妆品标志"小金盾"，非儿童化妆品不得标注儿童化妆品标志。同时，儿童化妆品广告中使用儿童化妆品"小金盾"标志时，不应将"小金盾"标志与获得国家审批、质量认证等宣传用语相挂钩，混淆"小金盾"标志的含义，暗示该产品已经获得监管部门审批或者质量安全得到认证。另外，儿童化妆品应当以"注意"或者"警告"作为引导语，在销售包装可视面标注"应当在成人监护下使用"等警示用语。

【案例链接】

上海某国际贸易有限公司作为广告主，自 2023 年 1 月 5 日起，在天猫"crinty 旗舰店"网店中销售化妆品"BIEUA 水晶轻透防晒喷雾"，宣传该产品为儿童防晒喷雾，并配有"儿童专用""水晶清透防晒喷雾入选儿童防晒类榜单"的图片。由于该产品为喷雾型，不建议对儿童使用，如必须使用的，应当充分考虑吸入风险，在使用方法中标识"请勿直接喷于面部""请先喷于手掌、再涂抹于面部""避免吸入"或类似警示用语。该产品未取得儿童化妆品小金盾标志，且没有相关警示用语，不符合儿童化妆品的安全要求。该产品并非儿童化妆品，却宣传为儿童化妆品，属于虚假广告。

上海市松江区市场监督管理局依据《中华人民共和国广告法》第 28 条第 2 款第（三）项对其处以罚款 3200 元。

第七节　明星、网红带货代言、广告合规指引

一、明星、网红代言的主体

伴随着大众传媒的快速发展，商家们为促进销售纷纷寻求明星对其产品 / 服务作代言，但 1995 年施行的《中华人民共和国广告法》并未对"代言人"加以定义，也并未涉及自然人的代言责任，而只对社会团体及其他组织的代言责任加以规制。出于实践需要，2015 年修订的《中华人民共和国广告法》对自然人代言虚假广告的问题作出了回应。2021 年修正的《中华人民共和国广告法》第 2 条第 5 款规定亦延续 2015 年《中华人民共和国广告法》中对广告代言人的定义，其规定"本法所称广告代言人，是指广告主以外的，在广告中以自己的名义或者形象对商品、服务作推荐、证明的自然人、法人或者其他组织"。根据上述规定，广告代言人应具有以下特征：

首先，广告代言人是广告主以外的主体，故公司创始人、高管为本公司的产品、服务进行代言宣传的，并不构成广告代言人。但与上述"网红企业家"广告形式不同的是，实践中常常有明星艺人创立了属于自己的品牌（多集中于服饰潮牌、餐饮店等日常消费品领域），并且为自己的品牌产品做营销、打广告。这些明星艺人由于其自身的知名度并非基于其广告推广的品牌、产品而产生，即使明星艺人就

是该品牌企业的法定代表人或实际控制人等角色，但广告所利用的实际上是基于明星艺人个人身份所具有的人格魅力和知名度，因此其在参与网络直播营销或是其他形式的广告时都可以视为是在以其"自己的名义或形象"进行商品推荐，进而构成代言人身份。

其次，广告代言人一般具备一定的社会知名度、美誉度，即具有一定的社会声誉和声望，其以个人的名誉、美誉度为产品背书，故明星是最常见的广告代言主体，知名文艺工作者、知名体育工作者、专家学者、"网红"等具有较高知名度的主体，即使广告中未标明其身份，只要公众通过其形象即可辨明其个人身份，亦可成为广告代言人。

再次，广告代言人的行为是以自己的名义对商品、服务作推荐、证明。无论是以"品牌挚友""品牌大使""首席品鉴官"等身份，或以"合伙人""入职"等名义（但实际不存在真实的投资、合伙、劳动合同等关系）对商品、服务作推荐、证明的，还是在含有商业广告的娱乐节目、综艺节目、影视作品、访谈节目对商品或者服务进行推荐，只要是以自己的名义、信誉为他人推荐、证明商品或者服务的，公众能将对其信任、喜爱、好感转移至其推荐的商品，则无论名义为何，均可成为广告代言人。

另外，对于在网络直播间推荐商品的主播，若只是形象、口才条件较佳的素人，在网络直播间向消费者介绍商品、链接及优惠方案，消费者并不会因信任其本人的社会影响力而转嫁至商品的，则不构成广告代言人，网络主播的身份更类似于销售员、推销员。而在构成商业广告的网络直播活动中，若以自己的名义或者形象作推荐、证明的主播是公众人物、名人的，公众易将对其个人的喜爱、信任转嫁至商品的，则可能属于广告代言人。

二、明星、网红代言的合规要求

明星等公众人物代言商品，应当遵守《中华人民共和国广告法》及相关法律法规，不得为其未使用过的商品或者未接受过的服务作推荐、证明，不得明知或者应知广告虚假仍作推荐、证明。接受代言前，应当查验所代言机构是否具有合法资质，所代言产品和服务是否内容真实、符合监管要求。结合《中华人民共和国广告法》等相关法律法规，明星在代言时，应当注意如下问题：

1. 品牌方审查

《市场监管总局、中央网信办、文化和旅游部、广电总局、银保监会、证监会、国家电影局关于进一步规范明星广告代言活动的指导意见》（以下简称《指导意见》）第2条第（二）项规定，明星在为商品开展广告代言活动前应当做好事前把关。明星在为商品或者服务开展广告代言活动前，应当对被代言企业和代言商品进行充分了解，查阅被代言企业登记注册信息、相关资质审批情况、企业信用记录、代言商品的商品说明书（服务流程）以及涉及消费者权利义务的合同条款和交易条件等信息，审看相关广告脚本。明星应当妥善记录对被代言企业信息了解情况、对商品体验和使用情况，保管相关广告代言合同以及代言商品消费票据等资料，建立承接广告代言档案。因此，明星及其经纪公司应事先了解品牌公司及代言产品的基本情况，并要求公司出示相关资质声明文件，包括但不限于营业执照、商标权属状况、产品合格证明等，同时可通过各种途径了解品牌公司之前受过的行政处罚及涉诉情况。

2. 审核拟代言产品

根据《中华人民共和国广告法》第16条、第18条，明星不得代言的商品或服务包括：（1）医疗、药品、医疗器械；（2）保健食品。对于上述禁止代言的商品或服务，明星亦不得以自己的名义或者形象作推荐、证明。除上述禁止代言的商品或服务外，对于《中华人民共和国广告法》第24条、第25条、第27条规定的特殊类别的商品或服务，包括：（1）教育培训；（2）招商等有投资回报预期的商品或者服务；（3）农药、兽药、饲料、饲料添加剂；（4）农作物种子、林木种子、草种子、种畜禽、水产苗种和种植养殖等，明星应注意避免在代言过程中以专业人士或者受益者的名义作推荐、证明。《指导意见》第2条第（三）项、第3条第（三）项对明星代言产品范围作了进一步规定，具体包括：（1）明星不得为烟草及烟草制品（含电子烟）、校外培训、医疗、药品、医疗器械、保健食品和特殊医学用途配方食品进行广告代言；（2）从事医疗、药品、医疗器械、保健食品等行业的企业不得利用广告代言人进行广告宣传。不得发布面向中小学（含幼儿园）的校外培训广告，从事其他教育、培训行业的企业不得利用专业人士或者受益人开展广告代言活动。从事农药、兽药、饲料、饲料添加剂、农作物种子、林木种子、草种子、种畜禽、水产苗种和种植养殖行业的企业不得利用专业人士从事广告代言活动。因此，对于拟代言产品或服务，明星及其经纪公司应审查其所属类别是否为《中华人民共和国广告法》及相关法律规定所禁止或限制，同时查验该产品是否具备相应资质、是否符合监管要求。

【案例链接】

2021年8月，杭州某宠物有限公司签约陈某为其运营的"帕特"品牌产品进行为期一年的广告代言，该公司宣传内容包含"作为资深铲屎官的帕特代言人陈某，

107

无论猫狗吃的宠粮、冻干还是罐头和零食，都会选择帕特"等，另据公司陈述，陈某实际有使用其产品喂食宠物。该公司邀请陈某代言费用为 650 万元、广告拍摄费用约 34 万元。

根据《中华人民共和国广告法》第 21 条第（二）项规定，"农药、兽药、饲料和饲料添加剂广告不得利用科研单位、学术机构、技术推广机构、行业协会或者专业人士、用户的名义或者形象作推荐、证明"，陈某使用并代言"帕特"产品的行为符合该项的规定，即以用户的名义或者形象作推荐、证明，故该公司邀请陈某使用并代言其产品属违法行为。据此，帕特猫粮关联公司杭州某宠物有限公司因违反《中华人民共和国广告法》，被杭州市萧山区市场监督管理局罚款 96 万元。

3. 自身资格审查

根据《中华人民共和国广告法》第 38 条规定，广告代言人在广告中对商品、服务作推荐、证明，应当依据事实，符合本法和有关法律、行政法规规定，并不得为其未使用过的商品或者未接受过的服务作推荐、证明。不得利用不满十周岁的未成年人作为广告代言人。对在虚假广告中作推荐、证明受到行政处罚未满三年的自然人、法人或者其他组织，不得利用其作为广告代言人。《指导意见》第 3 条第（二）、（三）项规定，企业要严格遵守广告法律法规规定，不得选用因代言虚假广告被行政处罚未满三年的明星作为广告代言人。企业不得选用不满十周岁的未成年人作为广告代言人，未成年人保护法律法规及直播营销管理相关规定对广告代言人年龄限制另有规定的，从其规定。因此，除对品牌方及其产品进行审查外，明星还需注意审查自身是否可提供代言服务，即其是否存在年龄限制以及是否处于三年的"禁止代言期"。

【案例链接】

2021 年 8 月 24 日，某（上海）商贸有限公司在其公众号发布标题为《无畏挑战，他们是彪马破格玩家？》的文章，该文章的宣传中"破格玩家牛某 7 岁"，宣传中使用了牛某这名不满十周岁的未成年人作为广告代言人。另查明该公司使用牛某的名义及形象作宣传是为了给童装作推荐，吸引更多热爱运动的孩子关注购买彪马的品牌产品。

该公司在微信公众号上发布利用不满十周岁的未成年人作为广告代言人的广告宣传，涉嫌违反《中华人民共和国广告法》第 38 条第 2 款"不得利用不满十周岁的未成年人作为广告代言人"的规定。2022 年 1 月 27 日，上海市黄浦区市场监督管理局依据《中华人民共和国广告法》相关规定，责令其停止发布违法广告，在相应范围内消除影响，并处罚款 10 万元。

4．亲自使用拟代言产品或服务

根据《中华人民共和国广告法》第 38 条第 1 款规定，广告代言人在广告中对商品、服务作推荐、证明，应当依据事实，符合本法和有关法律、行政法规规定，并不得为其未使用过的商品或者未接受过的服务作推荐、证明。《指导意见》第 5 条第（三）项规定，明星本人应当充分使用代言商品，保证在使用时间或者数量上足以产生日常消费体验；象征性购买或者使用代言商品不应认定为广告代言人已经依法履行使用商品的义务。明星为婴幼儿专用或者异性用商品代言的，应当由明星近亲属充分、合理使用该商品。明星在广告代言期内，应当以合理的频率、频次持续使用代言商品。对于电子产品、汽车等技术迭代速度较快的商品，明星仅使用某品牌的某一代次商品，不得为该品牌其他代次商品代言。因此，在代言之前，明星本人应当充分使用拟代言商品或服务，保证在使用时间或者数量上足以产生日常消费体验，并记录使用感受、留存使用记录并保存相关证据。

5．对广告内容进行审核

根据《中华人民共和国广告法》第 3 条及第 4 条规定，广告应当真实、合法，以健康的表现形式表达广告内容，符合社会主义精神文明建设和弘扬中华民族优秀传统文化的要求。广告不得含有虚假或者引人误解的内容，不得欺骗、误导消费者。广告主应当对广告内容的真实性负责。《指导意见》第 2 条第（一）项规定，明星在广告代言活动中应当自觉践行社会主义核心价值观，代言活动应当符合社会公德和传统美德。不得发布有损国家尊严或者利益的言论；不得实施妨碍社会安定和社会公共秩序的言行；不得宣扬淫秽、色情、赌博、迷信、恐怖、暴力等内容；不得宣扬民族、种族、宗教及性别歧视；不得炒作隐私；不得宣扬奢靡浪费、拜金主义、娱乐至上等错误观念和畸形审美；不得以饰演的党和国家领导人、革命领袖、英雄模范等形象或近似形象进行广告代言（以饰演的其他影视剧角色形象进行广告代言的，应当取得影视剧版权方授权许可）；不得宣扬其他违背社会良好风尚的言论和观念。因此，明星及其经纪公司应对品牌方提供的广告内容进行全面的审核，广告内容应健康正面，维护公序良俗，不得含有侮辱歧视性内容，不能出现违背社会主义核心价值观和社会公德、职业道德、家庭美德、个人品德行为的内容。同时，广告应结合明星本人对代言产品的使用体验，不得含有虚假或者引人误解的内容。

109

【案例链接】

李某在其个人微博号发布了品牌女性内衣广告。广告将"职场"与"内衣"挂上关系，是对女性在职场努力工作的一种歧视，是对女性的不尊重行为，文案内容低俗，有辱女性尊严。经调查，李某发布上述广告没有收取单独的广告发布费。另，李某作为公众人物在广告中利用自身的知名度为品牌女性内衣作推荐，属于广告代言行为，且并未使用过该商品。

李某上述广告发布行为，违反了《中华人民共和国广告法》第9条第（七）项规定，构成了发布违背社会良好风尚的违法广告的行为；同时，李某的代言行为，违反了《中华人民共和国广告法》第38条第1款规定，构成了广告代言人为其未使用过的商品作推荐、证明的行为。综上，北京市海淀区市场监督管理局于2021年6月作出行政处罚：没收违法所得225573.77元，并处罚款651147.54元。

三、明星、网红代言违法的法律责任

1. 民事责任

根据《中华人民共和国广告法》第56条的规定，若是发布关系消费者生命健康的商品或者服务的虚假广告，造成消费者损害的，代言人将与广告主承担连带责任；非关系消费者生命健康的商品或者服务的虚假广告，造成消费者损害的，代言人明知或者应知广告虚假仍作推荐、证明的，应当与广告主承担连带责任。

2. 行政责任

根据《中华人民共和国广告法》第61条的规定，广告代言人在医疗、药品、医疗器械、保健食品、未使用过的商品或未接受过的服务广告中作推荐、证明的，或明知或者应知广告虚假仍在广告中对商品、服务作推荐、证明的，由市场监督管理部门没收违法所得，并处违法所得1倍以上2倍以下的罚款。

3. 三年内不得代言广告

根据《中华人民共和国广告法》第38条的规定，对在虚假广告中作推荐、证明受到行政处罚未满三年的自然人、法人或者其他组织，不得利用其作为广告代言人。因此，对于明星代言人而言，广告代言是其商业价值的直接体现，一旦被禁止三年内不得代言，损失将极为惨重，还可能触发须支付品牌方高额违约金、赔偿金，被迫解约的不利后果。

第四章
MCN 行业的合同

在当今传媒领域日新月异的浪潮中，海量信息的涌现与创意的不断迸发，共同为内容创作者搭建了一个前所未有的展示平台，同时也为品牌市场开辟了一条崭新的营销之路。在此背景下，MCN 机构作为连接创作者与品牌的核心桥梁，其地位与作用愈发凸显，变得至关重要。

本文不仅是对 MCN 机构运营生态的一次深度剖析，更是对其合作法律框架的全面梳理与解读。我们将细致入微地探讨 MCN 机构的合同管理体系，首先聚焦于 MCN 与达人之间的经纪合同，深入剖析双方的合作模式、权益分配以及责任界定，旨在促进双方建立稳固而持久的合作关系。随后，我们将目光转向 MCN 与品牌之间的推广合同，分析如何通过精确的内容策划与高效的执行，实现品牌与达人的深度融合与共赢。此外，我们还将关注 MCN 内部员工的劳动合同，力求构建和谐、高效的团队氛围，确保每位员工都能在公平的环境中充分发挥潜能，共同推动 MCN 机构的蓬勃发展。

111

本篇旨在为 MCN 行业的每一位参与者提供一套全面、实用且具有前瞻性的合同管理指南。通过深入浅出的解析与生动的实例分享，我们将帮助大家更好地理解合同条款背后的法律逻辑与商业逻辑，从而在合作之初就能预见并有效规避潜在的风险与误解。

第一节　MCN 与达人之间的经纪合同

经纪合同是明确 MCN 机构和达人之间权利和义务关系的基础文件。合同中详细规定了双方在合作期间应履行的职责、享有的权益，以及合作的具体方式和期限等。这有助于确保双方的合作能够在一个清晰、明确的框架内进行，减少因沟通不畅或理解差异而产生的纠纷。一旦双方签署合同，就应当按照合同的约定履行各自的义务。如果任何一方违反合同约定，都将承担相应的法律责任。

经纪合同的起草与审查，是行业法律工作者的核心工作之一，根据不同合同主体、不同签约背景，经纪合同的起草与审查的重点也随之不同。

一、签约前的背景调查

1. 拟签约达人的基本信息确认

包括身份证信息核对，联系方式、联系地址信息的明确、紧急联系人信息的收集。基本信息收集与核对是签订经纪合同的基础工作，对合同签订后的履行有重要作用。

2. 拟签约达人的资质审查

拟签达人是否年满 18 周岁且为完全民事行为能力人，若与限制民事行为能力人签订经纪合同，需要获得法定代理人许可；如要求达人具备某种资质还应当审查该达人相应资质的获取情况，并要求提供相应证明材料。

根据《中华人民共和国未成年人保护法》（2024 年修订）中规定："网络直播服务提供者不得为未满十六周岁的未成年人提供网络直播发布者账号注册服务；为年满十六周岁的未成年人提供网络直播发布者账号注册服务时，应当对其身份信息进行认证，并征得其父母或者其他监护人同意。"《网络直播营销管理办法（试行）》规定："直播营销人员或者直播间运营者为自然人的，应当年满十六周岁；十六周岁以上的未成年人申请成为直播营销人员或者直播间运营者的，应当经监护人同意。"《关于规范网络直播打赏　加强未成年人保护的意见》规定："严控未成年人从事主播。网站平台应加强主播账号注册审核管理，不得为未满 16 周岁的未成年人提供网络主播服务，为 16 至 18 周岁的未成年人提供网络主播服务的，应当征得监护人同意。对利用所谓'网红儿童'直播牟利的行为加强日常监管，发现违规账号从严采取处置措施，并追究相关网站平台责任。"

在访问众多主流直播平台的过程中，我们注意到这些平台所设定的规则相较于法律规定显得更为严格。根据相关法律法规，16 岁以上的未成年人在获得监护人同意的前提下，有权参与直播活动。然而，各平台却普遍坚持一个更高的标准，即要求所有直播人员必须为年满 18 周岁的成年自然人。

比如"抖音"平台直播规则明确，平台严禁未成年人直播，未成年人主动直播、未成年人被邀请进行视频连线以及大人直播小孩出镜的行为。此类情况平台一经核实，将视情节严重程度给予处罚。"快手"平台隐私政策中有"未成年人保护"的专门章节，未成年人适用专用规则，提供未成年人保护模式。"微信视频号"直播开播认证直接表明"不满十八周岁不允许开播"。

同时，值得关注的是早在 2021 年包括陌陌、花椒、虎牙、斗鱼以及抖音、快手、爱奇艺、哔哩哔哩等在内的众多视频平台均积极响应"关爱成长 呵护未来 网络表演（直播）行业保护未成年人行动倡议"，全方位建立未成年人保护机制，升级优化"青少年模式"，通过技术措施保障机制实施。

3. 拟签约达人的信用审查

首先，要深入调查拟签约达人是否涉及任何法律诉讼，无论是作为原告还是被告。了解涉诉的具体情况至关重要，包括案件类型、起诉原因、进展阶段以及可能的法律后果。这些信息有助于评估达人的法律风险，以及潜在的法律纠纷可能对合作产生的影响。

其次，需查明拟签约达人是否被列为失信人员。这通常涉及对其信用记录的详细审查，包括是否存在未履行法院判决、违反合同义务等不良信用行为。被列为失信人员可能意味着达人在商业合作中缺乏诚信，从而增加合作的不确定性和风险。

此外，对外投资及经营情况也是评估的重点之一。需全面了解达人的投资布局、经营项目的规模与效益，以及市场竞争力等关键信息。这些信息有助于我们判断达人的商业实力、发展潜力以及合作可能带来的商业价值。

综上所述，通过全面、深入的调查与评估，可以更准确地了解拟签约达人的法律背景、信用状况及商业实力，从而为双方的合作奠定坚实的基础。

113

4. 拟签约达人的签约情况审查

在筹备与意向中的达人签订经纪合同之际，一个至关重要的审查环节是深入调查并确认该达人是否已先前与其他机构或个人签订了相关的合作协议。这一步骤不可或缺，因为它直接关系到未来合作的顺利进行及双方权益的有效保障。

具体而言，需全面细致地了解达人已签订合同的详细内容，包括但不限于合作范围、期限、双方权利义务分配等核心条款。同时，对其过往合同的履行情况也要进行详尽的梳理，以评估达人的合作态度及契约精神。在此基础上，还需明确已签合同中约定的违约责任，以便在必要时能迅速有效地维护自身权益。

此外，竞业限制条款也是审查的重点之一。需仔细研读并分析该条款的具体表述及适用条件，以确保拟签约达人在合作期间及合作结束后的一段时间内，不会因违反竞业限制而给新合同双方带来不必要的法律纠纷或商业风险。

最后，针对拟签订的新经纪合同，必须进行全面的法律评估，以判断其是否存在构成不正当竞争的风险。这包括对新合同中的各项条款进行合规性审查，确保其内容不违反相关法律法规及行业规范，避免在合作过程中因合同问题而陷入不必要的法律争议中。

二、签约前的谈判

MCN 机构与拟签约达人在进行初步沟通和签约前背景调查后，进入经纪合同具体条款的谈判阶段。MCN 机构与达人签约前的谈判应当涵盖多个方面，以确保双方在关键问题上达成共识。

1. 谈判要点

第一，了解双方对合作的期望和目标，确保彼此的愿景一致。合作期望是经纪合同的基础，在首次谈判中明确双方的期望有助于其他条款的落实。

第二，初步讨论 MCN 机构与达人之间的合作范围、合作内容、资源配置、分工。

第三，初步商定合同的起止日期，合作期限应当考虑 MCN 机构对达人发展的初步规划及 MCN 机构的自身发展策略。同时，在合作期限条款项下讨论续约的可能性和条件，包括续约的时间、触发条件。

第四，初步确定双方合作产生的收益如何分配。收益分配是经纪合同中的核心条款，对于不同种收入，如直播打赏、带货佣金、广告收入等可以约定不同的分配比例；收益分配还可以区分不同的区间，如可包括基础费用、提成费等；同时可商定收益支付的时间和方式。

第五，初步讨论双方各自的权利、义务。

第六，初步明确违约的具体情形、处理方式以及争议解决方式。

2. 注意事项

本轮谈判是合同条款的初步确定，谈判过程中可灵活变通，可根据双方需求进行适当的调整，同时在谈判中保持冷静、理性，避免情绪化或过于强硬的态度。谈判前要充分准备，了解自己的需求和底线，以及对方的立场和利益。

三、合同起草与审查

依据前述谈判的核心要点，着手制定经纪合同。在实际操作中，MCN 机构虽备有标准的经纪合同模板，但鉴于每位达人的独特性，该模板并不能完全契合所有情况。因此，为确保合作效果最优化，应根据不同达人的具体情况，灵活起草或对现有合同进行适度调整与修改。

1. 合同项下词汇界定

合同用语的界定能够有效地精简合同条款的表述，减少合同双方／多方对某些用语的理解歧义，也为可能发生的争议提供解释合同条款的依据。经纪合同在正文条款前可以添加"本合同项下所涉词汇定义"部分。

示例一：

商业活动指与达人形象、品牌、影响力等相关的一系列商业行为，能为甲乙双方带来实体性或者非实体性利益的活动。包括但不限于：

（1）自媒体账号的运营业务，以商业或非商业目的，由甲方、乙方或任何经授权的第三方在自媒体账号发布视频、音频、图文等（包括但不限于在自媒体账号日常发布的视频、音频、图文，及在甲方为乙方接洽任何第三方的宣传、推广等活动后，在自媒体账号发布的视频、音频、图文）；

（2）直播业务，即乙方通过直播平台，以才艺展示、产品介绍、知识分享、游戏解说、生活分享、对谈等各种形式开展的网络直播（包括但不限于使用自有或他人账号直播，或与他人共同直播等）；

......

（X）其他涉及乙方的肖像（包括但不限于肖像、艺术形象、卡通动漫形象等）、姓名（包括但不限于真实姓名、艺名、昵称、外文姓名、自媒体账号名称及类似指代等）、声音、名誉、作品（包括但不限于画面、声音、道具、视觉效果等相关元素）及其他标志性元素的一切事务活动，或者其他一切可能会对双方的权益和收益产生影响的商业活动、公益活动，以及会对双方在公众和传媒上产生影响的一切事务，但不包括乙方自行创作的音乐作品及录制、发行、非甲方为乙方接洽的商业活动中表演该音乐作品而产生的任何相关权利。

示例二：

网络平台指包括现有的及未来新出现的所有社交媒体平台、自媒体平台、电子商务平台、直播推广平台等互联网平台，形式包括但不限于网站、客户端、App 等。

在合同中对词汇进行明确界定后，务必保持用语的一致性，以免因后续条款中随意更换表述方式，而增大合同的理解与解释难度。同时，也需注意，对于那些通用性强、含义明确且简单的词汇，无须进行界定，以免合同前言部分过于冗长繁琐。在合同中若已对特定词汇进行了界定，则后续应一致采用这些已界定的合同术语，以防止产生歧义。同时，应致力于简化后续文本的表述，避免对同一术语进行重复解释，从而提升合同的清晰度和阅读效率。

2. 合作范围

MCN 机构倾向于将合作的空间范围拓宽至"全球范围"，并主张拥有独家且排他的经纪权利。对于那些在合作初期即需投入大量资源的 MCN 机构而言，力求在合作起始阶段就最大限度地扩展自身的合作边界，这一做法无可非议。而对于达人方面，则需根据个人发展规划来审慎确定合作的地理范围。例如，我们曾作为代表参与谈判的某个签约项目中，达人方面计划在第二年着手运营海外某平台，而该平台的内容与拟签署合同中的合作区域并不吻合。经过多轮磋商，最终 MCN 机构同意将合作区域限定为"中华人民共和国境内"。

示例一：

本合同为独家性和排他性的合同，乙方授权甲方担任其在中国大陆范围内商业活动的独家排他经纪管理公司。

示例二：

甲乙双方同意，在本合同有效期内甲方负责为乙方就本合同约定的演艺活动提供独占（排他）性的经纪管理及其他合作，前述合作的地理区域为全球范围。

3. 合作内容／权限

在经纪合同中，对合作内容进行明确界定至关重要。尽管这通常通过一个总括性条款来体现，但其内涵可细致划分为三个核心方面：第一，与宣传紧密相关的内容，例如对达人个人形象的精心塑造与推广；第二，商业活动的对接与协调；第三，知识产权的归属问题。这三个方面相互关联，密不可分。有效的宣传与包装策略能够显著提升达人的知名度与吸引力，从而汇聚大量人气并获取可观的流量；而流量的累积则自然引领至商业活动的增多；在商业活动的开展过程中，又会相应地产生一系列相关的知识产权问题。

在我们处理的案件中，由于合作期间未能明确约定知识产权的归属及授权使用条款，后续产生争议并最终诉诸法律的情况屡见不鲜。例如，当 MCN 机构与第三方签订合作协议，达人根据该合同参与特定商业活动产生的知识产权，在 MCN 机构与达人解除合同关系后，若达人禁止第三方继续使用该知识产权，便可能引发纠纷。

我们建议，机构与达人都应当将工作内容具体化，以便在纠纷发生时能够尽可能精确地划分责任。对于机构已经投入成本但成效不显著的工作，双方可通过共同确认来明确。举例来说，如果机构为达人安排了10次商务活动对接，但仅成功实现了1次，那么其余9次未成功的对接同样会消耗机构的资源。然而，在纠纷产生时，双方往往难以就这9次未成功对接所产生的成本达成一致。因此，通过双方定期确认并量化工作量的方式，可以有效地解决此类问题。

示例一：

甲方有权独家行使下述相关权限：

（1）乙方开展演艺活动所需合同的谈判及签署；

（2）和与乙方演艺活动有关的第三方进行演出谈判及演出合同的签署；

（3）对乙方演艺活动的宣传及广告；

（4）自第三方领取和管理乙方演艺活动相关的演出费及其他报酬；

（5）与乙方演艺活动相关的日程管理及安排；

（6）与乙方演艺活动相关的内容企划、规划、制作、流通及销售；

（7）与乙方演艺活动相关的法律事务代理、行政顾问等业务；

（8）对属于乙方的著作权、邻接权等及其他派生的各种权益进行注册、登记、自行使用和许可他人使用；

（9）与乙方有关的唱片制作、发行及销售或委托第三方制作、发行及销售；

（10）与乙方有关的电影、电视剧、网络剧、微电影、音乐录影带及类似录音录像制品的制作、发行及销售或委托第三方制作、发行及销售；

（11）其他与乙方演艺活动相关的业务。

示例二：

双方的具体经纪合作方式包括：

（1）无论是否直接以甲方名义，就乙方商业活动事宜进行策划、包装、宣传、培训、规划、安排、实施、对外合作、全平台账号的独家运营、谈判签约、收益的获得、行政事务代理（包括但不限于公关、联络、后勤、服务及经授权的乙方私人事务等）等；

（2）甲方代理乙方就乙方的个人形象、声音影像或其他派生的各种权益的使用和许可使用，进行洽谈签约、获得收益及处理相关行政事务等（但不包括乙方自行创作的音乐作品及录制、发行、非甲方为乙方接洽的商业活动中表演该音乐作品而

产生的任何相关权利的使用和许可使用);

（3）甲方针对乙方在各电子商务平台开设电子商务店铺 / 账号，向乙方提供商品或为其接洽、对接品牌商，乙方通过直播、视频、图文等方式进行相关商品或服务的线上或线下销售等。

4. 合同期限及续约

在经纪合同中，固定期限结合自动续约条款是较为常见的一种合作期限设定方式。这种条款设计允许将初始的固定合作期限设定得较为简短，从而提高达人的接受程度；同时，通过在合同中约定合同到期后的自动续期，或在相同条件下享有优先续约权，也在一定程度上确保了 MCN 机构的权益。

在实际操作中，有时会遇到因达人个人原因或双方争议无法在短期内解决，导致在争议处理过程中合同到期的情况。因此，在合作期限条款中纳入"静默期"规定尤为重要。"静默期"是指当合同因某些特定原因暂时无法履行时，合同将中止执行，且此中止期间不计入合同的总期限。在设置静默期条款时，应明确列出适用情形，避免使用含糊不清或具有兜底性质的合同表述。

示例一：

本合同期限为【　】年，自 × 年 × 月 × 日起至 × 年 × 月 × 日止。在本合同有效期届满前 1 个月内，双方任何一方可以以书面形式向对方提出续约，在甲方无任何违约情形以及同等条件下，甲方有与乙方续约的优先权利，续约情况下，甲方有权享有的相关的权利及权益不少于本合同约定，双方另有约定的除外。

示例二：

本合同的有效期为【　】年，自 × 年 × 月 × 日起至 × 年 × 月 × 日终止；本合同终止前一个月内，如任何一方未提出书面异议的，本合同有效期自动延长【　】年，依此类推。

在本合同期间内，乙方因以下各种自身原因而不能正常开展演艺活动时，双方同意未能正常开展演艺活动的期间应自动顺延，即相应延长本合同期间：

（1）应征入伍服兵役；

（2）怀孕、生育及育儿；

（3）因与演艺活动无关的事由而连续住院【　】自然日以上；

（4）因不履行本合同项下的义务产生纠纷或其他乙方自身原因而不能开展正常的演艺活动时；

（5）提前60天告知甲方并经甲方书面同意进行的在校学习、进修或留学时。

5．合作账号

MCN机构与达人之间关于账号使用权归属的约定，是合作协议中一项至关重要的核心条款，不容忽视。这一约定不仅深刻影响账号的日常运营、内容创作与发布、粉丝互动等关键环节，更是明确划分双方权利与义务、确保合作顺利推进的基石。因此，在签订合作协议时，双方必须就账号使用权归属进行深入细致的磋商，确保约定内容精确无误，以坚实的条款巩固合作基础，有效规避潜在争议与纠纷，确保合作关系的稳固和长远发展。为了有效避免未来可能出现的争议，双方应当采取以下措施：

明确约定使用权细节：详细阐述账号的使用范围、权限分配、操作规范等，确保双方对账号的使用有清晰的认识和一致的理解。

保持沟通畅通：建立定期沟通机制，及时交流账号使用情况、问题反馈和改进建议，确保双方对账号运营保持同步认知，减少误解和冲突。

定期审查与更新协议：随着合作环境和市场条件的变化，双方应定期审查合作协议，及时更新账号使用权归属等条款，以适应新的合作需求。

示例一：

新注册账号：乙方使用甲方提供的注册信息，配合完成指定平台上的账号注册。

指定账号名称：

指定平台：抖音、快手、微博、B站等

新注册账号归属：自经纪合作期限始，除双方另有约定外，新注册账号归甲方所有，账号相关权利由双方永久享有，乙方不得以实名信息等任何理由为乙方本人或任何第三人主张账号的任何权利。

已有账号：乙方已有账号，指经纪合作期限开始前乙方已注册或已使用的账号，账号信息如下：【   】

已有账号归属：自经纪合作期限始，除双方另有约定外，已有账号归甲方所有。乙方应将已有账号的账号、密码及绑定手机号均告知甲方并由甲方保管。甲方可将乙方已有账号的绑定手机号解绑并重新绑定为指定手机号，乙方应予以配合。账号相关权利由双方永久享有，乙方不得以实名信息等任何理由为乙方本人或任何第三人主张账号的任何权利。

示例二：

为开展本次合作，双方确定主要以乙方签约前已经有的账号为指定账号，其次是经协商一致乙方同意由甲方为乙方新开的分发账号，也属于指定账号。

本合同签订后经协商一致乙方同意由甲方为乙方新开的账号，双方共同享有该新开账号的完整权利，包括但不限于账号的所有权、管理运营权、使用权等。乙方签订本合同前已经有的所有平台账号的所有权等权利由乙方单独所有，不因本合同的签订、履行、解除、终止等而发生任何所有权的转移，也不因账号密码、后台绑定机构等任何账号信息的变更而发生所有权的转移。

以乙方于本合同签订前原账号作为本合同指定账号，则本合同签署后，乙方应将上述账号的信息（含用户名、验证码等）告知甲方，配合甲方进行 MCN 机构绑定。合同期内，未经甲方书面同意，乙方不得通过任何方式更改上述账号的任何信息。此时，甲方独家享有指定账号的管理运营权、使用权、收益及账号内资金分配权等。

无论是签约前已经有的账号或是新开的分发账号，除本合同签约前乙方个人自行接洽、承接的商业活动外，本合同合作期间的相关收益及账号内的资金均按本合同约定进行分配。

乙方不得跳过甲方，以商业活动为目的，自行开设、运营、使用或推广除指定账号外的任何网络账号。乙方有权为本合同签订前乙方已经单独接洽、承接但尚未完成的商品、商铺及任何第三方进行宣传，无须经过甲方同意，但乙方应当提前告知甲方。指定账号在双方合作期间合作形成的作品知识产权归属甲方所有，乙方有权终生免费使用双方合作期间合作形成的作品。合同期内及本合同届满或解除、终止后，不影响在双方合作期间已经形成的作品的所有权归属，特别是广告视频的所有权、信息网络传播权，甲方仍有权继续许可客户方使用。

指定账号不论账号名称、主页网址等信息如何改变，皆视为同一签约账号。

指定账号的密码及其绑定手机号无论是由甲方管理还是乙方管理，对外展示的联系邮箱、电话、微信等应为甲方指定联系方式，乙方不能随意修改。

乙方不得未经甲方同意为其他账号、内容、品牌商等进行引流，包括但不限于在指定账号所发布的内容中增加相关的贴片广告、logo、标识、明显带有广告性质的内容以及其他明示或者暗示的引导内容等。

6. 知识产权、人格权及相关权利

知识产权相关的条款应当在合作协议中得到更为详尽、明确且细致的规划，确保双方在合作期间所创作的所有作品的知识产权归属问题得以清晰界定。这包括但

不限于知识产权的使用权限、对外授权的具体条件与程序，以及使用的期限等核心要素。鉴于过往合作案例中，因知识产权相关条款约定模糊不清而引发的争议与纠纷屡见不鲜，我们务必在协议签订之初就对这些关键内容进行周密考虑与明确阐述，从而有效规避未来可能出现的法律风险与合作障碍，保障双方的合法权益与长远利益。

示例：

在合作期间乙方创作的全部作品（包括但不限于短视频、图片、直播内容）、品牌版权、商标权等知识产权以及衍生开发权归甲方拥有。未经甲方书面同意，乙方不得将产出作品以任何方式用于其他使用，且不得转许可于其他任何第三方使用。

乙方从甲方所获的全部材料、信息等中所包含的知识产权、商业秘密及其他知识产权，仍归属于甲方独立、排他的享有；本协议不包含任何甲方对乙方的关于甲方所有的知识产权的授权。

合作期满，针对合作期间所形成的合作成果，甲方仍可免费使用乙方的肖像、姓名、艺名、昵称、声音等个人信息用于甲方宣传、市场推广等目的使用。甲方在使用乙方上述信息时，不得故意诋毁或损害乙方的合法权益……

7. 收入分配

收入分配条款无疑是合作协议中达人方最为重视且密切关注的核心条款之一。这一条款直接关系到达人方的经济收益与权益分配，因此，在协商与制定过程中，必须给予充分的重视与细致的考量。确保收入分配条款的公平性、合理性和透明度，对于维护达人方的积极性、促进合作的顺利进行以及实现双方的共赢局面具有至关重要的意义。

示例一：

1. 就收入分配部分，甲乙双方的可分配收益包括：

（1）线上/线下课程、网络视频、网络直播、直播连线、直播带货、视频植入广告、代言、电影、电视、录影、舞台演唱、录音、剪彩、广播、舞台表演、模特工作、创作等一切权益和收益。

（2）名字、影像、照片、动画、形象、声音等权益和收益。

（3）在履行本合同时产生的或由此产生的知识产权收益。

（4）双方约定的其他收益。

2. 满足如下条件后甲乙双方对可分配净收益按照约定比例进行分配：

（1）与本合同有关的所有可分配收益事先应由甲方收取。

（2）乙方已就可分配收益对应的演艺活动履行完毕。

（3）已扣除与乙方演艺工作直接相关的成本费用并扣除可分配收益对应的流转税费。

（4）在结算期间内同时满足上述条件。

可分配净收益＝可分配收益－乙方演艺工作直接相关的成本费用（若无法计算，按照不低于可分配收益的 15% 计算）－可分配收益对应的流转税费

3. 甲乙双方可分配净收益按照如下比例进行分配：……

以上收益分配双方另有约定的（如课程清单），另行约定优先适用。

4. 因归责于乙方的事由致使甲方代替乙方向第三方赔偿的，甲方有权在乙方收入（指按照本协议 3. 中的分配比例计算得到的乙方最终可分得的收入，下同）中优先扣除相关赔偿金额。乙方向甲方产生的任何应付未付款项，包括提前支取的报酬、借款、根据本合同约定产生的违约金/罚金/赔偿金等，甲方均有权在乙方收入中优先扣除。如乙方收入不足以扣除全部应付未付款项的，则乙方应在合同到期/终止之日起【 】自然日向甲方支付差额。

5. 除双方另有约定外，甲乙双方对按结算资料制作的收入分配内容进行确认，并由甲方与乙方指定的第三方进行结算。

6. 除双方另有约定外，双方将在每个自然月结束后的【 】自然日内对上一个自然月的可分配收益进行结算并由甲方向乙方提供结算资料。乙方应在收到结算资料后【 】个工作日内对按结算资料制作的收入分配内容进行确认，乙方确认无任何异议后，甲方应在【 】个工作日内将相关收入汇至甲乙双方协商确定的第三方企业（包括有限公司、合伙企业、个体工商户）银行账户。

7. 乙方如对结算材料有异议的，乙方应在收到结算材料之日起【 】个工作日内提出。如乙方自收取相关结算材料之日起【 】个工作日内未提出其他异议的，视为乙方完成对甲方提供的结算明细之确认。就无异议部分双方可按照本合同之约定先行结算，就异议部分如双方经协商无法解决的，乙方同意以甲方数据为准，并且甲方应保证其提供的结算数据的准确真实。

示例二：

甲乙双方按照以下标准，对合作账号商业合作产生的收益进行分配，分配金额以收入的毛利润为准。

表 4-1

	甲方应分配收益比例	乙方应分配收益比例
广告及电商收入	90%	10%

备注：

（1）"收益"是指一个结算周期内主协议项下合作账号的所有商业活动的收入，无论该商业合作的形式是线上或是线下，以甲方账户实际收到合作账号的商业合作客户所支付费用扣除掉各项运营成本所获得的毛利润金额计算；

（2）除相关法律法规要求进行代扣代缴的情形之外，收益分配完成后双方各自缴纳相关税费；

（3）双方按照主协议约定的结算周期对收益分配进行结算，甲方不得针对已经实际取得分配收益的往期收益主张任何权利。

收益分配可以在经纪合同中约定，也可作为合同附件进行约定。对于孵化类达人，机构会根据达人发展情况的不同而调整分配收益，在这种情况下，使用合同附件形式进行约定，更为便捷。

8．违约责任

经纪合同中违约责任条款随着行业的发展而不断调整，大致可以分为三个阶段：

早期阶段：在达人经纪行业发展初期，相关合同的违约责任条款相对简单和笼统。通常只是约定如果一方违反合同约定，需承担赔偿对方损失的责任，但对于损失的计算方式、违约行为的具体界定等缺乏详细规定。例如，可能仅规定达人若擅自与其他经纪公司合作，需赔偿经纪公司一定的经济损失，但损失金额没有明确标准。

发展阶段：随着行业的发展，违约责任条款逐渐细化。开始明确列举各种具体的违约行为以及相应的惩罚措施。比如，规定达人未按约定完成一定的直播场次或活动次数，将扣除一定比例的报酬；经纪公司未按时支付报酬，需按一定比例支付滞纳金等。同时，对于知识产权、保密义务等方面的违约规定也日益详细，以适应行业发展需求。

成熟阶段：现阶段，违约责任条款更加全面和复杂，不仅涵盖了常见的违约情形，还考虑到了各种特殊情况和潜在风险。除了经济赔偿外，还涉及声誉损失赔偿、禁令救济等多种责任形式。并且，在违约金的计算方式上更加科学合理，会综合考虑多种因素，如达人的收入、经纪公司的投入、预期收益等。例如，采用损失金额模式、预期收益模式等多种方式来确定违约金。

示例：

    任何一方没有充分、及时履行本协议约定义务的，应当承担违约责任；除本协议另有明确约定外，给对方造成损失的，应赔偿对方由此所遭受的全部损失。本协议约定的违约金标准、损失计算方式，均系双方经充分沟通确认，且为签订协议时已预见到的守约方因违约方之违约行为将遭受的最低损失。

    本协议项下之损失包括但不限于直接经济损失、预期可得利益损失、孵化溢价损失、守约方为追究违约行为而支出的调查取证费用、律师费、诉讼费、仲裁费、公证费、保全费等为实现债权的全部合理支出。

第二节　MCN 与品牌方：品牌合作合同

    MCN 机构与品牌方之间的合作合同不仅是双方战略联盟的基石，更是确保双方权益、规范合作行为的关键法律文书。这份合同的重要性不言而喻，它不仅明确了 MCN 机构为品牌方提供的服务内容、合作期限、费用结算等核心条款，还详细界定了双方在内容创作、品牌宣传、数据分析、商品销售等方面的权利与义务，为双方的合作奠定了坚实的基础。

    由于 MCN 与品牌方合作涉及的业务范围广泛，加之市场环境的不断变化，合同的复杂性也随之增加。从内容创意的版权归属，到品牌形象的维护；从合作效果的评估标准，到违约责任的界定，每一个环节都需要细致入微的考量。此外，合同中还可能涉及众多法律条款和专业术语，要求双方必须具备相应的法律知识和行业洞察力，以确保合同的合法性和有效性。也正是由于合同的复杂性和专业性，MCN 机构与品牌方在合作过程中容易出现各种纠纷。例如，双方可能对合作效果的理解存在分歧，导致对合同履行情况的评估产生争议；或者因合同条款不明确，双方在权益分配、责任承担等方面产生矛盾。本文将从合同主体、服务内容与标准审查、费用与支付方式、知识产权保护以及违约责任与争议解决等方面，详细探讨如何规避合同纠纷。

一、合同主体审查

    合同审查的首要且基础环节在于对合同主体的细致审核。MCN 机构务必验证合作品牌方的合法经营资质，这一过程涵盖对企业资质的全面核验、工商注册信息的精确比对、经营范围的明确界定以及信用状况的深入评估。反之，品牌方在寻求与 MCN 机构合作的过程中，也必须严格审慎地审查其主体资格，这一步骤至关重要，旨在有效规避潜在的合作风险。这要求品牌方对 MCN 机构的法人资质、经营许可、业界声誉、历史业绩以及合同条款的合规性等进行全方位深入的评估。通过这样细致入微的审查程序，品牌方能够确保所合作的 MCN 机构具备合法经营的基础与实力，从而避免因合作伙伴资质不全或存在不良记录而导致的法律风险、信誉损害及经济损失。

在实际运营过程中，有些 MCN 机构往往采用一系列精心设计的签约主体策略，以此来规避本应承担的相关责任。这些策略，或者说套路，已经成为行业内屡见不鲜的现象。具体而言，这些常见的规避责任手段包括但不限于：

套路一：空手套白狼。在这种套路之中，所谓的 MCN 机构实则扮演着中介或居间人的角色，他们手中并不真正掌握有主播资源。这类机构的操作模式是先从品牌方那里收取款项，随后才着手寻找并接触相关主播以达成合作，这种运作方式被形象地称为"空手套白狼"。在此模式下，作为居间方的 MCN 机构并不具备实质性的履约能力，因为合同的执行完全寄托于它们在收款后能否成功找到并促成与主播的合作。然而，遗憾的是，在多数情况下，此类 MCN 机构难以寻觅到符合品牌需求的主播，进而导致合同无法得到有效履行，最终使品牌方蒙受经济损失。

套路二：风险转嫁。此类操作模式涉及 MCN 机构规避直接与品牌方签约，转而寻觅第三方空壳公司作为合同签署的表面主体；而合同的实质执行依旧由该 MCN 机构承担。然而，一旦合同履行过程中遭遇任何问题，根据合同相对性原则，品牌方仅能向该第三方公司追究责任。然而，这些第三方公司往往不具备任何实际承担责任的能力，致使品牌方在合同履行中遇到的任何问题都难以获得有效补偿。

套路三：合同诈骗。此类手法表现为 MCN 机构在既无实际履约能力，又未采取任何履约行动的情况下，纯粹以套取品牌方资金为目的，此行为本质上构成了合同诈骗。当然，这类欺诈性套路在实际操作中较为罕见，同时也因其隐蔽性而难以被明确界定为合同诈骗。

鉴于上述情况，一旦此类案件发生纠纷，寻求有效救济途径将变得异常艰难，故而，事前的预防措施显得尤为重要。针对广大品牌方在甄选合作 MCN 机构时所面临的挑战，我们特此提出以下建议：

第一，优先考虑与主播所在的 MCN 机构签订直播带货协议，因为这类机构通常具有较强的履约能力和良好的资信状况，且一旦出现纠纷，主播也往往会积极配合解决问题。

第二，务必进行详尽的背景调查工作，例如，通过查找合作主播在平台上的主

125

页，并与该主播的商务团队联系，以核实合同签约方是否确为该主播所属或经其授权的机构。

第三，在合作前，应进行充分的市场调研和比价，了解同类主播的合作费用，以避免承担过高的合作费用。

二、服务内容与标准审查

品牌合作合同的关键在于清晰界定 MCN 机构所提供的服务内容、确立明确的服务标准及设定合理的服务期限。MCN 机构需对合同中的服务条款进行严谨审查，以保障服务内容表述明确无误，服务标准既量化又贴合行业规范。同时，服务期限的设定需兼顾品牌推广的周期性与 MCN 机构完成合同任务所需时间的合理性。除此之外，MCN 机构还应预见服务执行过程中可能发生的变更情形，并在合同中明确相应的变更条款，以便灵活应对未来可能出现的变化。

1. 明确服务范围

服务范畴应详尽罗列 MCN 机构为品牌方所提供的服务项目，这涵盖了直播带货、内容创作（例如文章撰写、视频制作、图片设计等）、平台推广（涵盖社交媒体、视频平台、广告位投放等）、数据分析报告提交，以及活动策划与执行等多个方面。针对每一项服务，都应进行细致具体的描述，以确保条款的清晰性，避免任何模糊性或歧义的产生。

特别值得注意的是，双方需就推广方式达成明确共识。在实践中，有部分 MCN 机构未能充分认识到公域流量与私域流量之间的显著差异，擅自更改推广模式，最终因此承担了相应的违约责任，如（2021）京 0105 民初 15727 号判决所示。鉴于此，对于 MCN 机构而言，一旦合同中明确规定了推广方式，就必须严格按照约定的方式来推广产品。切勿误以为双方合作的基础仅仅在于完成销售额，而与具体的推广路径无关，从而避免因误解而面临承担违约责任的风险。

2. 设定服务标准

针对每一项服务，应制定清晰明确的服务标准，确保 MCN 机构能够精准满足品牌方的需求并提供高质量服务。服务标准应涵盖直播带货的详细介绍方式、确切的介绍时长、创作内容的具体质量要求（如原创性保证、专业水准、阅读的易理解性等）、推广的精确频率与具体实施方式，以及数据分析的深度与报告提交的周期等。这些标准需具备具体性和可量化性，以便双方能够公正客观地评估服务成效。

尤其重要的是，关于服务时长及时间节点的约定，部分品牌方倾向于在特定时间节点进行直播活动，例如"双11""双12""年货节""618"等知名电商节日，或是选择每日的黄金时段，即 19 点之后进行直播，这些时间点均蕴含着独特的商业价值。因此，对于 MCN 机构来说，直播时间的安排对直播效果有着至关重要的影响。特别是在那些未设定保底销售额的合作协议中，虽然 MCN 机构仅承担直播带货的职责，并不对最终销售结果作出任何承诺，但若擅自调整直播时间，即便未对结果作出承诺，也可能因变更直播时间而给品牌方带来的损失承担相应责任。

在我们团队所接手的一起案件中，A 公司与某著名影星所属的 MCN 公司 B 签订了一份直播带货协议，明确约定直播活动将于 2023 年"双 12"期间进行。然而，就在"双 12"的前一天，B 公司的商务人员突然通知，称该影星因感冒导致嗓子不适，无法按原定日期进行直播。令人惊讶的是，"双 12"过后的第二天，A 公司在抖音平台上发现，该影星的个人账号竟然发布了一段展示其外出旅游的短视频。尽管随后进行了补播，但效果却大打折扣，商品成交量仅为 3 单。鉴于此，品牌方 A 公司认为 MCN 机构 B 未能履行协议中的义务，构成违约行为，并最终决定提起诉讼以维护自身权益。

3. 约定服务期限

服务期限作为服务内容约定的核心要素之一，直接界定了双方合作的持续时间。在合同中，必须清晰明确地规定服务的起始与终止日期，同时，对于可能涉及的续约条件及其相应程序也应予以详尽说明。在设定服务期限时，应综合考虑品牌推广的周期性特点、市场环境的潜在变化，以及双方基于长期合作所展现的共同意愿。

4. 明确服务效果预期

为确保双方对服务成效拥有清晰一致的预期，合同中应明确列出一系列可量化的评估指标，包括但不限于产品销量、粉丝增长数量、内容播放次数、转化率以及品牌知名度的提升程度等。这些指标的设定应紧密围绕品牌方的实际需求及所处行业的特性进行定制，并作为衡量服务效果的关键基准，为双方的合作提供客观、准确的评估依据。

我们团队曾处理过一起涉及 MCN 机构与品牌方之间业绩对赌的争议案件。在此案中，A 公司与 B 公司签订了《销售服务协议》，其中 B 公司明确承诺，将为 A 公司实现不低于 X 万元的销售利润。协议还规定，若 B 公司未能达到这一利润目标，则需按约定退还相应的服务费用。然而，B 公司随后将线下销售渠道的运营委托给了第三方，该第三方并未能按照约定实现预期的利润目标。

鉴于此，A 公司依据协议要求 B 公司退还部分服务费用。在此案件中，由于 B 公司将部分委托事项转托给第三方，并最终因第三方的违约行为，B 公司自身承担了相应的违约责任。

律师郑重建议，在明确界定服务效果的过程中，双方应当秉持实事求是的原则，根据自身实际的运营状况、市场定位以及可调配的资源，共同制定既具有挑战性又切实可行的目标。这样做不仅能够确保双方对合作成果有清晰而一致的预期，还能有效避免因目标设定过高或过低而导致的后续争议和不必要的法律诉讼，从而减轻双方的诉累，保障合作关系的和谐与稳定。

5．约定服务过程中的沟通与协作

在服务执行的过程中，双方之间的有效沟通与紧密协作是确保项目顺利推进的关键因素。因此，合同中应详尽地规定双方的沟通方式及相应的频率，比如定期举行项目会议、按时提交工作进展报告等，以保障信息的及时流通与共享。此外，针对服务过程中可能出现的问题或需对服务内容进行必要调整的情况，合同中也应明确双方的应对机制，即如何迅速建立沟通渠道，通过协商达成一致意见，从而确保服务能够灵活调整并持续满足品牌方的需求。

128

6．考虑服务变更与调整

鉴于市场环境的动态性以及品牌需求的不断演变，服务内容有时需进行必要的调整或变更以适应新的形势。因此，在合同中，应明确赋予双方在服务执行过程中的变更权利，并详细阐述变更的具体程序及所需满足的条件。这一安排将有助于双方在合作进程中维持高度的灵活性，确保能够迅速响应并适应市场的不断变化，从而满足品牌方的持续需求。

7．主播过错行为的约定

主播的过错行为通常被归纳为四大类：违反国家法律法规、违背平台管理规定、未遵守相关合同条款，以及未能履行勤勉尽责的义务。为了确保合作的顺利进行，双方应当在合同中明确界定，当 MCN 机构的主播出现上述任何一类过错行为时，将会承担的具体后果。

特别值得一提的是，勤勉尽责义务这一概念较为抽象，它涵盖了主播对产品质量、功能、规格等信息的深入了解，以及在直播过程中保持的积极态度。在实际操作中，不乏一些明星主播在带货时显得不够积极，而品牌方却往往缺乏有效的途径来追究其责任。

鉴于此，我们强烈建议在合同中明确规定：乙方直播人员在执行直播带货任务时，必须积极履行其推广义务。这包括但不限于详尽地介绍产品的规格、功效、特点、价格以及优惠措施，从而确保直播活动能够达到预期的效果，并维护品牌方的合法权益。

三、费用与支付方式审查

费用条款与支付机制是品牌推广合作协议中的核心要素，直接牵涉到合作双方的财务权益。因此，MCN 机构在审核合同内容时，需特别留意服务费用的组成细节、计算逻辑及支付安排。当前主流的付费模式涵盖：单纯的"坑位费"模式、"坑位费"结合佣金模式，以及完全基于佣金的模式，品牌方可依据自身实际情况与需求，灵活选取最适宜的付费策略。

此外，品牌方宜事先深入调研费用标准，一个有效的方法是，寻找相似的其他主播账号，并通过其商务渠道了解其直播带货的收费标准。这样一来，品牌方能更准确地评估费用合理性，有效规避高昂且不合理的坑位费风险，确保合作的经济性与效益性。

服务费用应当保持合理性与透明度，确保不含任何隐性或模糊费用。在品牌方与 MCN 机构签订合作协议时，关于费用支付的条款往往倾向于采用行业特定术语，例如商品交易总额（GMV）。尽管这些术语在电子商务领域内已有界定，但在司法裁决过程中，法院并不总是完全采纳这些行业定义，而是更倾向于依据合同条款的字面意义进行判决。因此，我们强烈建议在制定相关费用支付标准时，采用具体且明确的计算公式进行约定，例如："实际成交额 = 总销售额 − 退单销售额"。这样的做法能够确保合同在执行过程中减少歧义，保障双方权益，确保合作顺畅无阻。

支付方式应当清晰明确，且需兼顾 MCN 机构与品牌方双方的利益诉求，既要确保 MCN 机构能准时收到应得的服务费用，也要保障品牌方能够依照合同约定的具体方式顺利完成支付。另外，MCN 机构在审阅合同时，还需特别关注其中关于税费处理、发票开具等相关条款的约定，以预防未来可能出现的任何不必要的争议与纠纷。

四、知识产权保护条款审查

在品牌推广活动中，知识产权的保护问题显得尤为重要。当 MCN 机构在审核合同时，必须特别留意有关知识产权的归属、使用权限及保护措施等核心条款。合同中应清晰界定双方各自的知识产权归属，明确后续使用方式、对外授权的具体条件，从而有效预防权属争议的发生。同时，MCN 机构在利用品牌方的知识产权时，务必确保已获得充分的授权，并严格遵守相关的使用规定，以维护知识产权的合法性和有效性。此外，MCN 机构还需密切关注合同中关于侵权责任的明确约定，以便在遭遇侵权事件时，能够迅速采取行动，有效维护自身的合法权益。

示例：

如本合同约定由乙方制作推广素材，则该推广素材的知识产权全部归甲方所有，甲方有权自行使用、处分该推广素材。

甲方提供的推广素材及相关材料的知识产权仍归甲方所有。

乙方授权甲方在本条款约定的合作期限与范围内使用推广素材所涵盖、涉及的乙方肖像、姓名以及与肖像、姓名有关的内容。相关费用已经包含在本合同约定的服务费用之内。

超出本合同约定的使用期限或范围，则甲方无权继续使用乙方肖像、姓名，双方另有约定除外。

本合同的签订与履行不得视为乙方担任甲方产品的代言人，甲方不得采取可能导致公众误认为乙方系甲方产品代言人的推广措施。

五、违约责任与争议解决条款审查

违约责任与争议解决机制对于确保合同双方权益得到妥善保障具有至关重要的作用。在审查合同时，MCN 机构应当给予这两部分内容高度的重视。

关于违约责任条款，应关注以下内容：

第一，明确违约定义。确保合同中清晰定义了何种行为构成违约，包括但不限于未按时支付费用、未达到约定的服务效果、泄露商业秘密等。

第二，量化违约责任。尽可能将违约责任量化，比如设定具体的违约金数额或计算方式，以及违约方需承担的其他经济损失赔偿责任。

第三，设定补救措施。除了经济赔偿外，还应考虑设定违约后的补救措施，如要求违约方在一定期限内纠正错误、继续履行合同等。

通过明确这些细节，可以有效预防违约行为的发生，并在违约事件出现时，为双方提供一个公正、合理的解决框架。

双方还需密切关注合同中关于争议解决方式的约定。争议解决途径的选择对于双方能否高效、和谐地解决合同履行过程中可能出现的分歧至关重要。MCN 机构应根据实际情况，与品牌方共同商讨并选择最适合双方的争议解决方式，如仲裁、诉讼等。在选择过程中，应充分考虑各种方式的优缺点，以及双方对于争议解决效率、成本等方面的实际需求。

在此，笔者特别想强调一个团队近期接收的咨询案例。该案例中，尽管双方争议的金额并不算高，但他们却选择通过仲裁来解决争端。然而，令人遗憾的是，仲裁费用竟高达争议金额的一半，这一高昂的成本最终迫使品牌方不得不放弃维护自身权益的机会。

六、选品中的侵权责任

MCN 机构的核心职能聚焦于产品的推广活动，因此，当所推广的产品遭遇问题时，品牌方作为产品的生产者或销售者，其承担相关责任是理所当然的。而关键在于，我们需要深入探讨并明确 MCN 机构在这种情况下承担责任的具体路径与方式。

1. 销售者责任

《中华人民共和国产品质量法》第 43 条规定：因产品存在缺陷造成人身、他人财产损害的，受害人可以向产品的生产者要求赔偿，也可以向产品的销售者要求赔偿。属于产品的生产者的责任，产品的销售者赔偿的，产品的销售者有权向产品的生产者追偿。属于产品的销售者的责任，产品的生产者赔偿的，产品的生产者有权向产品的销售者追偿。

关于 MCN 机构是否应被界定为销售者，在实际操作中存有分歧。然而，我们认为对此应进行细致区分与探讨：

当 MCN 机构仅作为推广方，收取推广费用时，其并不直接参与销售活动，因此不应被视为销售者，亦不承担销售者的相应责任。倘若其推广行为构成了商业广告行为，应当按照《中华人民共和国广告法》中广告发布者、广告经营者的角色承担相应的责任。

若 MCN 机构销售自有商品，则显然应被认定为销售者。

当 MCN 机构通过收取销售佣金参与销售活动时，同样应被视为销售者。

我们看到一种较为片面的见解，认为由于 MCN 机构并未直接参与到资金的收取流程中，同时也没有涉足商品的采购环节，因此，这些机构就不应当被划分为销售者的范畴。然而，这种看法显然忽视了电商直播与传统销售模式在商业模式以及交易结构上所存在的本质性差异。在电商直播这一新兴模式下，MCN 机构虽然不直接经手资金的收取和商品的采购，但它们通过主播的推广和销售行为，在商品与消费者之间架起了桥梁，对消费者的购买决策产生了深远的影响，并且销售的结果与其后期所获的收益直接相关，因此，在评估 MCN 机构的角色和定位时，我们不能仅仅停留在表象层面，仅仅关注资金的直接流动情况。相反，我们需要更加深入地剖析并理解 MCN 机构背后复杂的交易结构及其运作机制。这包括了解 MCN 机构与主播、商品供应商之间的合作关系，以及它们在整个销售链条中所扮演的角色和承担的责任。只有这样，我们才能更准确地界定 MCN 机构的法律地位和责任范围，从而保障消费者的合法权益，促进电商直播行业的健康发展。

综上，关于 MCN 机构是否应被界定为销售者的问题，在实践中确实存在诸多争议。这些争议主要围绕 MCN 机构在推广和销售过程中的具体作用来展开。为了明确 MCN 机构的法律地位和责任承担方式，有必要进一步完善相关法律法规和监管措施。

2. 广告主、广告发布者责任

若 MCN 机构的直播活动被认定为商业广告性质，则其理应承担起相应的法律责任，这一点已在其他相关章节中作了详尽的阐述，故此处不再重复说明。

鉴于此，MCN 机构在与品牌方签订合作协议时，应明确就产品可能引发的责任问题进行详细约定。例如，品牌方应保证其所提供的产品完全符合市场及行业的标准要求，若因产品本身存在缺陷或不符合规定而导致任何损失，该损失将全部由品牌方承担，若因商品质量问题导致 MCN 机构的商誉和社会评价受到负面影响，品牌方应给予 MCN 机构相应的赔偿。这样的约定旨在确保在需要承担责任的情况下，双方都有明确的追偿路径，从而有效维护各自的合法权益。

七、其他条款审查

除了前述几个核心要点之外，MCN 机构在审慎审查品牌推广合同时，还需格外留意若干其他关键条款。举例来说，保密条款作为捍卫双方商业秘密及敏感信息安全的坚固防线，其重要性不言而喻。因此，MCN 机构务必确保合同中清晰载明双方的保密义务及违反此义务所应承担的法律责任。

此外，反贿赂条款同样不容忽视，它是维护合同双方廉洁合作、促进公平竞争的重要保障。同时，关于合同变更与解除的条款也是审查工作的重中之重。双方应当在合同中明确界定合同变更及解除的具体条件、所需遵循的程序以及由此可能产生的法律后果，以便在面临不可预见的情况时，能够迅速而灵活地作出应对，有效保护各自的合法权益。

示例：反贿赂条款

合同双方在合同谈判、履行中，均应当秉承诚信原则，守住诚信底线，共同建立、维护双方认可的诚信价值体系。

任何一方的员工均不得在合同谈判、签署及履行中以行贿、受贿、索贿的方式为合同对方的个人、合同对方获取不当利益。包括但不限于：

（1）礼金、储值卡、有价证券、贵重物品、通讯工具、交通工具和高档用品；

（2）以报销为名为甲方员工承担原应由员工个人支付的费用、安排高标准宴请和娱乐活动、为其住房装修、婚丧嫁娶、配偶子女的工作安排以及出国出境、旅游等提供帮助等；

（3）为甲方工作人员或其亲属提供借款；

（4）与甲方工作人员或其亲属合伙经商；

（5）其他可能影响廉洁自律、公平竞争的行为。

如果甲方发现乙方或所属员工有违上述诚信原则行为的，有权视情节单方决定提前解除合同，且甲方将不再与乙方继续商业合作，合同终止的所有损失和责任均由乙方承担。

133

第三节　MCN 与员工的劳动合同的审查与起草

一、合同主体与资质审查

首要步骤是，务必严格审查并核实 MCN 机构的营业执照、税务登记证以及其他相关资质文件，以此确保该机构拥有合法的经营权限及符合规定的用工主体资格。与此同时，对于员工的个人身份资料，包括身份证、学历证明文件以及专业资格证书等，也须进行详尽而细致的查验，旨在确认员工确实具备执行相关工作所需的基本条件及专业资质。

针对那些已具备一定工作经验的员工，进行初步的背景调查是必要的环节。而对于将要担任核心岗位的员工，我们更应谨慎对待，可以考虑聘请外部专业的第三方机构来执行更为深入、全面的背景调查，以期全方位了解并评估员工的背景情况，为企业的稳健发展提供有力保障。

二、工作内容与岗位职责审查

在合同起草阶段，必须清晰界定员工的工作内容、岗位职责、具体工作地点以及详细的工作要求。这些关键条款应当表述得具体而明确，坚决避免使用含糊不清或过于笼统的措辞，以确保合同内容的精确性和可执行性。同时，要仔细审视工作内容是否与 MCN 机构的合法经营范围相符，以及是否处于员工的专业能力范围之内，从而保障合同的有效性和合理性。

除此之外，对于未来可能遇到的工作变动、岗位调整等潜在情况，也应在合同中预先作出明确约定。这样不仅可以为双方提供明确的指导和预期，还能在必要时为争议解决提供有力的法律依据，确保合同的稳定性和双方权益的充分保护。

1. 工作内容条款

具体阐述工作内容时，应详尽地罗列出员工需完成的各项具体任务及其工作范围，坚决避免采用模糊不清或泛泛而谈的描述方式。举例来说，针对策划岗位，可以明确表述为："员工需负责创作高品质短视频、图文内容，并且积极参与相关活动的策划与执行工作。"这样的描述既具体又明确，有助于确保双方对工作内容的准确理解。

明确关键职责：详细列出员工在岗位工作中需肩负的核心职责，这些职责应当紧密围绕公司的业务需求与发展目标来设定。例如："员工需按照规定周期，高效完成内容的更新任务，确保所提供内容既保证质量又兼具时效性；同时，需积极主动地融入团队合作，通过协同作业来提升整体的工作效率与成果。"

设定清晰工作标准：针对那些可以量化衡量的工作内容，应当确立明确的工作标准或业绩指标，以此来精准评估员工的工作成效。举例来说："员工需确保每月至少完成 X 篇原创文章的撰写，并且要保证这些文章的阅读量与互动量均能达到公司预设的具体目标。"这样的表述既明确了工作要求，又为绩效评估提供了客观依据。

2. 岗位职责条款

明确岗位职责：依据员工的岗位职级及具体工作内容，清晰界定其需肩负的责任与义务。例如："员工应对所发布的内容承担全面责任，确保内容的真实性、合法性及符合相关规范，从而有效避免因内容不当而给公司带来的任何潜在损失。"

强化团队合作重要性：在明确岗位职责的同时，着重强调团队合作的不可或缺性，并清晰界定员工在团队中的具体角色与定位。例如："员工应积极主动地与团队其他成员进行沟通交流，紧密协作，以共同推进项目任务的顺利完成，进而提升团队的整体绩效与成果。"

遵循公司规章制度：着重强调员工必须严格遵守公司的所有规章制度，这些制度涵盖了工作时间安排、休息休假政策以及保密协议等多个方面。举例来说："员工应严格遵守公司的作息时间规定，确保按时到岗并准时下班，未经允许不得擅自离岗，同时严禁出现迟到或早退的行为。"这样的表述更加全面且具体，有助于增强员工的纪律意识。

关于工作内容与岗位职责的深入细化，可以通过附加劳动合同附件的形式来实现，诸如《岗位职责说明书》等文件便是很好的补充。在将这些文件作为劳动合同的附件时，务必要求劳动者签字确认，以示其已知悉并同意相关内容。对于那些与劳动者权益密切相关的条款，应当采用加粗字体、加下画线等醒目的方式来进行特别提示，并且在合同签订之际，向劳动者进行详细的解释与说明，以确保双方对合同内容有充分而清晰的理解。

三、工作时间与休息休假审查

劳动合同中应当明确界定员工的工作时间、休息休假机制及加班的相关规定。在细致审查合同条款时，需确保所规定的工作时间严格遵循国家法定标准，坚决杜绝超时工作的情形。同时，应密切关注员工休息休假权益的保障情况，包括但不限于法定节假日、带薪年假、病假、产假等重要权益。对于加班安排，合同中应详尽说明加班的具体条件、加班工资的计算方法及支付标准，以确保员工的劳动权益得到充分且有效的维护。

四、薪酬与福利待遇审查

薪酬与福利待遇是员工最为关切的议题之一。在审核劳动合同时，应着重审视薪酬的组成部分、计算规则、支付手段以及调整机制等诸多方面。务必保证薪酬结构既合理又透明，同时符合行业标准及法律法规的要求。此外，还需关注员工是否享有诸如社会保险、住房公积金等法定福利待遇，并明确这些待遇的缴纳比例及具体操作方式。对于可能包含的奖金、津贴等额外福利项目，也需在合同中作出清晰明确的约定。

五、保密条款与竞业限制条款审查

MCN 机构因其涵盖众多商业秘密与敏感信息，故而保密条款的制定显得尤为关键。在劳动合同的拟定中，应清晰界定员工的保密责任、保密内容的范畴，以及违约所应承担的后果。同时，为了捍卫 MCN 机构的商业利益，可合理引入竞业限制条款，对员工离职后在特定时限内参与可能与 MCN 机构业务构成竞争的活动进行约束。在对此类条款进行审查时，需审慎评估竞业限制期限的合理性，并确保其不违背员工的合法权益。

示例：保密义务及竞业限制

1. 保密义务

乙方必须遵守甲方规定的任何成文或不成文保密规章制度，履行与其职务相应的保密职责。除履行职务的需要外，乙方承诺，未经甲方同意，不得以泄漏、告知、公布、发表、出版、传授、转让或者其他任何形式使任何第三方（包括按照保密制度的规定不得知悉该项秘密的甲方其他职员）知悉属于甲方或者属于他人但甲方承诺有保密义务的商业秘密信息，亦不得在履行职务之外使用这些秘密信息。

本合同所提及的商业秘密，包括但不限于：技术方案、美术设计、软件设计、数据库、研究开发记录、技术报告、图稿、样品、操作手册、技术文件及业务相关的函电、行业秘密；各种业务流程；各种公式、数据、程序；客户名单；各项设计、图画、源代码、目标代码；各项核心技术、技术改良；各项发明；各种许可证；所有市场计划和战略、定价策略、业务计划、财务报表、现有客户和潜在客户/供应商/合作伙伴的信息、人事管理信息、薪酬福利信息等。

乙方若违反本合同约定的保密义务，属于严重违反企业规章制度，甲方有权单方解除合同，并不予支付任何经济补偿，同时乙方承担因此而造成的甲方经济损失。

出于对商业秘密保护的需要，劳动合同终止前 3 个月内或乙方提出解除劳动合同的，甲方可以变更乙方的工作岗位，乙方完全理解并同意甲方所有安排。

上述保密义务不仅应在乙方在职期间，而且在乙方离职（无论任何原因）后仍应履行。

2. 竞业限制

（1）甲方对乙方实施为期 2 年的竞业限制，考虑到乙方在甲方工作期间，工作内容以及工作职务可能出现变化，甲方以乙方离职前最近 1 年的实际工作内容和工作职务认定乙方竞业限制范围，乙方完全同意接受甲方认定结果并严格遵守公司关于竞业限制的规定。即经甲方认定属于竞业限制范畴的乙方，无论何种原因，乙方从甲方离职后 2 年内，不得到与甲方生产或者经营同类产品、从事同类业务的有竞争关系的其他用人单位，或者自己开业生产或者经营同类产品、从事同类业务。

（2）甲方在解除或者终止劳动合同后，在竞业限制期限内按月向乙方工资银行卡支付正常工作时间工资的 30% 作为竞业限制补偿费。

（3）乙方违反竞业限制约定的，除退还甲方支付的全部竞业限制补偿金、赔偿甲方实际损失外，还应按照违约金 20 万元或乙方离职前 1 年内全部收入的 5 倍，二者取较高者，向甲方支付违约金，同时仍应继续履行竞业限制义务。乙方因违约行为所获得的收益应当归甲方。

六、试用期条款的审查

《中华人民共和国劳动合同法》第 19 条规定："劳动合同期限三个月以上不满一年的，试用期不得超过一个月；劳动合同期限一年以上不满三年的，试用期不得超过二个月；三年以上固定期限和无固定期限的劳动合同，试用期不得超过六个月。同一用人单位与同一劳动者只能约定一次试用期。以完成一定工作任务为期限的劳动合同或者劳动合同期限不满三个月的，不得约定试用期。试用期包含在劳动合同期限内。劳动合同仅约定试用期的，试用期不成立，该期限为劳动合同期限。"

第 20 条规定："劳动者在试用期的工资不得低于本单位相同岗位最低档工资或者劳动合同约定工资的百分之八十，并不得低于用人单位所在地的最低工资标准。"

试用期作为劳动合同的关键构成部分，其审查不容忽视。在细致审阅合同时，应着重关注试用期的时长是否严格遵循法律规定，同时明确试用期内的工资待遇、福利待遇以及合同解除的具体条件和标准是否既明确又合理。此外，还需警惕试用期条款中是否存在不合理限制或条件，以确保不会侵犯员工的合法权益。

七、其他条款的审查

除了前述几个核心要点之外，还须留意对劳动合同中其他各项条款的细致审查。举例来说，培训条款需清晰阐明培训的具体内容、实施方式、费用分担原则以及培训完成后相关权益的归属等问题；知识产权条款则应明确界定员工在履职过程中所产生的知识产权归属安排；同时，对合同解除的条件与程序等关键内容亦应作

137

出明确约定。这些条款均直接关联到员工的权益保障与 MCN 机构的合法利益，因此，必须严格审查，以确保其既合法又合理。

八、合同的合法性与规范性审查

最后，需对整份劳动合同的合法性与规范性进行全面审查。务必保证合同内容严格遵循《劳动合同法》等相关法律法规的要求，杜绝任何违法或无效的情形出现。同时，还需细致检查合同的形式要件是否完备无缺，例如签字盖章、日期填写等细节是否均已妥善完成。此外，合同的文字表述应力求精确、清晰，避免使用模糊不清、易引发歧义的措辞。

综上所述，MCN 与员工之间的劳动合同的审查与起草工作，无疑是一项既复杂又精细的任务。通过严谨地审查合同条款，我们能够确保劳动合同的合法性与有效性，从而为双方的合作奠定坚实的法律基础。此举不仅有助于降低未来可能发生的纠纷与争议，更能有效维护双方的合法权益。

第五章
MCN 机构与达人间的争议解决

第一节　MCN 机构与达人间纠纷概览

MCN 机构与达人之间随着合作的深入，各种纠纷也逐渐浮现，给双方的合作带来了不小的挑战。以下是对 MCN 机构与达人合作中常见纠纷的概览，旨在帮助双方更好地识别风险、预防纠纷，并促进合作的顺利进行。

一、合同性质与法律关系争议

MCN 机构与达人之间的合作基于多种合同形式，如《演艺经纪合同》《网红达人合作合同》及《独家代理协议》等。这些合同性质复杂，可能涵盖综合性商事合同、劳动合同以及委托代理合同等多种类型。由于合同性质的多样性，双方对于彼此间的法律关系往往存在争议，这成为合作中的一个重要纠纷点。

二、合同履行过程中的纠纷

1. 收益分配纠纷

合作中，收益分成是双方关注的焦点。对于收益的计算方式、分成比例以及收益与成本的真实性，双方可能持有不同意见，从而引发纠纷。

2. 账号归属纠纷

账号归属问题一直是 MCN 机构与达人合作中的"重灾区"。双方对于账号的所有权、使用权及转移条件等可能存在分歧。

3. 合同履行纠纷

在合同履行过程中，双方对于合同约定的履行方式，如 MCN 机构应提供的资源支持力度、达人的具体工作内容和方式等，可能存在不同理解，导致纠

139

纷的产生。

三、合同解除与违约责任

1. 合同解除纠纷

双方对于是否享有单方解除权、违约方的行为是否构成根本违约等问题，往往存在争议，进而引发纠纷。

2. 违约责任纠纷

在违约责任方面，双方对于违约责任的承担方式和金额可能持有不同意见，这也是合作中常见的高发纠纷点。

四、其他纠纷

1. 知识产权侵权纠纷

合作过程中，如果达人发布的内容涉嫌侵犯第三方知识产权，MCN 机构可能会因此受到牵连。这种情况下，双方可能会就责任归属和赔偿问题产生纠纷。

2. 人身损害赔偿纠纷

MCN 机构在安排工作、活动或提供其他服务时，如果未尽到合理的安全保障义务，导致达人受伤或健康受损，可能会引发人身损害赔偿纠纷。

第二节　MCN 机构与达人法律关系认定

一、经纪合同关系

经纪合同，属于综合性的商事合同范畴，如 MCN 机构与达人签订的《演艺经纪合同》《演艺服务合同》及《主播演艺合同》等，这类合同通常融合了代理、中介及经纪等多重属性。在此类合作关系中，MCN 机构扮演着达人代理的角色，负责全面管理其数字媒体平台账号、策划并制作视频内容，以及协调与广告主或品牌的合作事宜。此外，MCN 机构还致力于为达人在流量投放、宣传推广、粉丝关系维护等方面提供专业指导与全方位支持。

判决 MCN 与达人之间不属于劳动关系。

1. 案情简介：2018 年 9 月 26 日，许某与某公司签订了《主播经纪合约》。该合约约定：（1）某公司应定期向许某公布由于本合约合作所产生的资金收支情况，并以月为单位向许某支付应得的收益。（2）作为艺人，许某将参与本合约合作范围内的全部策划、创作和制作工作。合约期内，许某不得委托代理人、经理人、经纪人或其他从事类似工作的公司或个人代理许某的相关演艺活动。许某将所有有关演艺和线上秀场直播活动的一切事宜交由某公司全权处理。（3）当许某完成某公司要求的日有效直播时长 ≥ 6 小时，且月休天数 ≤ 4 天，某公司承诺为许某提供保底工资，保底工资为 4000 元。许某的收入为税前收入，个人所得税则由许某负责依法缴纳。本合约范围内所产生的直播劳务所产生的全部收益，由许某、某公司进行分配。其中许某占 60%，某公司占 40%。（4）某公司确定的发薪日为次月 15 日。（5）如后期需做组合直播，休息日调整为 2 天，收益则由组合成员平均分配。

法院认为：从许某和某公司签订的合作协议来看，该协议约定的目的和背景、合作内容、收入及结算均不具有劳动合同必备条款的性质，不应视为双方之间具有劳动关系。

从人身依附性上来看，某公司虽为许某提供了直播场所，但直播内容、直播时间段并不固定，许某的直播行为也无法看出系履行某公司的职务行为，双方基于合作关系对许某进行必要的管理不应视为双方之间具有人身隶属关系。

从经济收入来看，许某的直播收入主要通过网络直播吸引粉丝获得的打赏，双方之间仅凭合作协议约定的比例进行收益分配，约定的保底收入也仅是双方合作方式的一种保障和激励措施，并不是其收入的主要来源。

从工作内容上看，许某通过某公司在第三方直播平台上进行注册，其从事的是网络直播平台系第三方所有和提供，直播内容不是某公司的经营范围。

综上，许某并未举证证明双方具有建立劳动关系的合意，并未举证证明双方之间具有劳动关系性质的经济、人身依附性，其基于劳动关系提起的诉讼请求，本院不予支持。【（2020）渝 05 民终 3894 号】

2. 案情简介：2018 年 3 月 15 日，钟灵某公司与曹某签订《河南钟灵某主播签约协议》（以下简称《协议》），主要约定：（1）有效期自 2018 年 3 月 15 日至 2021 年 3 月 31 日止。任何一方均有权于协议到期前一个月提出书面续约通知，经双方同意重新签订劳动协议。（2）甲方作为乙方的签约经纪公司，有权对乙方行为实施监督、管理，进行定期或不定期地复审；负责设备维护、提供主播工作环境，并根据第三方公司的需求，对乙方进行包装、推广宣传。（3）乙方只能在甲方所有或有权开播的平台和工会担任主播。必须服从甲方安排。（4）乙方的待遇包括底薪、奖金和年终奖，由公司支付。签订合约后第一个月为培训＋试播月，公司支付 600 元及账户收入 10％ 的提成作为激励，培训费 2000 元，在第一个收入 5000 元的月份扣除。正常直播后，账户月收入 1000 元以下时（不得连续超过三个月），底薪 600元；1000 元以上时，底薪为账户月收入的 50％—70％。奖金、季度奖、年终奖按照账户月收入的一定比例发放，最少为 5％。每月另设全勤奖 50—300 元（按时开播，不请假，不早退，月休两天以内，开播时长 120 小时以上）。（5）乙方为全职主播，月直播有效天数需达 26 天（直播时长 6 小时以上为有效天数），时长 180 小时以上。未经批准不开播的，视为旷工，扣除底薪 200 元；出现 2 次以上取消主播资格。

法院认为：从曹某与钟灵某公司所签订《协议》内容看。《协议》约定的内容中虽出现"重新签订劳动协议""管理""工资""底薪"等劳动关系特征的词语，但双方没有订立劳动合同的合意。从合同约定的关于收入来源、分配等双方权利义务看。曹某与钟灵某公司之间不符合劳动关系中经济从属性的特征，更符合合作关系的特征。《协议》约定曹某的待遇为底薪、奖金、年终奖构成。关于全勤奖，按时开播，不请假，不早退，月休两天以内，开播时长 180 小时以上等内容，是双方协商的一种履约模式，系基于合作关系而衍生的对曹某直播活动的管理规定，不应视为双方之间具有人身隶属关系的规章制度。从工作内容上看，曹某从事的网络直播平台，系钟灵某公司在第三方直播平台上注册提供，直播内容不是钟灵某公司的经营范围。因此，双方不存在劳动关系。【（2021）豫民申 6177 号】

二、劳动关系

劳动关系，即员工与雇主间的雇佣关系：当达人受雇于 MCN 机构成为其员工时，不仅能享受到机构提供的多样化福利待遇，还须在工作内容及执行方式上遵循机构的统一安排与指导。

这一劳动法律关系的建立，为达人的劳动权益筑起了坚实的保障，确保他们能依法获得劳动报酬及享有社会保障。对 MCN 机构而言，通过构建这样的法律关系，不仅能更有效地监控主播的工作进度与质量，还能在长期合作中加深与主播之间的信任与合作基础。

然而，劳动法律关系的确立也意味着 MCN 机构需承担更重的法律责任与成本，涵盖社会保险缴纳、工资支付、假期安排等多个方面。同时，由于劳动法律关系的约束性更为严格，MCN 机构必须严格遵守相关法律法规，以切实维护主播的劳动权益，这无疑也增加了机构的管理成本与潜在风险。至关重要的是，达人作为劳动者享有提前通知即可解除劳动合同的法定单方权利，且无须承担任何违约赔偿责任。MCN 行业与传统行业的一个显著区别在于，主播的价值增长往往呈现出偶发性和指数级的特点。在此背景下，若达人与 MCN 机构建立劳动关系，可能会使 MCN 机构面临一个困境：即前期投入巨额成本后，却可能因达人随时跳槽而束手无策，无法有效挽留遭受巨大损失。因此，MCN 机构普遍倾向于避免与达人签订劳动合同，以规避此类风险，实践中，这通常体现为双方所签署的合同类型为《合作合同》《经纪合同》等。然而，对于双方法律关系的界定，并不仅仅局限于合同的名称或书面协议的字面内容，而应基于合同约定的具体条款、实际的履约行为以及管理实践等方面进行综合判断。

【案例链接】

判决 MCN 与达人之间属于劳动关系。

1. 案情简介：2019 年 8 月 24 日，伍某与某皮具公司签订《合作协议》，协议约定由伍某在某平台担任主播，每月直播时间不少于 26 天，时长不低于 208 小时。实际履行中，伍某的工作内容为在直播间销售某皮具公司的皮具。伍某直播的时间、地点均由某皮具公司安排，收入按照某皮具公司制定的算法，根据销售业绩进行提成，由某皮具公司按月支付。2020 年 10 月 21 日，伍某以某皮具公司拖欠工资为由提出辞职。伍某诉至法院，请求确认劳动关系及支付拖欠工资。某皮具公司抗辩双方并非劳动关系而是合作关系。且《合作协议》约定由伍某在某平台担任主播，每月直播时间不少于 26 天，时长不低于 208 小时。实际履行中，伍某的工作内容为在直播间销售某皮具公司的皮具。伍某直播的时间、地点均由某皮具公司安排，收入按照某皮具公司制定的算法，根据销售业绩进行提成，由某皮具公司按月支付。

法院认为：虽然双方签订《合作协议》，但从《合作协议》的约定和实际履行情况来看，某皮具公司决定伍某的工作时间、地点和方式，伍某服从某皮具公司的用工指挥，且《合作协议》以独家、排他性的规定确定了伍某须履行严格的竞业限制义务，双方用工关系具有人格从属性特点；伍某的收入报酬直接来源于某皮具公司，且双方明确约定为"工资"，故双方用工关系具有经济从属性的特点。遂认定双方存在劳动关系。【（2021）粤 01 民终 22785 号】

2. 案情简介：原告作为甲方，被告作为乙方，双方于 2023 年 8 月 14 日签订了一份《艺人演艺经纪合同》，约定：（1）原告在全球范围内独家担任被告演艺经

143

纪公司，处理被告的演艺经纪事宜；（2）被告须以原告指定的合作平台作为独家互联网演艺平台，被告不得未经原告许可参与第三方平台的互联网演艺活动；（3）原告每月向被告投入的宣传推广成本、培训成本及支付其他活动费每月为 4000 元；（4）合作期限为 2 年，自 2023 年 8 月 14 日起至 2025 年 8 月 13 日止；（5）被告在原告安排的互联网演艺平台进行直播并保证：每月在直播平台进行直播的有效时长不低 156 小时、天数不低 26 天等内容；（6）签约金和收益分配方面，由原告获得被告进行直播获得虚拟礼物收益的 80%，被告获得 20%，原告在收到互联网演艺平台费用后在每月 20 日向被告支付收入等内容……另，被告每天上镜 7 个小时，每天工作都超过 8 小时，每个月休息 4 天，原告还会要求被告加班，工作期间必须服从原告安排的直播团工作，事假、病假等都需要向原告申请批准，工资都是由"底薪 + 提成"构成，如果不直播要扣除当天的工资。

法院认为：从双方庭审确认及双方证据显示内容可知，被告在原告处连续一个多月均是夜间在快手平台进行组团直播，并无其他演艺活动。结合双方举证及庭审陈述，从管理方式上看，双方虽签订了《艺人演艺经纪合同》，但合同内容规定可知，原告对被告的"开播天数及时长"均进行时间限制，其中每月直播天数不低于 26 天，与证人及被告陈述的一个月休息 4 天的情形相符，从被告与原告人员"小九""小宝"的微信对话及"八团沟通群"微信群聊内容可知被告直播的地点、方式均是原告安排，需按照原告的公司规定进行直播，且休息、请假均需受原告管理人员同意。故本院认定原告对被告进行了劳动性质的管理。

从收入分配看，被告主张其工资为"底薪 + 提成"，一方面，《艺人演艺经纪合同》约定的原告每月向乙方投入宣传推广、培训等成本固定为 4000 元，被告在相应直播平台直播表演所获得的虚拟礼物等收益按比例进行分配，与被告主张的工资模式一致；另一方面，从原告员工喻某（微信名"小九"）与被告的微信对话可知，原告确有"结算提成"等表述。故本院认为原告诉请被告返还的成本费用 3428.95 元实际系原告向被告发放的劳动报酬。因此，应认定双方存在劳动关系。【（2024）粤 1972 民初 7547—2 号】

在深入分析并研究了众多相关案例的基础上，我们进行了系统的总结与归纳，发现法院在裁决涉及 MCN 与达人之间法律关系的案件时，会着重考虑以下几个核心因素，以确保判决的公正性与合理性：

首先，法院会细致审查网络主播与签约公司之间是否存在明确且双方均认可的订立劳动合同的意愿。这包括双方对于合同条款的协商过程、合同内容的明确性以及双方对于劳动关系建立的共识，从而判断双方是否构成了法律意义上的劳动关系。

其次，法院会深入探究网络主播与签约公司之间是否存在人身依附性。这主要体现在主播在工作过程中是否受到公司的直接管理、监督和指导，以及主播的个人身份、形象等是否与公司品牌形象紧密相连，从而评估主播与公司的紧密程度。

再者，经济从属性也是法院裁决时的重要考量因素。法院会分析网络主播的收入来源、分配方式以及经济上对签约公司的依赖程度，以此来判断主播在经济上是否从属于公司，进而确定双方的法律关系。

最终，法院还会全面审视直播活动是否构成签约公司业务范畴的一个有机环节。这一考量涵盖了直播内容的性质是否契合公司的主营业务范围，以及主播的工作是融入并服务于公司的日常运营体系，还是仅作为特定合作项目下劳务成果的交付形式。通过这样细致的分析，法院能够更准确地界定 MCN 与达人之间的法律关系。

第三节　账号归属

网络直播账号拥有庞大粉丝群体时，其权属争议实质上是对账号所蕴含市场经济价值归属的争夺。当 MCN 机构与网红达人携手运营各平台账号时，鉴于双方在运营中的贡献差异及合同条款的不同设定，相关权益的归属问题不能简单地一概而论。对此，应全面审视合同约定、账号注册时间、个人依附性以及具体贡献度等多重维度以进行分析与判定。

一、法院裁决参考要素

通过对法院裁决的细致梳理与归纳，我们发现，在处理涉及争议账号归属的复杂案件时，法院会采取深入且细致的分析方法，并着重考虑以下几个关键要素，旨在确保所作判决的公正性、合理性与合法性：

第一，关于账号的注册时间，这是一个至关重要的考量点。如果涉案账号是在达人与 MCN 机构正式签署合作合同之前，达人就已经以其个人的真实身份信息进行了实名注册，那么这通常意味着账号在合作之前就已经是达人的个人财产，因此，法院在裁决时会更倾向于将账号的归属权判给达人一方。

第二，账号的认证主体也是法院判断账号归属的重要依据。如果涉案账号的认证主体明确为达人个人，且该账号的日常运营、内容更新及维护工作也主要由达人本人承担，那么这进一步强化了账号与达人之间的紧密联系，使得法院在裁决时更

145

有可能将账号判归达人所有。

第三，账号的初始状态同样不容忽视。如果涉案账号在达人与 MCN 机构签署合作协议之前，就已经由达人独立完成注册、运营，并成功吸引了一定数量的粉丝关注，那么这足以证明账号在合作之前就已经具备了独立的价值和影响力，因此，法院在裁决时也会倾向于将账号的归属权判给达人。

第四，账号所发布内容的人身属性也是法院考量的关键因素之一。如果涉案账号发布的主要内容具有强烈的个人色彩，与达人的身份、形象及声誉紧密相关，那么这进一步凸显了账号与达人之间的不可分割性，使得法院在裁决时更有可能将账号判归达人所有。

第五，双方合同的约定也是决定账号归属的重要依据。如果 MCN 机构与达人在合作合同中明确约定了解约后账号的归属问题，且该约定是双方当事人的真实意愿表达，那么法院在综合考量上述其他因素后，会倾向于尊重双方的合同约定，并据此作出相应的裁决。

综上所述，法院在裁决争议账号归属时，会全面、深入地分析并考量上述多个因素，以确保判决的公正、合理与合法。

二、相关案例

1. 归属达人所有

【案例链接】

1. 案情简介：2020 年 6 月 3 日，某某公司与柏某签订了为期 3 年的全职演艺经济合约书。某某公司方将所有的实名认证在张某名下的抖音账号交给柏某持有。为方便开展合作，该账户变更了实名认证，由柏某实名认证持有，合同中对于抖音账号的归属并未作出约定。后某某公司因柏某违约向法院起诉，要求归还抖音账号并支付违约金。

法院认为：对于抖音账号的法律属性，其并非传统民法范畴上可适用于返还请求权的物权或其他财产权利，而应属于网络虚拟财产的范畴。本案中，某某公司主张张某为公司法定代表人之配偶，因此账号应属于公司所有，在与柏某签约后，才将柏某的实名认证信息与账户绑定，现柏某终止合约后应当向公司返还该账号。对此，该院认为，该抖音账号由"抖音"平台负责日常的运营管理，该账号的原实名认证信息为张某，即使张某是公司法定代表人之配偶，也不能当然地认定该账户由某某公司注册并实际使用。此外，张某将实名认证信息变更为柏某的行为实质是对该账号的使用及实际控制的权利进行转让，柏某在对该账户进行实名信息绑定后，在对该账户的使用过程中由于发布作品、动态等使用行为积累了一定数量的粉丝，其对该账户的使用、管理权利已属于具有人身专属性的权利，不宜通过诉讼的方式强制其进行实名认证信息的变更。【（2023）京01民终225号】

2. 案情简介：黄某（作为乙方）与某公司（作为甲方）于2018年10月22日签订《IP孵化合作协议》，约定甲方和乙方以甲方名义在具有社交功能的网络社交平台上注册并运营一个或多个具有一定影响力的网络账号，双方就在网络社交平台的IP孵化商业合作事宜达成协议："本协议项下网络账号权属和出品方自始至终为甲方（创客公司）……"后黄某以某公司违约向法院起诉，请求确认《IP孵化合作协议》中所有约定网络账号所有权、账号内容著作权归某公司所有的内容无效并要求某公司支付违约金。

法院认为：某公司虽上诉主张案涉账号系自始至终由其公司所有，但根据已查明事实，公司认可相关账号系由黄某注册，即黄某系案涉账号初始注册人及使用人，故公司取得案涉账号系基于合同关系。如上所述，案涉合同已因客观上履行不能而解除，某公司理应向黄某返还相关权利。【（2022）京03民终8799号】

2. 归属机构所有

【案例链接】

1. 案情简介：2020年9月22日，某旅播公司与高某琴签订《湖北某旅播文化传媒有限公司抖音工作室主播手入伙合作协议》约定，"乙方的抖音号自本协议生效起，就属于甲方拥有，不再属于个人（包括协议结束或解除后），甲方有权将乙方备案抖音号转入甲方指定的企业号蓝V，转入时间由甲方确定和操作，与乙方抖音号相关的资产（包括但不限于音浪收入）均属于甲方，乙方不再享有该号的任何权益"。后某旅播公司法院起诉高某琴，要求解除《湖北某旅播文化传媒有限公司抖音工作室主播手入伙合作协议》并要求返还抖音号。

法院认为：《合作协议》已经成立并生效，且抖音账号属于法律规定的网络虚拟财产，其经过培育后具有一定商业价值，具有一般财产的属性，当事人之间对抖音账号的归属进行自愿约定和处置，并不违反法律、行政法规的强制性规定，应受法律保护。

高某琴上诉主张原判决对案涉抖音账号归属的认定存在不公平，以及案涉抖音账号归属变更后将导致其重新注册抖音账号和使用抖音的权利受限的理由，与查明的案件事实不符，且其作为完全民事行为能力人自愿签署《合作协议》，已经明确

放弃对案涉抖音账号全部权益，对相关法律后果并不存在误解，故对于其该上诉理由不予采纳。【（2022）湘08民终617号】

2. 案情简介：陈某与某公司签订《独家艺人经纪合约》，约定双方进行独家排他性演艺事业的线上、线下经营管理合作，期限5年。任何一方建立的乙方实名或艺名或其他与乙方相关联的网络平台账号（包括但不限于快手、微博、微信公众号、美拍、秒拍、抖音、火山、西瓜等），在相关新媒体网络平台所享有的一切权益（包括且不限于使用权、运营权、管理权、广告商权、电商权等）均归属于该公司。该公司于2020年3月10日通知陈某解除合约，陈某向法院提起诉讼，请求判令抖音账号归其所有，并要求公司赔偿经济损失。

法院认为：公司主张案涉抖音、快手账号属于其所有，具有合同依据。虽然案涉账号已使用陈某、徐某的个人身份证进行绑定，且完成实名认证，但不能因此排除公司依约对账号享有的权益。况且，案涉抖音账号并非以陈某名义进行实名认证，根据北京某科技有限公司的回复意见，抖音账号的实名认证信息亦非不可更改。因此，陈某请求判决案涉抖音、快手账号归其所有，理据不足。

第四节　竞业限制效力认定

一、竞业限制的相关法律规定与适用

1. 竞业限制的法律规定

《中华人民共和国劳动合同法》第24条对竞业限制作出了明确规定：当劳动合同解除或终止后，对于曾在本单位担任涉及生产或经营同类产品、从事同类业务的关键岗位人员，包括高级管理人员、高级技术人员及其他负有保密义务的人员，若转投至与本单位存在竞争关系的其他用人单位或自立门户从事相同或类似业务，所设定的竞业限制期限不得超过两年。此规定旨在寻求用人单位商业秘密保护与劳动者就业自由之间的合理平衡。

据此，用人单位与劳动者在签订劳动合同时，可就保护用人单位的商业秘密及与知识产权相关的保密事宜达成协议。对于承担保密责任的劳动者，用人单位有权在劳动合同或单独的保密协议中加入竞业限制条款，并承诺在劳动合同解除或终止后的竞业限制期内，按月向劳动者提供一定的经济补偿。若劳动者违反了竞业限制约定，则需依约向用人单位支付违约金。

需注意的是，竞业限制仅适用于特定人员，即高级管理人员、高级技术人员及其他负有保密义务的人员，且竞业限制的具体范围、地域及期限应由用人单位与劳

动者共同商定，同时确保所有约定均不违反相关法律法规的规定。

因此，在劳动合同项下的 MCN 机构与达人，双方同样可以根据实际情况，合理约定竞业限制条款，以维护各自的合法权益。

2. 经纪合同下的达人能否约定竞业限制

在经纪合同的框架内，尽管达人通常不被直接归类为高级管理人员或高级技术人员，但不可否认的是，他们构成了 MCN 机构发展盈利与外部竞争中的核心资产与重要武器。特别是那些拥有广泛影响力的主播达人，他们不仅掌握着直播产品的销售渠道，还往往知悉产品的低价等核心商业机密。此外，直播行业以其独特的前期高投入、后期可能获得高回报的特性，使得对达人的培养与扶持显得尤为重要。

MCN 机构为达人提供的资源投入，包括但不限于流量曝光、市场宣传、内容扶植以及变现渠道，这些都对达人走红及知名度的扩张起到了至关重要的作用。可以说，没有 MCN 机构的全方位支持，许多达人可能难以在竞争激烈的直播行业中脱颖而出。

然而，如果经纪合同中没有竞业限制条款的约束，那么达人"跳槽"的成本将大大降低。这不仅可能导致 MCN 机构失去其核心资产，进而遭受预期利益的损失，而且达人一旦加入对手阵营，还可能使新的 MCN 机构得以"搭便车"，从而增强其竞争力。这种情况对于那些花费大量资源培养达人的机构来说，显然是不公平的。更为严重的是，它还可能对整个行业的良性发展造成不利影响。因此，在 MCN 经纪合同中约定竞业限制条款，具有一定的合理性。然而，在司法实践中，针对网络主播这一新兴职业群体，关于其约定竞业限制是否能够得到法律的正式认可，目前仍存在着广泛的讨论与不同的见解。一些裁判观点认为，网络主播作为劳动者，其就业自由与职业发展权应得到充分尊重。竞业限制条款若设置不当，可能过度束缚主播的职业选择，限制其合理流动，进而影响到整个行业的活力与创新。因此，这部分观点主张对竞业限制条款进行严格审查，确保其合理性、必要性，并避免对劳动者的合法权益造成不当侵害。

二、约定竞业限制条款的注意事项

在制定竞业限制条款时，MCN 机构应当谨慎行事，确保条款内容不会"排除对方的核心权利"，也不会"无理地增加对方的负担或限制其关键权利"。具体而言，竞业限制的范围应当精确限定于 MCN 机构的主营业务领域或特定的垂直市场

149

内，以维护双方权益的平衡。

此外，MCN 机构在签约过程中，应当采取一系列合理且有效的措施，以充分履行对格式条款的提示与说明义务。例如，可以通过加粗字体、添加下画线等方式，醒目地提醒对方关注重要条款；在签约现场，还应对关键条款进行详尽地讲解与说明，并利用录音录像等手段保存证据，确保双方对合同条款有清晰、准确的理解。

关于 MCN 机构是否应向达人支付经济补偿，这是评估竞业限制条款效力时的一个重要考量因素。MCN 机构可以根据自身的商业需求和战略规划，自主决定是否需要在竞业限制期间向达人提供一定的经济补偿。但值得注意的是，如果 MCN 机构选择支付经济补偿，那么这可能会在一定程度上增强双方履约过程中的劳动关系特征，进而对法院在认定 MCN 机构与达人之间法律关系时产生影响。因此，MCN 机构在作出决策时，应充分考虑这一因素，并谨慎权衡利弊。

第五节　违约金

劳动合同与经纪合同均允许双方就违约金事项进行约定。然而，在劳动合同的框架下，违约金的约定受到严格限制，仅在特定情形下方为合法。根据《中华人民共和国劳动合同法》第 25 条的明确规定，除非符合该法第 22 条（关于服务期）和第 23 条（关于竞业限制）所规定的特定情况，否则用人单位不得要求劳动者承担违约金责任。鉴于此，本节将重点聚焦于经纪合同关系中违约金的相关议题进行深入探讨。

一、违约金调整规则

《中华人民共和国民法典》第 585 条规定："当事人可以约定一方违约时应当根据违约情况向对方支付一定数额的违约金，也可以约定因违约产生的损失赔偿额的计算方法。约定的违约金低于造成的损失的，人民法院或者仲裁机构可以根据当事人的请求予以增加；约定的违约金过分高于造成的损失的，人民法院或者仲裁机构可以根据当事人的请求予以适当减少。"

因此，违约金的性质融合了补偿与惩罚双重特性，既旨在弥补守约方的损失，又兼具对违约行为的惩戒作用。在调整违约金时，应以补偿性为主导，惩罚性为辅助，同时严格遵循公平原则与诚实信用原则，全面考量各种相关因素，以确保调整结果的公正合理。

具体而言，若合同约定的违约金低于守约方因违约所遭受的实际损失，守约方有权向人民法院或仲裁机构申请增加违约金，但增加后的金额不得超过实际损失额。

相反，若合同约定的违约金明显高于守约方的实际损失，违约方则有权请求人民法院或仲裁机构适当减少违约金。通常而言，当约定的违约金超出实际损失的30%时，即可视为"过分高于造成的损失"。

二、违约金考量因素

经纪合同中违约金的设定需要综合多方面因素来考虑，以保障合同双方的合法权益，一般会从以下几个方面进行考量：合同约定、合同履行情况、机构投入成本、机构自身资源、机构预期收益，如下图 5-1。

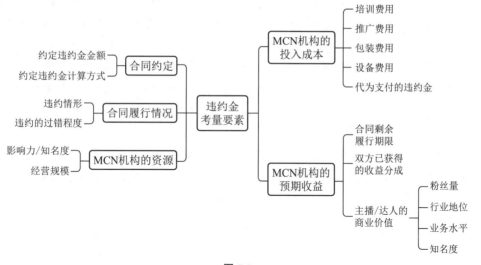

图 5-1

【案例链接】

2018 年 2 月 28 日，原告上海某互娱文化有限公司作为甲方与作为乙方的某游公司及作为丙方的李某签订《直播主播独家合作协议》。

该《协议》对违约金进行约定：（1）本协议履行期间及本协议签订前，甲方（原告）因与李某开展直播合作而向李某累计支付的合作费用；（2）人民币 5000 万元；（3）甲方（原告）为李某投入的培训费和推广资源费，具体推广资源费金额按照李某实际使用次数及计费标准结算（使用次数及计费标准以原告提供的数据为准），其中培训费金额不应低于 200 万元，推广资源费金额不应低于 300 万元人民币。在被告某游公司或被告李某违约的情况下，本协议所约定之赔偿金不能弥补原告损失的，被告某游公司还应补充赔偿因其违约行为给原告造成的一切损失，该等损失包括但不限于被告李某培训费、推广资源费、因主张权利而支出的公证费、律师费、财产保全担保费、司法鉴定费、诉讼费、财产保全费、差旅费及其他一切合理支出，以及可预期的利益损失等一切直接或间接损失。

某游公司及李某在未经某互娱文化有限公司书面同意的情况下已开始在与某互娱文化有限公司存在直接竞争关系的直播平台进行直播。某互娱文化有限公司以对方违反合同约定，诉至法院，要求对方继续履行合同并支付违约金 300 万元。

法院认为：主张约定的违约金过高请求予以适当减少，应以实际损失为基础，兼顾合同履行情况、当事人过错程度、预期利益等综合因素，根据公平原则和诚实信用原则予以衡量。对于公平、诚信原则的适用尺度与因违约所受损失的准确界定，应当充分考虑网络直播这一新兴行业的特点。网络直播平台是以互联网为必要媒介、以主播为核心资源的企业，在平台运营中通常需要在带宽、主播上投入较多的前期成本，而主播违反合同在第三方平台进行直播的行为给直播平台造成损失的具体金额实际难以量化，如对网络直播平台苛求过重的举证责任，则有违公平原则。判决某游公司及李某向上海某互娱文化有限公司支付违约金 260 万元。

152

机构与达人之间的争议解决是一个复杂而重要的过程，可以通过协商、调解、仲裁或诉讼等多种方式寻求最佳解决方案。同时，加强预防措施，完善合同条款，建立有效沟通机制，也是减少争议、促进合作的关键。

第六章
避开股权陷阱——MCN机构成功的关键

在数字化时代的汹涌浪潮中，媒体产业正经历一场史无前例的转型与革新。在这场变革中，MCN机构凭借其独特的运营策略脱颖而出，成为连接内容创作者与平台之间不可或缺的桥梁。它们通过有效整合资源、优化内容传播路径，不仅为创作者开辟了更为宽广的展示空间，也为品牌探索出了一条全新的营销路径。随着MCN机构的蓬勃发展，一系列挑战也随之浮现。其中，股权结构的合理化构建、高效激励机制的设立均已成为影响其持续、健康成长的关键要素，亟待行业内外共同关注与解决。

在当前的新媒体时代背景下，MCN机构欲实现稳健发展，需精心策划股权结构的设计、精心部署股权激励方案，本篇将从股权陷阱的界定及其对MCN机构运营的潜在影响为起点，深入剖析合理股权结构对于机构成功运作的至关重要性。本篇专为MCN机构的决策者、管理者及所有利益相关者而设，旨在指导他们在新媒体时代的资本运作中作出明智、均衡的决策，以达成多方共赢的局面。

153

第一节　股权陷阱及其影响

一、股权陷阱的定义

在现代企业运营体系中，股权结构作为公司治理的柱石，对公司的持续稳定与长远发展起着决定性作用。股权陷阱，是指在公司股权结构中，因股权分配失衡、控制权配置不当、股权转让及继承事宜处理失妥，而诱发的公司内部冲突升级、决策僵局及核心竞争力衰退等一系列问题。股权陷阱这一隐蔽风险，往往因处理失当而成为引爆公司内部矛盾、阻碍决策进程及削弱竞争实力的元凶。

具体而言，股权分配的不合理性易引发股东间利益纠葛。如创始人或大股东持股比例过高，可能利用其控制权优势侵害小股东权益，加剧内部矛盾。同时，控制权配置的不当亦能触发股权陷阱，当控制权过度集中于少数人时，易导致决策偏颇与短视，损害公司长远发展及竞争力。

此外，股权转让与继承问题的处理不当，也可能成为股权陷阱的源头之一。股权转让涉及股东之间的权益变动，如果转让过程不规范、不透明，可能会导致股东之间的信任危机。而继承问题处理失当，则可能动摇公司股权的稳定性与连续性，引发内部权力争斗与经营动荡。

为规避股权陷阱，企业须于股权结构设计与管理中采取一系列策略。首要之务，是构建合理的股权分配体系，确保股东间利益均衡与相互牵制。其次，应优化控制权配置，防止其过度集中或分散。同时，必须规范股权转让与继承流程，保障股权变动的合法性与透明度。

总之，股权陷阱作为公司股权结构中的重大隐患，亟须企业给予高度重视。唯有通过建立科学的股权结构与管理机制，方能确保公司的稳健运营与长远发展。

二、股权陷阱的表现形式

1. 股权结构不合理

【案例链接】

案例一：假设有三个好兄弟，刘备、张飞、关羽。他们曾在 2002 年一起注册了一家公司，注册资本 100 万元。在成立之初分配股权时，三人计划是"三分天下"，每人持股三分之一。但工商注册持股比例需要以百分数表示，三分之一不方便登记，于是刘备提出自己出资 34 万元，占股比例为 34%；张飞和关羽各出资 33 万元，占股比例各为 33%。当时张飞和关羽并未多想，因为 33% 和 34% 只相差 1% 且均未达到 51% 的绝对控股。公司运营两年后刘备与张飞、关羽的经营理念不合，发生诸多冲突，张飞和关羽便合议谋划，换掉刘备的董事长和法定代表人。但此二人发现，如果更换董事长必须先修改公司章程，而按《中华人民共和国公司

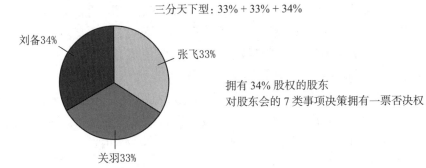

三分天下型：33% + 33% + 34%

刘备34%　　张飞33%

关羽33%

拥有 34% 股权的股东
对股东会的 7 类事项决策拥有一票否决权

图 6-1

法》的规定，修改公司章程必须经代表三分之二以上表决权的股东通过，也就是说如果刘备不同意修改公司章程，更换董事长的决议将永远无法通过。这就很容易导致公司僵局的产生。

而且这样的股权架构一般而言很难得到投资人的投资，因为确定不了实际控制人，看不到哪一个股东是可以在这个公司当家做主的。

案例二：假设有刘备、张飞、关羽股东三人，合资成立了一家污水处理公司，三方的持股比例分别为8%、51%、41%。该公司盈利状况一直良好且稳定。但在运营过程中，张飞和关羽产生了矛盾，财务部里会计是张飞委派的，出纳是关羽委派的，股东间的战争直接导致财务部硝烟弥漫，进而财务系统失灵、公司运营瘫痪。大股东和二股东财大气粗，宁愿"不蒸馒头争口气"，彼此间相持不下。三股东刘备调停失败，只能眼睁睁地看着公司每日违约负债，心急如焚。这种情况在合资经营的公司中屡见不鲜，法律界称之为"股东僵局"。通俗地讲，公司是拟制的法人，其实际管理要依靠股东会、董事会等议事机构和执行机构的有效运行。股东会和董事会等就像公司的大脑和四肢。如果大脑和四肢瘫痪，公司这个组织体的运营管理就会出现严重困难。为了打破股东僵局，《中华人民共和国公司法》赋予了部分股东救济手段，只要单独或合计持有公司全部股东表决权10%以上的股东，便可以去法院立案申请公司解散，以防止公司损失进一步扩大。但可惜的是，刘备的持股比例仅为8%，持有的表决权也未达到10%，不仅没有资格申请召开临时股东会议，连申请法院解散公司的资格都没有。所以，作为实业投资人，尤其是参与公司运营的投资人，建议拥有表决权的比例尽量不低于10%。

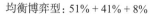

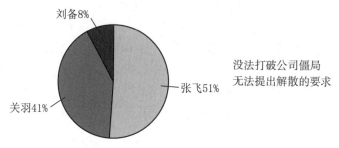

均衡博弈型：51% + 41% + 8%

刘备8%

张飞51%

关羽41%

没法打破公司僵局
无法提出解散的要求

图 6-2

基于以上两个案例我们可以看到，股权结构不合理表现为股权过度集中或分散，导致公司权力过于集中或决策效率低下。股权结构失衡是众多企业在成长道路上频繁遭遇的挑战，股权的过度集中或分散，这两种极端状态均可能对公司的决策速度与治理框架构成不利影响。

股权过度集中可能导致公司决策效率低下。当股权集中在少数股东手中时，这些股东可能因自身利益而忽略其他股东和公司的整体利益，导致决策偏离公司最佳利益方向。此外，过度集中的股权结构可能导致权力斗争和内部消耗，进一步降低决策效率。例如，在一些家族企业中，家族成员可能占据公司高层管理职位，导致非家族成员员工难以充分发挥其才能和创造力，进而影响公司的决策质量和效率。

股权过度分散也可能带来一系列的问题。当股权分散在众多股东手中时，股东之间可能难以形成共识，导致决策过程变得复杂和漫长。此外，股权分散可能导致无人负责的情况产生，即每个股东都认为有其他股东会承担责任，从而没有人真正对公司的决策负责。这种情况可能导致公司错失商机或无法及时应对市场变化。

为了更深入地理解股权结构对公司决策效率的影响，我们可以参考一些实证研究的结果。例如，有研究表明，股权集中度与公司绩效之间存在"倒 U 型"关系，即当股权集中度适中时，公司绩效最佳；而当股权过度集中或过度分散时，公司绩效都会受到负面影响。这一结论进一步证实了股权结构不合理可能对公司决策效率和治理结构产生不良影响。不同行业、不同规模的公司对股权结构的需求也可能有所不同。例如，一些创新型企业可能更适合拥有相对分散的股权结构，以激发员工的创新精神；而一些传统行业的企业可能更适合拥有相对集中的股权结构，以确保公司决策的稳健性和执行力。因此，在制定股权优化策略时，企业需要充分考虑自身的特点和需求。

综上所述，不合理的股权结构，无论是过度集中还是分散，均会损害公司的决策效率与治理结构。为此，企业应依据实际情况，采取有效策略优化股权布局，提升决策效率，为长远发展奠定基石。具体措施包括：构建完善的公司治理体系，明确股东权责，促进全员参与决策；引入独立董事与监事会等监督机制，确保决策与执行过程的透明与制衡；实施股权激励，吸引并保留人才，增强企业竞争力。重要的是，股权结构优化是一个持续的过程，需企业长期投入关注，不断优化治理机制，加强股东沟通与合作，提升团队素质，方能逐步实现股权结构的合理化与决策效率的提升，确保企业在激烈的市场竞争中稳步前行，实现可持续发展。

2. 股东权益不平等

【案例链接】

2013 年，俞某成功开发了"面条吧"的原始代码，并在此基础上创立了在线编程教育网站——某某网络科技有限责任公司。其中俞某负责技术，王某负责融资，严某负责运营，公司核心团队形成。在工商登记注册资料中，"面条吧"初始股权结构为：王某占65%，俞某占25%，严某占10%。

对此，王某的解释是：投资人需要公司有人"一股独大"，因此他就暂时成为第一大股东；而据俞某回忆在引进天使投资之前，他与王某口头约定，为满足天使投资人的要求，王某暂为第一大股东，等天使资金入账之后，两人再"股份对调"。遗憾的是，俞某与王某的说法并未列入书面的合伙人协议中。

2014年6月16日，经过王某的努力，"面条吧"在A轮融资中收到了多家投资机构给出的风险投资协议书。据报道，其中条件最优的一家愿意出资300万美元，占股20%，此时公司总估值接近1亿元人民币。

第二天，6月17日，三位创始人在讨论股权融资协议时，为股权比例和谁是老大的问题发生了激烈的争执。最后，俞某对其他两位合伙人宣布：一是他刚刚删掉了存放在代码托管库上的面条吧网站代码，自己保存了副本；二是他写了两封邮件，一封给全体员工，一封给投资人，两封信将在一个半小时后自动发出。他觉得王某在与投资人洽谈时撒了谎，他要"说出真相"。

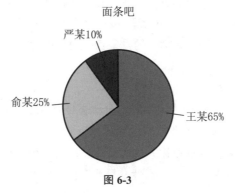

图 6-3

这样的事情的发生对于整个创业公司打击是非常大的，后来三位合伙人分别再去做在线教育都没成功，是因为它丢掉了红利期和窗口期，并且他们的行为已经在投资圈一传十，十传百，投资人看到这样的创业模式，在投资时难免就会有所顾虑。

从这个故事当中还可以得知：

第一，创始合伙人俞某具有不可替代性，但只持有25%的股权，这为以后的公司控制权之争埋下了地雷，其实可以书面方式规定融资结束后的股权结构安排，或增加股权代持的设计。

第二，缺乏合伙人的退出制度。"面条吧"的合伙人终以结束项目的方式作为结局，由"桃园结义"变成了"反目为仇"。

股东权益不平等是指在同一家公司内，不同股东所持有的权益和享有的待遇存在显著差异，这种不平衡的权益分配往往导致了股东之间的不满和争议。在公司治理结构中，股东作为公司的所有者之一，理应按照其所持股份的比例享有相应的权利和利益。然而，实际情况可能并非如此理想。

股东权益不平等的根源可能多种多样，包括但不限于公司章程的规定、股东大会的决议、股权结构的设计以及管理层的操作等。有时，这种不平等是刻意为之，以保护某些关键股东的利益；有时，则是由于公司治理不善或管理失误导致的无益后果。无论原因如何，股东权益不平等都可能对公司的长期发展产生负面影响。它可能导致股东之间的信任破裂，影响股东合作的积极性，甚至引发法律诉讼等纠纷。因此，为了维护公司的稳定性和股东之间的和谐关系，公司应当努力实现股东权益的平等分配，确保每位股东都能在公司治理中发出自己的声音，并按照其持股比例获得相应的回报。通过建立公平透明的公司治理机制，可以有效减少股东之间的矛盾和冲突，促进公司的健康发展。

当股东权益分配不公时，可能会出现某些股东对公司决策拥有过大的影响力，而其他股东的意见和利益则被忽视或轻视。这种不平等可能表现在对公司利润的分配、对公司信息的获取、参与公司管理以及对公司战略决策的影响等方面。例如，一些股东可能会获得优先股或者额外的投票权，而这些特权并不对所有股东开放。

3. 股权转让不规范

在企业经营活动中，股权转让作为一种普遍的资本运作手段，关乎公司股东间权益的转移与调整。然而，若股权转让流程缺乏规范性，则可能诱发一系列问题，其中最为突出的是股权流转的受阻。这种受阻状况可能致使股权持有者难以及时完成股份转让，进而影响到股权的流通性，最终对公司的资金流动性和运营效率造成不利影响。

【案例链接】

MCN 机构股东 C 拟对外转让其持有的 20% 股权，但未书面通知其他股东 D 和 E，直接与外部投资者签订转让协议。D 和 E 知悉后，以侵犯优先购买权为由起诉，要求确认转让无效。法院判决支持 D 和 E 的主张，撤销转让协议。

这个案例中反映出以下几个股权转让不规范的问题：

第一，程序违规：根据《中华人民共和国公司法》第 84 条，股东对外转让股权需书面通知其他股东，其他股东享有优先购买权。C 未履行通知义务，程序严重违法。

第二，合同效力：转让协议因违反强制性规定而无效，外部投资者无法取得股权，机构面临交易稳定性风险。

第三，行业特殊性：MCN 机构股权价值与资源绑定紧密，随意转让可能导致核心团队动荡，损害公司长期发展。

MCN 机构应在公司章程中明确股权转让规则，例如设定"其他股东 30 日内答复期""同等条件具体标准"等条款；同时，引入专业法律顾问审核交易流程，确保程序合规。对于依赖人合性的 MCN 机构，还可通过"限制转让条款"绑定核心团队，避免股权变动冲击业务稳定性。

股权流转不畅会直接影响到公司的融资能力，因为潜在的投资者可能会对不透明的股权结构持谨慎态度，这会导致公司在资本市场上的信誉受损，难以吸引新的投资者。此外，股权转让不规范还可能引发公司内部管理的混乱，比如股东之间的矛盾和权力斗争，这些都可能导致公司决策层的不稳定，影响公司的长期战略规划和执行。更为重要的是，股权转让的不规范操作可能会违反相关的法律法规，给公司带来法律风险，甚至可能导致公司受到监管机构的处罚，这不仅会增加公司的财务负担，还可能损害公司的公众形象，影响公司的品牌价值和市场竞争力。

为确保公司的稳健前行，必须对股权转让流程实施严格的规范化管理。这一管理涵盖了建立健全的股权转让体系，明晰转让的具体程序与条件，强化对股权转让活动的监管与审核，以及保证所有股权转让操作均在阳光下进行，严格遵循法律法规。采取这些举措，不仅能有效促进股权的顺畅转移，稳固公司的稳定发展大局，还能切实维护股东的合法权益，为公司的长远发展构筑坚实的基石。

三、股权陷阱对 MCN 机构的可能影响

在当今多元化且日新月异的媒体生态中，MCN 机构发挥着举足轻重的作用，它们凭借资源整合与内容分发优化的能力，助力内容创作者实现其价值的最大化。然而，MCN 机构的稳健运营，在很大程度上取决于其股权结构的精心设计。一旦股权分配失衡，或是存在所谓的"股权陷阱"，这不仅可能扰乱 MCN 机构的内部治理，还可能对其业务运营、合作伙伴关系以及长期发展战略造成不利影响。

以知名网红李子柒与其合作方杭州微念之间爆发的股权纠纷为典型案例，这一事件深刻揭示了股权陷阱对 MCN 机构可能带来的深远且复杂的负面影响。该纠纷的根源在于股权结构设计上的不当之处，这使得李子柒作为关键内容创作者的权益

159

在杭州微念这一 MCN 平台中未能获得充分且合理的保障。这种权益配置失衡的状况，最终导致了李子柒与杭州微念之间产生了难以调和的严重分歧，不仅撕裂了双方的合作基础，也引发了广泛的公众关注。

此事件对杭州微念的影响是显而易见的，它不仅直接干扰了公司的日常业务运营，使得项目推进受阻，内容产出受限，还严重损害了公司的品牌形象，导致合作伙伴和消费者的信任度下降。更深层次地，这一股权纠纷还暴露了 MCN 行业在快速发展过程中可能忽视的治理结构和权益分配问题，对整个行业都起到了警醒作用。

对于整个 MCN 行业而言，李子柒与杭州微念的股权纠纷无疑是一个重要的警示案例。它提醒所有 MCN 机构，在追求规模扩张和商业化成功的同时，必须高度重视股权结构的合理性和公平性，确保每一位参与者的权益都能得到妥善保护。只有这样，才能构建起稳固而持久的合作关系，促进 MCN 行业的健康可持续发展。

第二节 公司需要建立合理的股权结构

一、股权结构的重要性

股权结构是公司治理的重要组成部分，它对于公司的经营、管理和长期发展具有决定性的影响。以下是股权结构重要性的几个方面：

1．公司决策效率

股权结构决定了公司内部权力的分配和决策机制。合理的股权结构可以确保公司决策的高效性，避免权力冲突和决策僵局。股东之间的权益平衡和合理的决策权分配，可以促进公司快速作出明智的决策，抓住市场机遇。

2．投资者信心

股权结构对投资者信心具有重要影响。一个清晰、稳定的股权结构可以向外界传递出公司的稳定性和可靠性，吸引更多的投资者参与。投资者更愿意投资股权结构清晰、管理规范的公司，因为这样可以降低投资风险，提高投资回报的稳定性。

3．利益分配机制

股权结构决定了公司内部利益分配的方式和规则。合理的股权结构可以确保股东之间的利益平衡，激发股东参与公司治理的积极性。同时，股权结构也影响着公司员工的激励机制，通过股权激励等方式，可以吸引和留住优秀的人才，促进公司的长期发展。

4. 风险控制

股权结构对公司的风险控制至关重要。合理的股权结构可以分散公司的经营风险，减少单一股东对公司的控制力，避免经营决策的过度集中和滥用。这有助于保护公司的利益，减少经营风险，维护公司的稳健发展。

5. 公司治理水平

股权结构对公司治理水平有着直接的影响。良好的股权结构可以促进公司内部治理的规范化和透明化，提高公司治理的效率和效果。通过建立健全的公司治理机制，可以加强对公司管理层的监督，防止内部人控制问题，保护股东和其他利益相关者的权益。

二、股权架构的分类及其治理方式

随着企业的成长，不同类型的股权架构在市场中逐渐演变，形成了多样化的股权结构模型。根据不同的分类标准，股权架构可以从公司控制权、投票权、利润分配等多个维度进行划分。我们将从股权架构的不同分类角度出发，深入探讨每种架构的特点、优劣势及其治理方式。

1. 按控股主体分类的股权架构

按控股主体的不同，股权架构可以分为集中股权和分散股权两类。这一分类主要关乎公司股权的集中程度，进而影响企业的控制权分配和公司治理结构。

（1）集中股权

集中股权结构指的是股权高度集中于少数股东手中，尤其是控股股东在公司中拥有较大的控制权。此类股权结构通常出现在家族企业或创始人持股比例较高的公司。集中股权结构的治理方式主要依赖于控股股东的决策和战略安排，通常有以下几个特点：

第一，控制力强。控股股东在公司治理结构中扮演着至关重要的角色，他们通常在股东大会和董事会中拥有强大的影响力。由于他们持有的股份比例较高，控股股东往往能够对公司的决策产生重大影响。在某些情况下，控股股东甚至能够直接决定企业的重大事项，如战略方向、重大投资、并购重组等。这种影响力不仅体现在投票权上，还可能通过他们在董事会中的代表或直接参与决策过程来实现。因此，控股股东的行为和决策对公司的发展和股东的利益具有深远的影响。

第二，决策效率高。由于股权高度集中，企业在制定和执行战略决策时能够迅速行动，这大大减少了多方协调的时间和沟通成本。这种集中化的股权结构使得企业在面对市场变化和竞争压力时，能够更加灵活和高效地作出反应。决策过程不再需要经过复杂的股东会议和冗长的讨论，从而避免了可能出现的分歧和拖延。这样一来，企业能够更快地抓住市场机会，迅速调整战略方向，从而在激烈的市场竞争中占据有利地位。此外，集中化的股权结构还有助于统一管理层的决策思路，确保企业在战略执行过程中的一致性和连贯性，进一步提高了企业的运营效率和市场竞争力。

第三，治理挑战。尽管集中股权有助于快速决策，但也容易导致控股股东的权力滥用或忽视小股东利益。小股东的权利保护成为此类股权结构中的一大难题，可能引发公司治理中的"代理问题"。

为了应对这些问题，集中股权结构下的治理机制常常包括增强信息披露的透明度，确保小股东拥有一定的监督权和话语权。公司法中有关股东诉讼权利的规定也为小股东提供了法律救济途径。

（2）分散股权

分散股权结构则是指公司股权分散在众多股东手中，每个股东所持股份比例较小，难以形成单一股东控制公司。此类结构常见于上市公司或股东构成多样化的企业。在这种结构中，治理方式主要通过董事会、管理层与股东之间的分权制衡机制来实现。

第一，制衡机制明显。由于公司不存在控股股东，其治理结构更多地依赖于董事会和管理层所作出的决策。在这种情况下，股东大会在公司治理过程中的影响力相对较弱，无法发挥决定性作用。这种治理模式特别强调公司治理的程序化和合法性，确保所有决策和操作都遵循既定的规章制度和法律法规，从而保障公司的稳定运营和利益相关者的权益。

第二，决策流程复杂。在分散的股权结构中，公司的决策过程往往需要得到广泛的股东支持和认可。这种情况下，决策流程变得更加复杂和烦琐。尤其是在涉及重大利益分配或公司未来发展方向的关键决策时，各方股东可能会有不同的意见和立场。由于股东众多，协调和统一这些不同的意见需要花费更多的时间和精力，有时甚至可能导致决策陷入僵局。这种复杂性不仅影响了公司的决策效率，还可能对公司的长期发展和市场竞争力产生不利影响。因此，在分散股权结构下，如何有效地管理和协调股东之间的利益关系，成为公司治理中一个重要的挑战。

第三，代理问题显著。在股权高度分散的公司中，股东们往往难以直接参与公司的日常治理和决策过程。这种情况下，代理问题变得尤为显著和突出。由于股东们无法直接监督管理层的行为，管理层可能会在缺乏有效制约的情况下，作出一些短期行为或决策，这些行为或决策虽然可能在短期内带来一定的利益，但从长远来看，却可能对公司的发展和股东的长期利益产生负面影响。这种现象在股权分散的公司中尤为常见，因为股东们往往缺乏足够的动力和资源去积极参与公司的治理，从而导致管理层在缺乏有效监督的情况下，可能会作出一些有损公司长远利益的决策。

为了有效治理分散股权公司，通常通过优化董事会结构、引入独立董事、加强内部控制机制等方式来确保管理层的行为符合股东利益。上市公司还需要遵守严格的信息披露规则，以减少信息不对称，增强公司透明度。

2. 按投票权与收益权分类的股权架构

另一种重要的股权架构分类方式是按照投票权和收益权的分配情况进行划分。股东作为公司所有者，其权利主要体现在投票权和收益权两个方面。然而，在不同的股权架构下，这两者的分配并不总是对等的。

（1）单一股权结构

单一股权结构指的是每股一票，股东的投票权与其所持有的股份数量成正比。此类股权结构通常体现了股东与公司之间的公平关系，股东的收益权与投票权匹配。该架构的主要优势在于治理透明、简单，股东的权利易于理解和行使。单一股权结构具有以下特征：

第一，治理机制清晰。在单一股权结构的公司中，所有股东享有相对平等的权利，这意味着他们在公司治理中拥有相似的影响力。这种股权结构下，决策机制通常较为透明，确保了股东能够清楚地了解公司的运营和决策过程。股东们通过投票表决的方式，积极参与公司的重大决策，从而对公司的发展方向和战略产生影响。这种参与方式不仅增强了股东的责任感，也促进了公司内部的民主氛围，使得公司的决策更加符合广大股东的利益。

第二，资本运作灵活。由于股东权利简单明了，使得在这种股权结构的企业中进行融资、股权激励等资本运作的过程变得相对便捷。投资者能够清晰地了解和预期自己所拥有的权利以及可能获得的回报，从而增强了他们的信心和投资意愿。这种明确的股权结构为企业在资本市场上的操作提供了便利，减少了因股权复杂而带来的不确定性和潜在的法律风险。因此，企业在制定股权结构时，往往会尽量简化

163

和明确股东的权利，以吸引更多的投资者，并确保资本运作的顺利进行。

尽管单一股权结构具备一定优势，但在面对公司治理中的复杂情况时，其灵活性可能不足，特别是在需要区分股东参与程度的情况下。因此，某些公司会选择更复杂的股权结构来实现灵活的治理方式。

（2）双重股权结构

双重股权结构指的是公司发行两类不同的股票，每类股票的投票权不同。通常是 A 类股享有较高的投票权，而 B 类股的投票权较低甚至没有投票权。这种架构主要用于在确保创始人或早期投资者控制权的同时引入外部资本，特别是在公司上市后仍希望保持控制权的情况下。

双重股权结构的最大优点在于能够实现控制权和融资的平衡。创始人或核心股东通过持有投票权较高的 A 类股，确保在股东大会中拥有足够的表决权，而外部投资者则主要通过购买 B 类股获得经济回报。

虽然双重股权结构为创始人保留了控制权，但也可能带来公司治理中的风险。例如，投票权与收益权的分离可能导致管理层或控股股东无视小股东的利益，从而引发公司治理中的"内部人控制"问题。

为了减轻这些风险，很多国家对双重股权结构的公司治理进行严格的法律监管。例如，一些市场要求此类公司在上市时披露详细的信息，确保投资者了解其投票权和收益权的不对等分配。同时，增强独立董事的作用和提升公司透明度也是改善治理的重要手段。

3. 按股权流动性分类的股权架构

从股权的流动性角度来看，股权架构可分为封闭性股权结构和开放性股权结构。流动性是影响公司治理效率和股东权利的重要因素，不同的流动性安排在治理中会产生截然不同的效果。

（1）封闭型股权结构

封闭性股权结构指的是股东在转让股份时受到较大限制，通常要求其他股东或公司本身拥有优先购买权。此类股权结构多见于非上市公司，尤其是家族企业和合伙企业。其具有以下特征：

第一，稳定性强。封闭型股权结构在公司治理中发挥着重要的作用，它有助于维护公司内部的稳定性和和谐。通过限制股权的自由流通，这种结构能够有效防止外部资本的过度介入，从而避免外部投资者对公司经营决策的干扰。这样一来，现有的股东能够更好地保持对公司的控制权，确保公司的经营策略和发展方向符合他们的长期利益。此外，封闭性股权结构还有助于保护公司的商业秘密和核心竞争力，防止关键信息泄露给竞争对手。总体而言，封闭性股权结构为公司提供了一个相对稳定的经营环境，使现有股东能够更加专注于公司的长期发展。

第二，流动性不足。尽管封闭性股权结构有助于增强公司控制权的稳定性，使得现有股东能够更牢固地掌握公司的经营决策权，但这种结构也带来了股东股份流动性较差的问题。具体来说，股东在需要迅速套现或引入新的投资者时会面临较大的困难，因为封闭性股权结构限制了股份的自由交易。这在一定程度上限制了公司的资本运作灵活性，使得公司在面对市场变化或资金需求时，难以迅速调整股权结构或筹集资金。这种局限性可能会对公司的长期发展和扩张计划产生不利影响，因此公司在选择股权结构时需要权衡控制权稳定性和资本运作灵活性之间的利弊。

此类股权结构的治理方式通常更加注重股东之间的信任和协作，股东协议成为公司治理的重要工具。通过股东协议规定股权转让、优先购买权等条款，可以避免因股权流动性问题导致的治理冲突。

（2）开放性股权结构

开放性股权结构则是指公司股权具有较高的流动性，股东可以自由买卖股份，不受其他股东或公司内部限制。此类股权结构通常见于上市公司，股权的流动性为公司引入外部投资者提供了较大便利。

第一，资本运作便利。在开放性股权结构的公司中，由于股权分布较为广泛且透明，公司能够更加便捷地通过公开市场进行融资活动。这种结构使得投资者能够轻松地进入或退出投资，从而为公司提供了更多的资金来源和流动性。这样一来，公司能够迅速筹集到所需的资金，以支持其业务扩展、研发创新或其他战略计划。同时，投资者也能够根据市场情况和个人判断，灵活地调整其投资组合，从而优化自身的投资回报。这种开放性股权结构不仅提高了公司资本运作的灵活性，还提高了市场的整体效率，促进了资本的有效配置。

第二，控制权不稳定。高流动性的股权结构意味着公司股份在市场上频繁买卖，这导致公司股权分布较为分散。这种股权结构的一个显著特点是，公司控制权的转移变得更加容易和频繁。特别是在遭遇敌意收购或市场投机行为的情况下，公司可能会面临控制权争夺的风险。敌意收购是指某一方在没有得到现有管理层同意的情况下，通过公开市场或私下谈判等方式强行收购公司股份，以获得公司的控制权。市场投机行为则可能包括短期投资者利用市场波动进行快速买卖，试图从中获利，而这种行为可能会导致公司股价波动，进而影响公司控制权的稳定性。因此，高流动性的股权结构虽然有助于提高市场效率，但也增加了公司控制权不稳定的潜在风险。

为了应对开放性股权结构下的治理挑战，公司往往采取股东权利保护机制，如

165

差异化投票权结构、防止恶意收购的"毒丸计划"等措施。这些治理手段旨在保持公司治理的稳定性，同时利用资本市场的优势促进公司发展。

三、如何制定合理的股权分配方案

在企业的发展过程中，股权分配是一个至关重要的环节，它直接关系到创始团队的稳定性和公司的长远发展。制定一个合理的股权分配方案，不仅能够激励团队成员，还能吸引外部投资者，为企业的持续发展提供动力。以下是如何制定合理股权分配方案的几个关键步骤：

1. 明确股权分配的目标

在着手规划股权分配方案之初，首要任务是明确股权分配的核心目标。这些目标涵盖了确保分配的公平性，以恰当的方式奖励贡献，同时激发对未来努力的持续投入与承诺。

2. 评估每位合伙人的贡献

在初创企业中，股权分配是一个至关重要的环节，它直接关系到每位合伙人的利益和公司的长远发展。为了确保股权分配的公平性，必须对每位合伙人对公司的贡献进行全面而细致的评估。这种评估不仅仅局限于资金的投入，还应该包括合伙人提供的业务资源、技术专长、管理经验等多个方面。首先，资金投入是股权分配中的一个基本考量因素。合伙人投入的资金量直接影响到公司的启动和运营，因此，这部分贡献应当得到相应的股权回报。然而，资金并不是唯一的评价标准，合伙人的其他非货币性贡献同样重要。其次，业务资源的贡献也不可忽视。合伙人可能拥有丰富的行业联系、客户网络或是市场渠道，这些资源对于公司的发展至关重要。将这些资源转化为公司的实际利益，是合伙人对企业的重要贡献之一。再次，技术专长是公司在特定领域获得竞争优势的关键。如果某位合伙人拥有独特的技术知识或专业技能，这将为公司带来无法用金钱衡量的价值。因此，技术专长的提供者应当在股权分配中获得相应的认可。最后，管理经验也是评估合伙人贡献的一个重要维度。具有丰富管理经验的合伙人能够为公司的日常运营和战略规划提供宝贵的指导，这对于公司的稳定发展和长期规划至关重要。

3. 考虑长期激励机制

在构建一个有效的股权分配方案时，企业需要深思熟虑地考虑如何能够持续地激励关键员工，以确保他们能够长期致力于公司的繁荣与成长。这种长期激励机制是至关重要的，因为它不仅能够促进员工的忠诚度和归属感，还能够激发他们的创新精神和工作热情，从而为公司带来持续的动力和竞争优势。为了实现这一目标，公司可以考虑实施一些具体的措施，例如设立期权池或推出股权激励计划。期权池是一种为关键员工提供购买公司股票的权利的机制，通常以优惠价格或未来某个时间点的价格为基础。这种机制允许员工在未来某个时刻以较低的成本获得公司股份，从而分享公司成长的果实。这样的安排不仅能够吸引和保留人才，还能够鼓励员工将个人的职业发展与公司的长期目标紧密结合起来。

股权激励计划则是一种更为直接的方式，通过授予员工实际的股份来激发他们的工作动力。这种计划通常会有一定的绩效条件或时间限制，确保员工必须为公司作出实质性贡献并维持一定时期的服务才能获得这些股份。通过这种方式，公司能够确保员工的利益与公司的长期利益保持一致，同时也能够鼓励员工在日常工作中更加积极主动。

无论是通过期权池还是股权激励计划，关键在于设计出一套既能反映公司价值，又能激发员工积极性的方案。这需要公司在制定计划时充分考虑到员工的不同需求和期望，以及公司自身的发展战略和财务状况。通过精心规划和执行，长期激励机制可以成为推动公司持续发展和创新的重要工具。

4．确保透明性和沟通

在商业合作中，特别是在制定股权分配方案这一关键过程中，确保透明性和沟通的畅通是至关重要的。透明性不仅有助于建立合伙人之间的信任，还能有效地预防可能出现的误解和纠纷。为了实现这一目标，所有合伙人都应该对股权分配的整个流程有清晰而全面的认识。首先，合伙协议中应该明确阐述股权分配的原则。这些原则是指导股权分配决策的基础，它们反映了公司的价值观和对合伙人贡献的认可方式。原则可能包括对公司初期投资的回报、对个人努力和专业技能的评价，以及对长期承诺和风险承担的考虑。接下来，应该制定一套明确的标准，用以衡量和决定每位合伙人的股权比例。这些标准应当具体、可量化，并且与公司的具体目标和战略相一致。例如，可能会考虑个人的投资额、工作时间、业务发展贡献、客户关系建设等因素。在确定了股权分配的原则和标准之后，实际的分配结果需要公开透明地传达给所有合伙人。这意味着每个合伙人都应该收到一份详细的报告，解释他们的股权份额是如何确定的，以及这反映了哪些具体的贡献和考量。这样的透明度可以确保每个人都理解自己的地位，以及他们如何能够通过未来的努力来影响自己的股权比例。最后，为了维护长期的合作关系，定期的沟通和评估也是不可或缺的。随着时间的推移，公司的状况和合伙人的贡献可能会发生变化，因此需要定期回顾股权分配方案，并在必要时进行调整。这种持续的沟通可以帮助合伙人适应变化，同时保持对公司目标的共同承诺。

5. 咨询专业意见

在制定股权分配方案时，寻求法律和财务专家的意见是非常重要的。他们可以提供关于股权结构和税务影响的专业建议，确保方案的合法性和可行性。

6. 文档化并签署协议

为了确保股权分配的透明度和公正性，采取适当的文档化措施是不可或缺的。具体来说，所有的股权分配决策应当被详细地记录在正式文件中，这些文件应当包含股权分配的比例、条件、时间点以及任何相关的条款和细节。不仅如此，为了确保这些记录的法律效力和执行力，所有涉及股权分配的相关方，包括股东、投资者以及其他可能的利益相关者，都应当签署一份正式的股权分配协议。这份协议应当由专业的法律顾问起草，以确保其符合当地的法律法规，并且能够有效地保护各方的权益。签署正式的股权分配协议对于避免未来可能出现的争议至关重要。

四、公司控制权的设计方案

在现代企业治理中，公司控制权的设计是一项至关重要的任务。一个合理的公司控制权设计方案不仅能够保障公司长期稳定发展，还能激发股东和管理层的积极性，为公司创造更大的价值。以下介绍几个关于公司控制权设计的方法。

1. 股东会层面设计公司控制权

在现代企业的治理结构中，股东会作为公司的最高权力机构，对于设计公司控制权起着至关重要的作用。

股东会层面设计公司控制权的核心在于平衡不同股东的权利和利益。在公司治理中，不同股东由于持股比例、投资目的和利益诉求等方面的差异，可能会引发权益冲突。因此，股东会需要通过合理的制度设计，确保所有股东能够平等参与公司的决策过程，并享有相应的权益。这包括制定合理的表决机制、完善信息披露制度、保障股东提案权等方面，以促进股东之间的公平竞争和合作共赢。

股东会层面设计公司控制权需要明确董事会的角色与定位。董事会作为股东会的执行机构，负责公司的日常经营和决策。在控制权设计中，股东会需要确保董事会能够独立、公正地履行职责，维护股东的利益，并有效监督公司的运营。为此，股东会应该通过选举产生具备专业能力和良好信誉的董事会成员，并建立健全的董事会运作机制，包括明确董事会的职责和权力、规范董事会的决策程序等，以确保董事会能够在公司治理中发挥积极作用。

股东会层面设计公司控制权还需要考虑利益相关者的参与和利益保护。公司的运营和发展依赖于各利益相关者的支持和合作，包括员工、供应商、客户等。在控制权设计中，股东会应该关注利益相关者的权益诉求，确保他们在公司决策中能够发挥积极作用。这可以通过建立利益相关者参与机制、加强信息披露和透明度等方式来实现，以促进公司与利益相关者的共同发展和互利共赢。

股东会层面设计公司控制权还需要遵循法律法规和监管要求。公司治理是一项严格受法律法规和监管要求约束的活动。在控制权设计中，股东会应该确保公司的决策和运作符合相关法律法规的规定，并接受监管机构的指导和监督。这有助于维护公司的合规性和稳定性，保障股东和利益相关者的合法权益，促进公司的可持续发展。

综上所述，股东会层面设计公司控制权是一项复杂而重要的任务。通过平衡股东权利和利益、明确董事会角色与定位、考虑利益相关者的参与和利益保护以及遵循法律法规和监管要求等方面的努力，我们可以进一步完善公司治理结构，提升公司的竞争力和市场地位，实现公司的长期稳定发展。

169

2. 董事会层面设计公司控制权

在现代企业治理结构中，董事会扮演着至关重要的角色。它不仅是公司的决策机构，更是维护股东利益、监督公司运营的核心力量。

在董事会层面设计公司控制权时，首先需要考虑的是董事会的组成和结构。一个合理、高效的董事会应该具备多元化的背景和专长，能够全面、客观地评估公司的战略和运营情况。同时，董事会中的独立董事发挥着不可或缺的作用，他们以其独立、公正的态度，对公司管理层进行监督，维护股东和其他利益相关者的权益。因此，合理设置独立董事的比例和职责，是设计公司控制权的关键一环。

除了董事会的组成和结构，董事会的决策机制也是设计公司控制权的重要环节。董事会应该建立健全的决策流程和议事规则，确保决策的科学性和透明度。例如，对于重大事项的决策，董事会应该采取投票表决的方式，确保每个董事都有发表意见和投票的权利。同时，董事会还应该建立信息披露制度，及时向股东和其他利益相关者披露公司的运营情况和财务状况，保障他们的知情权。

在董事会层面设计公司控制权时，还需要关注董事会的激励和约束机制。合理的激励机制能够激发董事的积极性和创造力，提高董事会的整体效能。例如，可以通过设立股权激励计划、绩效奖金等方式，激励董事更好地履行职责。同时，约束机制也是必不可少的，它可以防止董事滥用职权、损害公司和股东的利益。例如，可以建立董事责任追究制度，对违反职责的董事进行问责和处罚。

综上所述，从董事会层面设计公司控制权是确保公司稳定发展和持续增值的重要保障。通过优化董事会的组成和结构、完善决策机制、建立激励和约束机制等措施，可以有效提升董事会的治理能力和水平，为公司的长远发展奠定坚实基础。同时，这也需要公司管理层和股东们的共同努力和支持，共同推动公司治理结构的不断完善和优化。

【案例链接】

阿里巴巴，作为全球知名的电商巨头，其成功在很大程度上归功于其背后强大的超级董事会。阿里巴巴的超级董事会由一群经验丰富、才华横溢的领导者组成。他们来自不同的行业背景，拥有广泛的专业知识和国际视野。这些成员在各自的领域内取得了卓越的成就，为阿里巴巴（以下简称"阿里"）的发展提供了宝贵的建议和指导。这个董事会在公司的决策、战略规划和长远发展方面发挥着至关重要的作用。那么阿里的合伙人又是如何通过这个超级董事会来实现公司的控制权呢？

让我们首先探讨一下成为阿里董事会成员的路径与条件：

合伙人对阿里董事会拥有特别提名权，可提名半数以上的董事会成员。被提名的董事候选人在股东大会上接受股东的投票选举。

如果阿里合伙人提名的董事候选人未通过股东大会的批准，或因任何原因在选举后退出董事会，阿里合伙人则有权推荐新的人选出任临时董事填补空缺，直至下一次股东大会召开。

由阿里合伙人提名的董事候选人或临时指派者原则上需为阿里合伙人成员，且需要获得半数以上合伙人同意。

包括独立董事在内的阿里其他董事则由阿里董事会提名与公司治理委员会提名，并经年度股东大会以简单多数原则表决同意产生。

公司章程规定，阿里合伙人的提名权等相关条款只有获得95%以上的股东选票（本人或代理）方可修改。

值得一提的是，阿里合伙人的资格条件颇为严格：首要条件是需在公司服务满五年（仅有个案例外）；其次，必须具备股东身份。合伙人的选拔流程独立于股东大会之外，提名环节由合伙人委员会专属负责，且需获得75%的投票支持方能当选，秉持一人一票原则，彰显合伙人之间的平等地位。若超过半数投票反对某位候选人，则该人将被淘汰出局。此外，合伙人的身份与劳动关系紧密相连——在职时享有合伙人权益，一旦离职，则所有相关权益即刻归零。

因此，阿里凭借其独特的合伙人制度，牢牢掌握了对董事会成员的任免大权。这意味着，公司有权根据需要任命董事会成员，同时，对于不满意的董事会成员，也有权进行罢免。

阿里超级董事会的职能如下：

决策制定：超级董事会负责审议和批准公司的重大决策，包括投资策略、并购计划、财务预算等。他们凭借丰富的经验和专业知识，为公司的未来发展提供方向性指导。

战略规划：超级董事会还负责制定公司的长期战略规划，确保公司在激烈的市场竞争中保持领先地位。他们通过对市场趋势、技术发展等方面的深入研究，为公司的发展提供战略支持。

监督管理层：超级董事会对公司的管理层进行有效监督，确保公司的运营符合法规要求，同时维护股东和其他利益相关者的权益。他们通过定期审查公司的财务报告、审计结果等信息，对公司的运营状况进行全面了解。

阿里巴巴的超级董事会在公司的成长过程中发挥了关键作用。他们的智慧和经验为公司的决策提供了有力支持，帮助公司在复杂多变的市场环境中保持稳健发展。同时，超级董事会还通过引入优秀人才、推动技术创新等方式，为公司的长期发展注入了活力。

3. 公司管理制度层面设计公司控制权

首先，我们需清晰界定何为公司管理制度。简而言之，它是一套由公司设立的规章制度体系，旨在规范内部运营流程、维护员工合法权益，并助力实现企业经营目标。这套制度体系涵盖公司章程、股东会议事规则、董事会工作条例、监事会工作条例以及经理层工作规范等诸多方面。这些制度的精心制定与有效执行，为公司控制权的设计奠定了坚实的基础，并提供了重要的参考依据。接下来，我们来看如何从公司管理制度层面设计公司控制权。

第一，控制法定代表人的职位。法定代表人有权在法律规定的职权范围内，直接代表公司对外行使职权，他的行为属于职务行为，视为公司行为，造成任何法律后果，都由公司承担。所以，要控制公司，绕不开对法定代表人职位的控制。

第二，掌握公章。所有以公司名义发布的信函、公文、合同、介绍信、证明文件及其他相关资料，通常均须加盖公章以示其正式性。未加盖公章的文件，往往难以获得业务合作伙伴、政府管理部门及法院的认可，不具备法律效力。然而，现行法律并未明确规定公章应归属公司内哪位具体人员掌管。在多数涉及公章返还的诉讼案例中，法官通常倾向于将公章管理视为公司内部自治事务。当公司章程或股东会议未就公章管理方式作出明确规定时，人民法院不会主动裁定管理权的归属。唯有当公司章程已清晰界定，或股东会议已作出明确决议，指定了公章的持有人，法院方会根据此依据，作出支持相应方取回公章的判决。

第三，掌握营业执照。营业执照是企业或组织合法经营权的官方证明文件。企业在办理事务时，尤其是与政府部门的交互过程中，几乎无一例外地会被要求出示营业执照。在中国，鉴于政府监管的广泛存在，缺乏营业执照的企业将面临重重阻碍，几乎难以顺利开展任何业务活动。

第四，其他印章和证照。其他印章与证照，若能掌控，自然更为理想。但若实在难以实现全面掌控，也不致让事务陷入停滞，因为关键在于控制法定代表人职位、紧握公章及营业执照。只要这三者在手，即便其他印章与证照落于他人之手，亦可通过挂失流程补办新件，使原有印章与证照失效。不过，实际操作中，补办公章往往需法定代表人签字并附上营业执照，而营业执照的补办则须加盖公司公章，并附上股东会决议。简而言之，公章是补办营业执照的前提，营业执照又是补办公章的必要条件，两者相辅相成，缺一不可。若两者皆失，则补办无从谈起。

总之，从公司管理制度层面设计公司控制权是公司治理的重要环节。通过明确各方权力范围、注重权力平衡和动态调整等方式，可以确保公司的长期稳定和持续发展。同时，这也需要公司各方共同努力，不断完善和优化公司的管理制度和控制权设计，以适应市场的变化和公司的发展需求。

【案例链接】

当当网爆发的公章争夺风波，凸显了其在公司控制权架构上的明显缺陷。

据相关报道，当当网创始人李某与配偶俞某之间围绕公司控制权的激烈较量，引发了企业内部管理的严重混乱与经营困境。在这场纷争中，公章的争夺成为双方角力的核心环节之一。当当网公章争夺事件为我们提供了宝贵的教训：公司必须高度重视管理制度的构建与完善，这不仅是为了确保公司日常运营的流畅无阻，更是为了在遭遇突发事件与潜在危机时，能够迅速而有效地作出应对与处置，从而保障公司的稳健前行与长远发展。

4. 产品及人的层面设计公司控制权

在现代企业运营中，从产品及人的层面设计公司控制权成为至关重要的议题。随着市场竞争的日益激烈，如何有效地掌握公司及产品的控制权，成为决定企业成败的关键。

【案例链接】

A刚开始做读书软件的时候，与B共同成立的公司叫某媒（北京）信息科技有限公司，A的股权比例是17%。这个公司在持续发展过程中，A的名气越来越大。在公司动态发展的过程中，A的贡献也越来越大，公司所有赋予的产品价值，品牌价值都在他身上，但是A和B的股权比例是静态的，未曾调整。于是，A作出了一个决定：另起炉灶。随后，A与C携手，带领原团队打造了"DD"这一新应用。

后来B曾感慨，"读书软件其实就是一个产品，而产品讲究的天时地利人和，尤其是围绕一个人来做产品的时候，其实是非常辛苦的事情，我们没有打造一个完全不依赖于人的产品"。

其实，在剖析这家公司失败的原因时，我们还应从另一个重要维度去考虑：企业的发展是不断变化的，同样，创始人A对读书软件的贡献也是随时间而动态增长的，其影响力不容小觑。然而，从创业初期到项目终止，B与A都未能根据公司的动态发展调整他们的股权结构，也未曾就股权比例达成新的共识。B始终坚守原有股权，不愿向A出让，而A则始终未能获得与其巨大贡献相匹配的持股比例。

所以在产品层面，设计公司控制权的核心在于确保产品的品质和竞争力。首先，公司需要建立一套完善的产品研发流程，确保从产品构思到最终上市的每一个环节都有明确的责任人和规范的操作流程。这包括市场调研、产品设计、原型制作、测试验证等环节，以确保产品能够满足市场需求并具有竞争力。其次，公司需要加强对产品质量的控制。通过建立严格的质量管理体系和质量控制标准，确保产品从原材料采购到生产制造的每一个环节都符合高品质要求。同时，加强对产品质量的监督和检测，及时发现并解决问题，确保产品的稳定性和可靠性。此外，公司还需要注重产品创新和差异化。在市场竞争激烈的今天，只有不断创新和提供差异化的产品，才能吸引消费者的眼球并赢得市场份额。因此，公司需要加大研发投入，加强技术研发和创新能力，不断推出具有竞争力的新产品。

在人的层面，设计公司控制权的关键在于激发员工的积极性和创造力。首先，公司需要建立一套完善的激励机制，包括薪酬激励、晋升激励等方面，以激发员工的工作动力和创造力。同时，公司还需要注重员工的培训和发展，提供多元化的培训和发展机会，帮助员工提升技能和知识水平，实现个人和企业的共同发展。其次，公司需要建立良好的企业文化和价值观。通过塑造积极向上的企业文化和价值观，增强员工的归属感和认同感，激发员工的责任感和使命感。同时，公司还需要

173

注重员工的沟通和协作，建立良好的团队合作机制，促进员工之间的交流和合作，实现企业的协同发展和共同进步。

总之，从产品及人的层面设计公司控制权是企业运营中至关重要的一环。通过加强产品研发和质量控制、推动产品创新和差异化、激发员工积极性和创造力、建立良好的企业文化和价值观等方面的努力，企业可以更好地掌握公司及产品的控制权，实现可持续发展和竞争优势的提升。

五、公司股权的动态调整

1. 股权动态调整的意义

公司股权的动态调整是指公司在不同发展阶段，根据实际经营需要灵活调整股权比例和股权结构的过程。这种调整旨在确保公司的股权配置能够持续适应市场变化、业务发展以及内部管理需求，从而维护公司的长期利益和稳定发展。股权动态调整的核心意义在于：

第一，适应市场变化：市场环境、行业格局的变化可能导致早期股东的资源对公司不再具有原有的重要性。例如，在公司早期阶段，某些市场渠道或客户资源至关重要，公司发展到一定规模后，品牌和规模的扩展可能使这些资源的价值相对下降。通过股权动态调整，公司可以确保股权结构与公司实际需求相匹配。

第二，激励与约束并重：股权动态调整机制可以激励股东和核心员工持续为公司创造价值。对于持续作出贡献的股东或员工，公司可以通过增加其持股比例或提供股权激励等方式进行奖励；而对于贡献减少或不再参与公司的股东，则可以通过减少其持股比例或设立退出机制等方式进行约束。

第三，优化公司治理结构：股权动态调整有助于优化公司的治理结构，提高决策效率和执行力。通过引入新的战略投资者或调整股东持股比例，公司可以平衡各方利益，确保决策的科学性和合理性。

2. 股权动态调整的策略

在企业的股权动态调整中，股权转让、股份回购和增资扩股是三种常见的策略。

股权转让策略是一种通过引入具有战略价值的新股东来调整企业股权结构的方法。新股东的加入，不仅能够为企业带来资本、技术和管理经验等资源，还能带来新的发展思路和战略方向。同时，股权转让也为原股东提供了资本退出的渠道，实现了投资回报。在实施股权转让策略时，企业需要全面考虑转让价格、转让比例和受让方的资质等因素，确保股权转让能够真正为企业带来积极的影响。

股份回购策略是企业通过回购自身股份来调整股权结构的一种方式。股份回购可以减少企业的注册资本，提高每股收益，从而增强股价的稳定性。此外，股份回购还可以作为一种股权激励手段，通过提高员工的持股比例，增强员工的归属感和凝聚力。然而，股份回购也可能导致企业资金压力加大，因此，在实施股份回购策略时，企业需要谨慎评估回购规模和时机，确保回购行为不会对企业的正常运营产生负面影响。

增资扩股策略是通过向现有股东或新投资者发行新股来调整股权结构的方法。通过增资扩股，企业可以增加注册资本，扩大股本规模，从而优化股权结构。新资本的注入不仅可以为企业筹集更多的资金，支持企业的扩张和发展，还可以引入新的战略投资者，提升企业的竞争力和市场地位。然而，在实施增资扩股策略时，企业需要关注新股发行价格、发行比例以及新股持有者的权益等问题，确保增资扩股能够为企业带来长远的利益。

这些策略的运用需要企业全面考虑自身的实际情况和发展需求，确保股权调整能够为企业带来积极的影响。同时，企业还需要关注股权调整过程中的风险和挑战，并制定相应的风险应对措施，确保股权动态调整的顺利进行。

第三节　MCN 机构如何实施股权激励计划

一、MCN 机构是否要实施股权激励计划

1. 什么是股权激励计划

股权激励计划是一种企业管理制度，其核心是向特定对象（如员工、合作伙伴或管理层）提供公司股票或股票期权作为激励，旨在将他们的个人利益与公司的长期发展目标相绑定。这种机制的设计初衷是为了激发受激励者的积极性、创造力和忠诚度，从而推动公司整体业绩的提升和可持续发展。

在股权激励计划中，受激励者通常需要在满足一定条件（如工作年限、业绩达成等）后才能行使股票或期权的权利，享受公司成长带来的价值增长。这种方式不仅让受激励者有机会分享公司成功的果实，也促使他们更加关注公司的长期战略和持续发展，而非仅仅着眼于短期利益。

2. MCN 机构实施股权激励计划的必要性

对于 MCN 机构而言，股权激励计划是一种有效的管理工具，应用于核心团队、

优秀内容创作者以及关键合作伙伴等多个层面，帮助吸引和留住关键人才，促进内部协作，提升团队凝聚力和执行力，进而推动机构在竞争激烈的市场环境中脱颖而出，具体而言如下：

人才吸引与保留：在内容创作这一竞争激烈的领域，杰出的创作者与团队构成了 MCN 机构的核心竞争优势。股权激励计划的实施，能够将创作者及团队的利益与公司的长远发展紧密相连，不仅吸引更多行业精英加入，还极大激发了他们的工作热情与创造潜能。

强化内部合作：股权激励计划为构建更加和谐、高效的内部协作体系提供了有力支撑。一旦主播、团队成员及合作伙伴成为公司股东，他们将更倾向于从公司整体利益着眼，积极参与决策制定与执行过程，从而形成更为紧密的合作关系，提升团队凝聚力。

提升市场估值与吸引投资：股权激励计划的推出，向市场传递了 MCN 机构积极发展的明确信号，有助于吸引更多投资者的目光。同时，该计划还有助于提升公司的整体市场估值，为 MCN 机构的未来发展奠定坚实的资本基础。

3. 股权激励计划适用于所有的 MCN 机构吗?

股权激励计划并不适用于所有的 MCN 机构，其适用性受到多种因素的制约。

机构规模与资源：大型 MCN 机构通常拥有更多的资源和更完善的治理结构，更容易实施和管理股权激励计划。小型或初创 MCN 机构可能因资源有限、管理不成熟而难以有效执行股权激励计划。

发展阶段与战略：处于成长期或扩张期的 MCN 机构，股权激励计划可以作为吸引人才、激发团队活力的有效工具。初创期或转型期的 MCN 机构，需更谨慎地评估股权激励计划的可行性和风险。

财务状况与现金流：财务状况稳健、现金流充足的 MCN 机构更有可能成功实施股权激励计划。财务状况不稳定或现金流紧张的 MCN 机构，实施股权激励计划可能会增加财务压力。

行业特性与竞争环境：高度依赖人才和创意的 MCN 机构，股权激励计划可能更具吸引力。在竞争激烈的市场环境中，股权激励计划可能成为吸引和留住关键人才的重要手段。然而，对于某些特定类型的 MCN 机构，如主要依赖技术或资本驱动的机构，股权激励计划可能不是最优的激励方式。

综上所述，股权激励计划并不适用于所有 MCN 机构。MCN 机构在考虑实施股权激励计划时，应综合评估自身规模、发展阶段、财务状况、行业特性以及法律法规等因素，以确保计划的可行性和有效性。同时，MCN 机构还需关注股权激励计划可能带来的潜在风险和挑战，如股权稀释、股东利益冲突等，并制定相应的风险应对措施。

二、MCN 机构实施股权激励计划的策略

1. 明确并细化激励对象

MCN 机构需基于当前的发展阶段与长远战略，精确划分并锁定激励对象群体。初创期时，应聚焦于主播、核心管理团队及高产出的内容创作者，通过股权激励稳固核心力量；进入成熟期，则应逐步扩大激励范围，覆盖至更多关键业务岗位及重要合作伙伴，以深化合作、共谋发展。

2. 科学设计、量身定制激励方案

在制定股权激励计划时，MCN 机构需综合考量公司的财务状况、行业市场趋势及员工个性化需求。应依据实际情况，设计一套既具有市场竞争力又能确保公司财务可持续性的激励方案。方案应明确股权分配原则、行权条件及时间安排，确保既能有效激发员工积极性，又能避免给公司带来不必要的财务压力。

3. 建立健全的管理与监督机制

为确保股权激励计划的顺利实施与有效管理，MCN 机构需构建一套完整的管理体系，涵盖股权的授予流程、行使规则、转让条件等各个环节。同时，应设立专门的监督机构或指定专人负责计划的日常管理与定期评估，确保激励措施能够精准执行，及时发现问题并作出调整，从而真正实现股权激励的初衷，促进公司与员工的共同成长与繁荣。

三、股权激励兑现条件的设定

股权激励作为一种长期激励机制，旨在通过赋予员工公司股权的方式，使其个人利益与公司发展紧密相连，从而激发员工的工作积极性和创造力。为确保员工能够真正将个人努力与公司目标相结合，股权激励的兑现条件设定显得尤为重要。我们将详细探讨如何设定有效的股权激励兑现条件，以确保员工为实现公司目标付出最大努力。

第一，设定股权激励的兑现条件应遵循公平、公正、透明原则。这意味着条件应该清晰明确，对所有员工一视同仁，避免产生不必要的猜疑和误解。同时，条件

应具有可衡量性，以便员工能够清楚地了解自己的努力和回报之间的关系。例如，可以设定与公司业绩、个人绩效等相关的具体指标作为兑现条件，确保员工能够明确了解自己的工作重点和努力方向。

第二，兑现条件应与公司战略目标紧密相关。公司战略目标是企业发展的核心方向，而股权激励的兑现条件应与之相辅相成，共同推动公司目标的实现。这意味着兑现条件应关注公司的长期利益，而不仅仅是短期收益。例如，可以设定与研发投入、市场拓展等长期战略相关的条件，以鼓励员工为公司长远发展贡献力量。

第三，兑现条件应具有挑战性但又有可实现性。这意味着条件既不能过于宽松，让员工轻易达成，也不能过于苛刻，让员工望而生畏。适当的挑战能够激发员工的斗志，促使他们不断超越自我，实现个人和公司的共同成长。因此，在设置兑现条件时，公司应根据员工的实际能力和市场环境进行合理评估，确保条件既具有挑战性又有可实现性。

第四，兑现条件的设定应考虑到员工的个体差异和多元化需求。不同员工有不同的职业规划和发展目标，因此兑现条件应具有一定的灵活性和可定制性。例如，对于不同岗位、不同层级的员工，可以设定不同的兑现条件和奖励机制，以满足他们的个性化需求。同时，公司还可以根据员工的实际表现和贡献情况，对兑现条件进行动态调整和优化，以确保激励机制的针对性和有效性。

综上所述，股权激励的兑现条件设定是确保员工全力以赴实现公司目标的关键环节。通过遵循公平、公正、透明原则，与公司战略目标紧密相关，兼具挑战性和可实现性，以及考虑到员工个体差异和多元化需求等方面的要求，公司可以设定出有效的股权激励兑现条件，从而激发员工的工作热情和创新精神，推动公司的持续发展和壮大。

第七章
MCN 行业的税务合规

近年来，随着国家税制改革的不断深化与税收征管体系的日益完善，MCN 行业正面临着一个更为严苛的税收监管环境。重大税制改革如增值税税率的调整、企业所得税优惠政策的细化、个人所得税分类管理的强化等，均对 MCN 机构及网络主播的税务筹划提出了更高要求。在此背景下，MCN 机构及网络主播面临的税收风险日益复杂多样。本篇将围绕 MCN 行业的税务问题展开深入探讨，旨在为 MCN 机构及网络主播提供全面的税务指导与策划思路。概述 MCN 行业涉及的主要税种及税收政策，深入分析 MCN 机构及网络主播在运营过程中可能遇到的各类税收风险，结合行业特点与税务法规，提出一系列切实可行的税收策划建议，助力 MCN 机构及网络主播实现税务合规与税务优化。

第一节　背景和环境

一、MCN 行业的跨越式发展

MCN 行业近年来快速崛起，MCN 机构通过整合网络主播资源，提供内容生产、推广和变现等服务，成为经济生活的重要组成部分。MCN 行业的跨越式发展得益于多种因素的共同推动。伴随互联网技术的飞速发展、移动互联网和社交媒体平台的兴起，当前 MCN 行业处于一个蓬勃发展、方兴未艾的阶段，预计未来很长一段时期仍将保持快速增长的态势。正因为网络直播行业规模日益扩大，成为实体门店、购物网站之外又一个主要商业平台，日益获得社会和公众的重视，必然也成为国家税收的重要来源，被税务机关重点关注，行业税务问题日益凸显。

二、重大税制改革和税收征管趋势

在 MCN 行业获得跨越式发展的同时，为适应中国经济转型升级的"新常态"，自 2014 年起我国开始新一轮税收体制改革，按照"简税制、宽税基、低税率、严征管"的原则，出台了一系列影响深远的重大举措。一方面，降税增效，增强经济活力和市场主体竞争力；另一方面严格征管，提高税法公平性和遵从度，维护国家税收利益和公平的市场秩序。

在"综合与分类相结合"的个人所得税制度改革、"CRS"自动交换国际金融账户涉税信息、"营改增"试点及增值税改革、金税三期合并国地税数据、金税四期纳入非税业务信息等重大措施的推动下，我国税务征管迎来"全方位、全业务、全流程、全智能、全球化"的"智慧税务"时代。

在税务稽查能力获得极大增强的同时，恰逢"贸易战""土地财政转型""老龄化"和新冠疫情后经济发展明显放缓的现实环境，为缓解财政困局，各地税务机关的税收征管力度普遍加强。

税收政策的调整和优化为 MCN 行业提供了更加稳定和透明的税收环境，维护了税收秩序和公平竞争环境，有助于行业规范化和健康发展；同时也给 MCN 机构、网络主播等行业参与者确定了更高的合规要求，依法纳税势必成为主体参与市场竞争的基础条件，以往"浑水摸鱼"的时代已经一去不复返了。

三、对网络直播行业的重点监管措施

伴随 MCN 行业的迅猛发展，税务部门针对网络直播行业实施了一系列重点监管措施，包括加强税收宣传培训、建立税收征管信息共享机制、加大税收稽查力度、推动税收合规自律等，旨在规范行业秩序，维护国家税收利益。

2021 年 9 月，国家税务总局发布《加强文娱领域从业人员税收管理的通知》，对明星艺人、网络主播成立的个人工作室和企业，要求建账建制并采用查账征收方式申报纳税；对存在涉税风险的明星艺人、网络主播进行一对一风险提示和督促整改，定期开展"双随机、一公开"检查；督促网络主播经纪公司等履行个人所得税代扣代缴义务；规定税务机关不得执行各类违规设置或者以变通方式实施的税收优惠。

2022 年 3 月，国家互联网信息办公室、国家税务总局、国家市场监督管理总局联合制定《关于进一步规范网络直播营利行为促进行业健康发展的意见》，规定网络直播平台和服务机构应明确区分和界定网络直播发布者各类收入来源及性质，依法履行个人所得税代扣代缴义务，不得转嫁或者逃避个人所得税代扣代缴义务；不得策划、帮助网络直播发布者实施逃避税；网络直播发布者开办企业和个人工作室，应设置账簿，原则上采用查账征收；切实规范网络直播平台和相关第三方企业委托代征、代开发票；依法查处涉税违法犯罪行为，公开曝光典型案件；对违法违规策划、帮助实施偷逃税的中介机构及人员严肃处理和公开曝光。

各地税务机关也纷纷发布通告，公开督促明星艺人、网络主播主动报告和纠正涉税问题。

四、MCN 机构和网络主播逃税事件

随着税务监管日益严格，网络主播特别是有影响力的头部网红成为税务机关重点"看护"对象。

从 2021 年开始，林珊珊、薇娅、雪梨、平荣等一线网红主播纷纷爆雷，逃税金额数千万上亿的屡见不鲜，其中"直播一姐"薇娅案件偷逃税款金额达 6.43 亿元，少缴税款 0.6 亿元，追缴税款、加收滞纳金并处罚款金额合计达 13.14 亿元，创造了税收处罚的历史纪录，舆论一片哗然。

MCN 机构和网络主播逃税事件的大量出现主要是由于以下两个方面的原因。一方面，我国税收征管制度有一个逐步完善的过程，很长一段时间对文娱领域高收入从业人员的税收查控力度非常宽松，很多明星艺人、网络主播年收入几千万上亿元，实际税率甚至低于普通劳动者，长此以往形成"惯例"。另一方面，长期以来 MCN 行业从业者税收意识淡薄，对税收法规了解不够，容易陷入逃税的误区，加之市场竞争激烈，一些 MCN 机构和网络主播为了追求利润最大化，不惜采取违法手段规避纳税义务。随着网络直播行业的迅猛发展和税收征管日益严格，逃税事件频频曝光实属必然。

我们预计在将来很长一段时间，网络直播行业仍会是税收监管的重点领域，网红主播们每时每刻都处于放大镜和聚光灯下，抱有侥幸心理、顶风偷逃税的行为无疑非常不明智，无论是个人还是公司都应关注自身税务问题、了解相关税务知识，切勿掉以轻心！

第二节　MCN 行业税收概要

一、MCN 行业涉及的主要税种

无论是 MCN 机构，还是网络主播，从事市场经营活动、提供劳动或劳务，都应当依法纳税。MCN 行业涉及的主要税种包括增值税、企业所得税、个人所得税等。这些税种在 MCN 行业中的应用与传统行业有所不同，需要根据行业特点进行具体分析和适用。

181

1. 增值税 (VAT)

增值税是以商品、劳务、服务、无形资产、不动产在流转过程中产生的增值额作为计税依据征收的一种流转税。增值额是指企业或其他经营者从事生产经营(或提供劳务)而在购入商品(或取得的劳务)的价值额上增加的价值额。MCN 机构和网络主播提供服务,都可能涉及增值税。

2. 企业所得税 (CIT)

企业所得税是对我国境内企业和其他取得收入的组织的生产经营所得和其他所得征收的一种所得税。企业所得税以应纳税所得额即企业从事业务活动所产生的收入减去成本、费用、损失和亏损后的净利润作为计税依据征税。MCN 机构从事经营活动,通常需要缴纳企业所得税。

3. 个人所得税 (PIT)

个人所得税是国家对个人获取的工资薪金所得、劳务报酬所得、稿酬所得、特许权使用费所得、经营所得、利息、股息、红利所得、财产租赁所得、财产转让所得和偶然所得征收的一种所得税。我国施行综合和分类相结合的个人所得税制度,取得工资薪金所得、劳务报酬所得、稿酬所得、特许权使用费所得(合称"综合所得"),按纳税年度合并计算个人所得税,取得其余各项所得分别计算个人所得税。网络主播提供服务或从事经营,根据不同情形须对其取得的工资、薪金所得、劳务报酬所得、经营所得缴纳个人所得税,向个人支付相关所得(经营所得除外)的MCN 机构则负有代扣代缴义务。

二、增值税及附加税

财政部、国家税务总局《关于全面推开营业税改征增值税试点的通知》(财税〔2016〕36 号)规定,在我国境内销售服务的单位和个人为增值税纳税人,应当依法缴纳增值税,不缴纳营业税(营改增)。

MCN 机构、网络主播提供的广告推广、经纪代理、内容生产、IP 孵化等服务,如直播带货取得的坑位费和销售佣金、短视频种草取得的品牌推广费、平台给予博主爆款奖励、粉丝给网络主播的直播打赏等,一般均属于增值税应税范围。个人作为单位员工提供服务,基于劳动关系从单位取得工资薪金,则无须缴纳增值税。个人(不包括认定为一般纳税人的个体工商户)提供应税服务但低于起征点的不予纳税。增值税起征点为月销售额 5000—20000 元，按次纳税的为每次（日）销售额 300—500 元。

增值税纳税人区分为一般纳税人和小规模纳税人，两者税率差异很大。一般而言，公司、合伙企业、个人独资企业、个体工商户及其他组织年应税销售额超过人民币 500 万元的为一般纳税人。一般纳税人提供广告服务、经纪代理服务、文化服务等应税服务的增值税税率为 6%。年销售额未达上述标准或未办理个体工商户营业执照的个人为小规模纳税人。小规模纳税人提供应税服务适用 3% 的征收率。

除税率不同外，一般纳税人允许抵扣进项税额（指购进商品或服务负担的增值税），小规模纳税人不能抵扣进项税额。此外，小规模纳税人可以享受一些增值税优惠政策。例如根据《财政部　国家税务总局关于增值税小规模纳税人减免增值税政策的公告》（财政部　国家税务总局公告 2023 年第 19 号），2027 年 12 月 31 日前，增值税小规模纳税人发生增值税应税销售行为合计月销售额未超过 10 万元或季度销售额未超过 30 万元的免征增值税，增值税小规模纳税人适用 3% 征收率的应税销售收入，减按 1% 征收率征收增值税。

MCN 机构或网络主播应当根据其提供服务的性质开具相应的增值税发票。直播带货行为通常既有广告宣传性质，亦有经纪代理性质，表面看无论是广告服务，还是经纪代理服务，增值税税率均相同，开具广告服务费发票、经纪代理费，或者实践中经常出现的"信息技术服务费""视频制作服务费"等内容的发票，应缴增值税并无差异，但相比其他服务，按照《财政部　国家税务总局关于营业税改征增值税试点有关文化事业建设费政策及征收管理问题的通知》（财税〔2016〕25 号），广告服务还需缴纳销售额 3% 的文化事业建设费。因此，在税务部门还没有明确规定新经济下五花八门的网络收入具体属于增值税中哪个应税项目的情况下，合理安排服务项目和交易内容，将不同经济实质的服务进行区分，正确开具发票，对于减轻纳税人负担具有重要意义。

纳税人在缴纳增值税的同时，还要承担城市维护建设税、教育费附加、地方教育附加等附加税费。城市维护建设税、教育费附加、地方教育附加分别按照应交增值税的 1%—7%（市区 7%、县城/镇 5%、其他 1%）、3%、2% 征收。根据《财政部　国家税务总局关于扩大有关政府性基金免征范围的通知》（财税〔2016〕12 号），月销售额不超过 10 万元（按季度纳税的季度销售额不超过 30 万元）的纳税人，免征教育费附加和地方教育附加。

值得注意的是，对于 MCN 机构从事的数字内容创作、网络广告发布等跨境服务，还需要考虑与跨境电子服务相关的增值税征收政策，以确保合规纳税。

三、企业所得税

《中华人民共和国企业所得税法》规定,除个人独资企业、合伙企业不适用企业所得税法外,凡在我国境内,企业和其他取得收入的组织为企业所得税的纳税人,应当依法缴纳企业所得税。

企业所得税的纳税人分为居民企业和非居民企业,不同的企业在缴纳企业所得税时,纳税义务有所不同。居民企业,指依法在境内成立,或者实际管理机构在中国境内的企业;居民企业应就来源于中国境内、境外的全部所得缴纳企业所得税。非居民企业是指在境内设立机构、场所,或者有来源于境内所得的外国企业;非居民企业应就其来源于境内的所得以及与其所设机构、场所有实际联系的所得缴纳企业所得税。

企业所得税实行比例税率,基本税率为 25%,适用于居民企业和在中国境内设有机构、场所且所得与机构、场所有关联的非居民企业。低税率为 20%,适用于在境内未设立机构、场所的,或者取得的所得与其所设机构、场所没有实际联系的非居民企业,但实际征税时适用 10% 的税率(预提所得税)。

MCN 机构主要系以采取有限责任公司或股份有限公司形式的居民企业。在企业所得税的征收过程中,MCN 机构需要按照税法规定进行合规申报,并根据不同的税收政策进行合理的税收规划。目前,我国给予小微企业的企业所得税特殊优惠。根据《财政部 国家税务总局关于进一步支持小微企业和个体工商户发展有关税费政策的公告》(财政部 税务总局公告 2023 年第 12 号),2027 年 12 月 31 日前,对小型微利企业减按 25% 计算应纳税所得额,按 20% 的税率缴纳企业所得税(实际税率仅 5%)。小型微利企业是指从事国家非限制和禁止行业,且同时符合年度应纳税所得额不超过 300 万元、从业人数不超过 300 人、资产总额不超过 5000 万元等三个条件的企业。

需要特别关注的是,对于 MCN 机构可能存在的跨境业务收入、股权转让收益等情况,需要根据相关税法规定进行合规申报。

四、个人所得税——工资薪金

《中华人民共和国个人所得税法实施条例》规定,工资、薪金所得,是指个人因任职或者受雇取得的工资、薪金、奖金、年终加薪、劳动分红、津贴、补贴以及与任职或者受雇有关的其他所得。

如果网络主播与 MCN 机构签订劳动合同，建立劳动关系，则其取得的收入属于工资、薪金所得，应当依法缴纳个人所得税。MCN 机构向网络主播和其他雇员支付工资薪金时，个人是纳税义务人，单位是扣缴义务人，应依法预扣预缴个人所得税（详见表 7-1《居民个人工资、薪金所得预扣预缴率表》）。

表 7-1

级数	累计预扣预缴应纳税所得额	预扣率（%）	速算扣除数
1	不超过 36000 元的	3	0
2	超过 36000 元至 144000 元的部分	10	2520
3	超过 144000 元至 300000 元的部分	20	16920
4	超过 300000 元至 420000 元的部分	25	31920
5	超过 420000 元至 660000 元的部分	30	52920
6	超过 660000 元至 960000 元的部分	35	85920
7	超过 960000 元的部分	45	181920

居民个人在本年度取得工资薪金，应在次年 3 月 1 日至 6 月 30 日完成个人所得税综合所得汇算清缴，即汇总全年取得的工资、薪金所得、劳务报酬所得、稿酬所得、特许权使用费所得，扣除减除费用 60000 元以及专项扣除、专项附加扣除和依法确定的其他扣除后的余额计算应纳税所得额后，根据税法规定的超额累进税率计算应纳税额（详见表 7-2《居民个人综合所得个人所得税税率表》），减去预扣预缴税额，申报并办理退补税。

表 7-2

级数	全年应纳税所得额	税率（%）	速算扣除数
1	不超过 36000 元的	3	0
2	超过 36000 元至 144000 元的部分	10	2520
3	超过 144000 元至 300000 元的部分	20	16920
4	超过 300000 元至 420000 元的部分	25	31920
5	超过 420000 元至 660000 元的部分	30	52920
6	超过 660000 元至 960000 元的部分	35	85920
7	超过 960000 元的部分	45	181920

外籍主播的综合所得纳税问题，应当区分居民个人和非居民个人。居民个人是指在中国境内有住所（指因户籍、家庭、经济利益关系，而在中国境内习惯性居

住）或者无住所而一个纳税年度内在中国境内居住累计满 183 天的个人；居民个人承担无限纳税义务，应就其来源于境内和境外的全部所得缴纳个人所得税。非居民个人是指不符合居民个人判定标准的个人，非居民个人承担有限纳税义务，即仅就其来源于中国境内的所得向中国缴纳个人所得税。居民个人取得综合所得，按纳税年度合并计算个人所得税；非居民个人取得综合所得，按月或者按次分项计算个人所得税。

如外籍主播系居民个人，则其计税方法和前文一致。如外籍主播系非居民个人，则以每月或每次取得的工资、薪金或劳务报酬所得，适用税法规定的税率（详见表 7-3《非居民个人综合所得个人所得税税率表》）计算应纳税额，不办理汇算清缴。如果外籍主播同属两国税收居民，还应根据税收协定的具体规定执行。

表 7-3

级数	应纳税所得额	税率（%）	速算扣除数
1	不超过 3000 元的	3	0
2	超过 3000 元至 12000 元的部分	10	210
3	超过 12000 元至 25000 元的部分	20	1410
4	超过 25000 元至 35000 元的部分	25	2660
5	超过 35000 元至 55000 元的部分	30	4410
6	超过 55000 元至 80000 元的部分	35	7160
7	超过 80000 元的部分	45	15160

五、个人所得税——劳务报酬

《中华人民共和国个人所得税法实施条例》规定，劳务报酬所得，是指个人从事劳务取得的所得，包括从事设计、装潢、安装、制图、化验、测试、医疗、法律、会计、咨询、讲学、翻译、审稿、书画、雕刻、影视、录音、录像、演出、表演、广告、展览、技术服务、介绍服务、经纪服务、代办服务以及其他劳务取得的所得。

如果网络主播与 MCN 机构或其他单位和个人签订劳务合同，独立地从事广告、经纪代理、表演等活动，取得的收入属于劳务报酬所得。支付时网络主播是纳税人，支付劳务报酬所得的单位或个人是扣缴义务人，应依法预扣预缴个人所得税（详见表 7-4《居民个人劳务报酬所得预扣预缴率表》）。

表 7-4

级数	预扣预缴应纳税所得额	预扣率（%）	速算扣除数
1	不超过 20000 元的	20	0
2	超过 20000 元至 50000 元的部分	30	2000
3	超过 50000 元的部分	40	7000

如前所述，居民个人在本年度取得劳务报酬，应按纳税年度与其他综合所得合并计算个人所得税，减去预扣预缴税额，申报并办理退补税。非居民个人取得劳务报酬，则按月或次分项计算个人所得税（见上文《非居民个人综合所得个人所得税税率表》），不办理汇算清缴。

实践中，工资薪金与劳务报酬如何区分，两者在税收上又有何区别呢？

根据税法规定，工资、薪金所得指因任职或者受雇取得的所得，劳务报酬所得指提供个人独立劳务取得的所得。实践中区分两者时，一是看服务对象，个人为个人（不包括个体工商户）提供服务获得的收入通常属于劳务报酬，个人为单位提供服务获得的收入则可能是工资薪金，也可能是劳务报酬。二是看法律关系，个人和单位存在劳动关系时为工资薪金，不存在劳动关系时则通常为劳务报酬（退休返聘或再任职报酬符合规定条件的也属工资薪金）。对于劳动关系的确认，如果双方签署书面劳动合同的，一般认定具有存在劳动关系，如果未签订书面劳动合同，则需要进一步判定是否存在劳动关系。根据原劳动和社会保障部《关于确立劳动关系有关事项的通知》（劳社部发〔2005〕12号）："用人单位招用劳动者未订立书面劳动合同，但同时具备下列情形的，劳动关系成立。（一）用人单位和劳动者符合法律、法规规定的主体资格；（二）用人单位依法制定的各项劳动规章制度适用于劳动者，劳动者受用人单位的劳动管理，从事用人单位安排的有报酬的劳动；（三）劳动者提供的劳动是用人单位业务的组成部分。"可见，区分劳动关系与劳务关系的一个重要特征是双方关系是从属还是独立，个人是否隶属于单位。

工资薪金与劳务报酬都属于综合所得，按照相同税率缴纳个人所得税，但两者又存在重大区别。一是预扣预缴方式不同。工资、薪金所得一般采取累积预扣法，指以纳税人截至当前月份工资、薪金所得累计收入减除累计扣除后的余额为累计预扣预缴应纳税所得额，按规定预扣税率计算预缴税款。劳务报酬则采取按次预扣法，指以纳税人每次应纳税所得额和规定预扣率计算预缴税款。二是扣除标准不同。年度汇算清缴时工资、薪金所得按 100% 计入综合所得，而劳务报酬按实际取得收入的 80% 计入综合所得。

日常生活中，很多人会认为劳动报酬税负高于工资薪金，而事实情况则刚好相反。由于劳务报酬可减按 80% 计税，其实际税负显然低于工资薪金，收入较低时差异尤其明显。之所以产生这种误解，原因在于劳务报酬采取按次预扣法，对于大多数人而言，其直接感受劳务报酬预扣预缴税款远较工资薪金为高，而忽略多交的预缴税款会在汇算清缴后退还。

随着网络直播的快速发展，直播充值打赏也受到社会的日益关注，其中的法律和税务问题也亟待厘清明确。其中消费者给个人主播打赏的性质一直争议较大，一种观点认为这种打赏形成赠与合同关系，属于个人对个人的现金赠与，不属于个人所得税征税范围。另一种观点认为双方应形成服务合同关系，虽然打赏一般是自愿和随机的，但实际上仍然是对主播提供表演、情绪安抚等服务的一种回报，应当按照劳务报酬缴纳个人所得税。虽然目前对于法律关系的性质仍未能形成统一认识，但税务机关普遍将直播打赏作为劳务报酬纳入征税范围。

六、个人所得税——经营所得

《中华人民共和国个人所得税法实施条例》规定，经营所得指个体工商户、个人独资企业投资人、合伙企业个人合伙人及其他个人从事生产、经营活动取得的所得。一般而言，网络主播通过个体工商户、个人独资企业、合伙企业等（简称"个人工作室"）形式从事经营活动所获得的收入属于经营所得，应按全年收入扣除成本、费用以及损失计算经营利润，适用税法规定的税率（详见表 7-5《经营所得个人所得税税率表》）计算应纳税额。纳税人需要自行办理纳税申报，在月度或季度终了 15 日内办理预缴纳税申报，次年 3 月 31 日前办理个人所得税经营所得汇算清缴。

表 7-5

级数	全年应纳税所得额	税率（%）	速算扣除数
1	不超过 30000 元的	5	0
2	超过 30000 元至 90000 元的部分	10	1500
3	超过 90000 元至 300000 元的部分	20	10500
4	超过 300000 元至 500000 元的部分	30	40500
5	超过 500000 元的部分	35	65500

对于个体工商户、个人独资企业、合伙企业经营所得应纳税额的计算有查账征收和核定征收两种方式。查账征收指按照会计账簿所记载的收入、成本、费用、损失和税法规定计算利润和税额的征收方式。核定征收则指由税务机关核定所得率或

所得额并据此计算税额的征收方式。税法设置核定征收的本意是对不依法设置账簿、账目混乱或者资料不全导致难以查账、逾期不申报纳税等特殊情形下的一种惩戒措施，然而长期以来却逐步异化为一种实质的"税收优惠"。

2021年之前，网络主播成立的个人工作室一般都采取核定征收方式，实际税负远远低于合理水平。知名主播税务处罚事件发生后，国家税务总局发布通知，对于网络主播成立的个人工作室和企业，一律要建账建制并采用查账征收方式申报纳税，并对过往通过转换收入性质、滥用核定征收等方式偷逃税款的行为予以惩治。对于MCN行业而言，目前核定征收的路虽仍未完全堵死，但随着监管趋严，核定征收方式的选用将变得越来越难。

经营所得和劳务报酬所得的计税依据、扣除标准、税率、征收方式都存在较大差异，所得性质直接影响税负水平和申报缴纳方式，因此无论是对于税务机关还是纳税人，正确区分两者都具有重要意义。

我们认为，从经济实质来看两者的区别主要表现在三个方面：一是成本构成，提供劳务最主要的花费是本人的时间和精力，通常不需要提供生产资料，而经营除消耗自身人力外，通常还需要其他成本投入，如经营场所、设备、材料、聘请人员的费用等。二是独立程度，虽然劳务一般也具有独立性，但通常委托人会干预劳务过程，而经营者通常完全独立于委托人，只需交付工作成果即可。三是持续经营，提供劳务往往是临时和偶发的，而经营活动一般具有持续性和稳定性。

实践中，税务机关一般以是否有营业执照和税务登记的经营主体来判断所得性质，对于个体工商户、个人独资企业、合伙企业取得的所得一般认定为经营所得，但税务机关也可能会根据经济实质进行判断，将名为经营所得，实际上属于个人劳务报酬的情形认定为虚构业务转换所得类型的逃税行为，对于MCN行业这种情况更为常见，争议也较大。

根据目前公开资料显示，税务机关对此问题的主流观点为：网红直播、微商涉及的影视、演出、表演、广告、经纪服务等属于劳务报酬的项目，个人从事以上项目按照劳务报酬征收个人所得税。网红直播、微商通过网络平台直接销售货物，若符合"存在合理的成本费用、有雇工"等条件，可按"经营所得"进行管理。

与工资薪金、劳务报酬不同，MCN机构向网络主播成立的个人工作室支付服务费用时，不需要代扣代缴个人所得税。

七、税收法律责任

税收法律责任指税收法律关系的主体因违反税收法律规范所应承担的法律后

189

果。税收法律责任依其性质和形式不同分为行政责任和刑事责任两类；依承担法律责任的主体不同，分为纳税人的责任、扣缴义务人的责任、税务机关及其工作人员的责任、其他相关单位或个人的责任等。由于篇幅限制，本节仅简要介绍最常见的逃避缴纳税款和虚开发票的法律责任。

纳税人、扣缴义务人逃避缴纳税款情节较轻尚不构成犯罪的，应承担追缴税款、滞纳金、罚款等行政责任。根据《中华人民共和国税收征收管理法》第63条的规定，纳税人伪造、变造、隐匿、擅自销毁账簿、记账凭证，或者在账簿上多列支出或者不列、少列收入，或者经税务机关通知申报而拒不申报或者进行虚假的纳税申报，不缴或者少缴应纳税款的，是逃避缴纳税款，由税务机关追缴其不缴或者少缴的税款、滞纳金，并处不缴或者少缴的税款50%以上5倍以下的罚款。扣缴义务人采取前述所列手段，不缴或者少缴已扣、已收税款，由税务机关追缴其不缴或者少缴的税款、滞纳金，并处不缴或者少缴的税款50%以上5倍以下的罚款。

纳税人、扣缴义务人逃避缴纳税款情节严重构成犯罪的，除给予行政处罚外，还应依法按逃税罪追究刑事责任。根据《中华人民共和国刑法》第201条及《最高人民法院、最高人民检察院关于办理危害税收征管刑事案件适用法律若干问题的解释》（法释〔2024〕4号）的规定，纳税人采取欺骗、隐瞒手段进行虚假纳税申报或者不申报，逃避缴纳税款数额较大（10万元以上）并且占应纳税额10%以上的，处3年以下有期徒刑或者拘役，并处罚金；数额巨大（50万元以上）并且占应纳税额30%以上的，处3年以上7年以下有期徒刑，并处罚金。扣缴义务人采取上述手段不缴或者少缴已扣、已收税款，数额较大的，依照上述规定处罚。多次实施上述逃税行为，未经处理的，按照累计数额计算。

虚开发票情节较轻尚不构成犯罪，由税务机关给予行政处罚。根据《中华人民共和国发票管理办法》第35条规定，违法虚开或者非法代开发票的，没收违法所得；虚开金额在1万元以下的，可以并处5万元以下的罚款；虚开金额超过1万元的，并处5万元以上50万元以下的罚款。

虚开发票情节严重构成犯罪的，除给予行政处罚外，还应依法追究刑事责任。根据《中华人民共和国刑法》第205条、第206条及《最高人民法院、最高人民检察院关于办理危害税收征管刑事案件适用法律若干问题的解释》（法释〔2024〕4号）的规定，虚开增值税专用发票或者虚开用于骗取出口退税、抵扣税款的其他发票的（指有为他人虚开、为自己虚开、让他人为自己虚开、介绍他人虚开行为之一的），税款数额10万元以上的，应按虚开增值税专用发票、用于骗取出口退税、抵扣税款发票罪追究刑事责任，处3年以下有期徒刑或者拘役，并处2万元以上20万元以下罚金；虚开的税款数额较大（50万元以上）或者有其他严重情节的，处3

年以上 10 年以下有期徒刑，并处 5 万元以上 50 万元以下罚金；虚开的税款数额巨大（500 万元以上）或者有其他特别严重情节的，处 10 年以上有期徒刑或者无期徒刑，并处 5 万元以上 50 万元以下罚金或者没收财产。虚开上述规定以外的其他发票，情节严重（指票面金额 50 万元以上、发票 100 份以上且票面金额 30 万元以上或者 5 年内因虚开发票受过两次处罚又虚开发票票面金额达到前述的 60% 以上），处 2 年以下有期徒刑、拘役或者管制，并处罚金；情节特别严重的（指票面金额 250 万元以上、发票 500 份以上且票面金额 150 万元以上或者 5 年内因虚开发票受过两次处罚又虚开发票票面金额达到前述的 60% 以上），处 2 年以上 7 年以下有期徒刑，并处罚金。单位犯罪的，对单位判处罚金，并对其直接负责的主管人员和其他直接责任人员，依照前款规定处罚。

可见，为保障国家税收利益，加强税法威慑力，法律对于违反税法偷逃税款、虚开发票的行为，规定了严厉的惩戒措施。但考虑到刑法谦抑性和宽严相济原则，我国刑法对逃税行为有"首罚不刑"的规定。根据《中华人民共和国刑法》第 201 条第 4 款的规定，有逃税行为，经税务机关依法下达追缴通知后，补缴应纳税款，缴纳滞纳金，已受行政处罚的，不予追究刑事责任；但是，5 年内因逃避缴纳税款受过刑事处罚或者被税务机关给予两次以上行政处罚的除外。也就是说无论偷逃税数额多大，只要是首次被查处，主动接受行政处罚，就不再追究刑事责任。

第三节　MCN 机构常见税收违法情形和风险

MCN 机构作为数字内容创作行业的中介和服务提供者，在其运营过程中面临着多种税收违法情形和风险，这些违法行为和风险不仅可能影响其财务状况，还可能对其企业声誉、合规性和持续经营造成严重影响。以下对 MCN 机构几种常见的税收违法情形和风险进行探讨。

一、私卡收支

受限于我国经济发展阶段和法治完善程度，现阶段普通民众和民营企业税法遵从度仍较低，经营过程中用私人账户收支对公款项的情况屡见不鲜。随着稽查能力的迅速提升，特别是金税四期工程让税务稽查更智能、高效，私卡收支的违规行为很容易被税务机关发现并查处。

从近期税务处罚案件来看，收付款异常的个人账户已成为稽查重点。实践中主要有四种情况：一是隐匿机构收入逃税，如因无法取得上游成本发票，为税负避免过高，MCN 机构在销售环节选择私卡收款，不做收入申报。二是隐匿主播收入逃税，如将佣金私下转账给主播，不代扣代缴个人所得税，变相提高主播收入。三是遮掩违规灰色交易，如机构从事电商刷单、买卖隐私数据、违规资质认定时，通过私人账户进行款项收付。四是机构治理结构不健全，企业和个人财产界限不清，企业主长期养成公私不分的不良习惯。MCN 机构应当杜绝上述不规范做法，避免造成严重法律和商业风险。

二、虚开发票

MCN 机构虚开发票以接受其他企业虚开的发票的情形为多数。实践中主要有两种情况：一是部分 MCN 机构由于缺少实际成本支出，或者虽有真实的成本支出但无法取得相应的支出或抵扣凭证，为降低税负让他人向自己虚开发票；二是部分 MCN 机构向网络主播支付报酬时，按照红人的指示向其指定的不具有实际业务关系的第三方企业转账，并将该企业开具的发票入账。企业一旦使用上述虚开的发票进行增值税进项税额抵扣（增值税专用发票）和所得税前成本费用列支（增值税专用发票或增值税普通发票），即可能构成偷逃增值税、企业所得税的违法行为，招致税务机关的稽查和处罚，甚至可能被追究刑事责任。

192

三、不履行代扣代缴义务

我国实行个人所得税全员全额扣缴申报制度，向个人支付应税所得的单位和个人，向个人支付应税所得时，不论其是否属于本单位人员、支付的应税所得是否达到纳税标准，扣缴义务人应当在代扣税款的次月内，向主管税务机关报送其支付应税所得个人的基本信息、支付所得项目和数额、扣缴税款数额以及其他相关涉税信息。一般来说，单位向个人支付款项，除经营所得外的各项所得，均应依法及时履行代扣代缴税款义务。针对 MCN 行业的特殊情况，国家税务总局多次发文要求各地税务机关督促网络主播经纪公司等 MCN 机构依法履行个人所得税代扣代缴义务，不得转嫁或者逃避代扣代缴义务，不得策划、帮助网络直播发布者实施逃税避税。

部分 MCN 机构为提高自身市场竞争力，迎合网络主播要求，采取账外支付隐匿收入、虚构交易转变劳务报酬等方式，逃避自身代扣代缴义务，很容易招致税务机关的查处，同时也给员工或主播带来风险。还有一些 MCN 机构与网络主播约定税后净收入，实际又未按规定代缴税款，如果涉及税额较大可能直接被追究逃税罪的刑事责任，不受"首罚不刑"规则的保护。

四、虚假刷单

在如今"流量为王"的时代，不论是直播带货还是邀请网络红人进行博文宣传，都是为了增加流量以期变现。流量变现的诱惑让部分 MCN 机构或商家为了利益刻意制造热卖假象，不仅出现诸多直播间"刷粉"的情况，还出现许多利用消费者依赖消费评价的心理进行"刷单"的情况，通过虚构交易提高销售量以提高店铺信誉或是虚假评价商品吸引消费者并引导消费者冲动消费。

实践中，刷单主要有两种模式：一种是做高销售量后随即退单，只收取手续费。另一种则要从下单付款一直到收货确认，涉及垫付货款和资金回流，这种做法造成了商户财务数据与平台销售数据不一致，可能使税务部门怀疑企业隐瞒收入，存在认定偷逃税款的风险。2020 年 5 月，就有多家网店商户收到税务风险通知，因其申报纳税金额与电商平台数据严重不符，要求自查 3 年以来存在的销售收入漏报问题并依法补缴相应的增值税、所得税以及滞纳金。

此外，虚假刷单还可能因违反《中华人民共和国反不正当竞争法》第 8 条关于经营者不得通过组织虚假交易等方式进行虚假或者引人误解的商业宣传的规定，招致市场监督管理部门的处罚。情节严重的，还可能因涉嫌虚假广告罪、非法经营罪、逃税罪等被追究刑事责任。

MCN 机构已经存在刷单行为的，一方面应当立即停止，另一方面建议保留足以证明电商平台交易记录虚假，而企业财务账簿记载真实的证明资料。比如，留存与刷单商的合同、往来邮件、聊天记录、手续费支付凭证、返还货款凭证等。如不能证明这部分销售额是"虚假的"，一旦遭遇稽查，可能需要面临税务处罚，税务风险显而易见。

五、灵活用工平台风险

伴随网络直播行业的迅速发展，诞生了很多堪比明星的头部红人主播，但市场上数量最多的仍然是月收入几千元至数万元不等的普通网络主播群体，尾部主播收入较低，通常不愿承担较高的预扣税款，怠于提供劳务报酬发票，又不愿花费精力和时间注册经营主体。对于这种情况，MCN 机构目前经常通过灵活用工平台的方式进行签约管理和费用结算。

灵活用工平台是一种新兴的用工模式，为企业和自由职业者提供交易平台和通道，使得企业能够灵活地发布任务，自由职业者能够灵活地承揽业务，解决传统模式下企业与自由职业者间发票开具和税款扣缴等难题。灵活用工平台主要分为两种业务模式,一是承揽模式,平台既是委托人,向自由职业者发布工作任务,又是承揽人,为客户提供工作成果。二是居间模式,即平台仅作为居间人,发布信息并促成客户与自由职业者间订立并履行合同。灵活用工平台虽然获得了国家法律和政策的许可,但因其管理水平良莠不齐,不断有灵活用工平台因涉嫌偷逃税、虚开发票等违法行为被税务机关查处。

MCN 机构使用灵活用工平台提供的服务,应当注意识别和规避风险,选择稳健合规的平台开展合作。一是要确认灵活用工平台是否与税务机关签订委托代征协议,依法取得委托代征资质;二是要确认采购的服务是否属于灵活用工平台业务经营范围内;三是要确保与灵活用工平台合作业务本身真实,切勿为取得发票虚构交易;四是要判断平台对劳务报酬与经营所得界定是否准确,两者税负和预扣预缴方式存在重大区别;五是要判断平台对增值税免征政策的适用是否准确,未办理税务登记的其他个人不享受个体工商户的免征政策;六是要准确开具发票,在居间模式下,仅平台收取的手续费可开具增值税专用发票,而服务费只能代开增值税普通发票;七是要观察灵活用工平台经营是否稳健、管理是否规范、是否有严格风控体系,尽量选择有一定经营规模、获得政府政策支持、管理规范风控严格的平台,避免受到违规平台的连累。

综上所述,由于 MCN 机构、电商行业的从业人员普遍较为年轻,缺乏合规知识和经验,恰逢行业快速发展阶段,运营过程中可能面临多种税收风险。如果没有专业法律和财税团队的指导,很容易听信行业内的所谓专业经验和通常做法,一旦被查处,后果非常严重,需要主动加强内部管理和风险监控,建立健全的财务制度和税收合规机制。

第四节　网络主播常见税收违法情形

网络主播是 MCN 行业的主要参与者,随着税务机关监管日益严格,网络主播特别是有影响力的头部红人因偷逃税被查处的事件屡见不鲜,几乎长期占据社交舆论平台的前排位置。以下对网络主播几种常见的税收违法情形进行探讨。

一、阴阳合同

阴阳合同是指当事人就同一事项订立两份以上的内容不相同的合同,一份对内,一份对外,其中对外的一份并不是双方真实意思表示,主要用于应付税务稽查，而对内的一份则是双方真实意思表示，可以是书面或口头。"阴阳合同"是一种违法行为，目的在于规避税收监管和偷逃税款，在给当事人带来非法利益的同时，也预示着违法风险。2024年3月公布的《最高人民法院、最高人民检察院关于办理危害税收征管刑事案件适用法律若干问题的解释》（法释〔2024〕4号）首次明确将签订"阴阳合同"隐匿分解收入、财产的行为列为逃税行为。

网络主播通过签订阴阳合同来隐匿收入偷逃税款，不仅违反税收征管规定，也损害了公平的市场秩序，还可能带来商业违约风险。为规避这一风险，网络主播应建立真实合规的交易关系，签订真实合法的合同，避免实施阴阳合同等违法行为。

二、虚构业务转换所得类型

从曝光情况来看，头部网红主播涉税案件中普遍存在虚构业务转换所得类型行为，一般指将个人劳务报酬虚假转换为经营所得的情形。

如前所述，经营所得和劳务报酬所得的计税依据、扣除标准、税率、征收方式都存在较大差异，直接影响税负水平和申报缴纳方式。虚构业务转换所得类型往往与核定征收结合，达到最大限度的"节税"效果。以下以薇娅案件为例对这种违法情形进行简要说明。

薇娅是我国知名网红主播。2020年位居直播带货总榜的榜首，带货金额超过300亿。根据税务机关披露的信息，薇娅从MCN机构分得的线上收入和线下佣金每年高达数亿元。按照税法的规定，这些收入应当按照劳务报酬缴纳个人所得税。

薇娅团队的避税操作是：第一步"洼地设壳"，从2019年开始，薇娅陆陆续续在上海设立多家个人独资企业和合伙企业，这些"壳"企业没有任何实质性经营活动，仅仅是作为避税工具。第二步申请核定，即这些由薇娅投资设立的"壳"企业向主管税务局申请以"核定征收"方式计算缴纳个人所得税，核定利润率低至10%。第三步虚构交易，即安排MCN机构不与真实的交易主体薇娅签约，而与没有实质性经营活动的"壳"企业分别签约，将本应支付薇娅个人的款项，以服务费的名义打入"壳"企业的账户。第四步纳税套现，"壳"企业向MCN机构开具缴纳6%税费的增值税专用发票，MCN机构可以抵扣进项；同时"壳"企业按照核定利润缴纳个人所得税。

通过上述操作，薇娅成功将劳务报酬所得转换成核定征收方式下的经营所得，将36%左右的税负降低至约3.5%，偷逃税款约6.43亿元。薇娅的案件绝非个案，很长一段时间，文娱明星和网红主播通过此种方案"节税"的情况非常普遍。

三、虚构成本费用

网络主播获得收入主要消耗本人的时间和精力，其他成本投入相对较小，因此利润较高。这本来是一件好事，但交税时发现变成"坏事"。为了减少经营所得的应纳税额，一些网络主播成立的个人工作室可能会采取虚构成本费用方式，以降低利润，减轻税负。

虚增成本费用属于典型的偷逃税行为，通常主要采取两种方式：一是购买虚开的发票；二是多列成本费用。对于购买发票而言，一方面会导致大额应付款项长期挂账，成为税务机关判断是否存在逃税的重要线索；另一方面开票企业一旦爆雷，受票企业必然被殃及池鱼。对于多列成本费用而言，这种行为通常会导致账实不符，也很容易被税务机关稽查发现。虚增成本费用一旦被查处，除须追缴欠税、滞纳金、罚款外，还可能被以逃税罪、虚开增值税专用发票罪、虚开发票罪追究刑事责任。网络主播应建立规范的财务会计制度，加强对成本费用的核查和监控，确保成本费用真实合规，避免虚构成本费用风险。

四、不申报纳税

部分网络主播可能存在不依法申报纳税的情况，规避税收监管和减少税负。这种行为损害国家税收利益，增加了税收征管难度和成本，应当承担相应的违法责任。

需要说明的是，虽然申报纳税均可能导致行政处罚，但不同情形下刑事后果却存在明显差异。对于依法在登记机关办理设立登记的纳税人，发生应税行为不申报纳税可直接按逃税罪追究刑事责任，而依法不需要在登记机关办理设立登记或者未依法办理设立登记的纳税人，发生应税行为，只有经税务机关依法通知其申报而不申报纳税时，才能构成逃税。因此，对于未办理营业执照和税务登记的个人，未申报与做虚假申报的后果是不同的。

综上所述，网络主播作为 MCN 行业的重要参与者，应当充分了解税法法规，严格遵守税收规定，积极履行纳税义务。同时，要警惕各种可能存在的税收风险，避免陷入非法逃税的泥潭。

第五节　MCN 行业税收策划

多年以来，MCN 行业普遍采取"个独、合伙企业＋核定征收＋税收返还"的模式，"个独、合伙企业"不征收企业所得税，"核定征收"直接缩小税基，"税收返还"降低实际税负。然而，时至今日，随着对核定征收的严格限制，这种"节税"模式不仅将来难以为继，过去已经实施的也经常被税务机关要求自查自纠。随着税务监管日益严格，MCN机构和网络主播，特别是有影响力的头部网红成为税务机关重点"看护"对象。预计在将来很长一段时间，网络直播行业仍会是税收监管的重点领域，网红主播们每时每刻都处于放大镜和聚光灯下，抱有侥幸心理，顶风偷逃税的行为无疑非常不明智。但是，这是不是意味着网络直播行业不能合法、合规地进行税收策划呢，我们认为答案是否定的。

一、税收策划原则

税收策划又称税务筹划，是指在纳税行为发生之前，在不违反税法及其他相关法律法规的前提下，通过对纳税主体的经营活动或投资行为等涉税事项作出事先安排，以达到少缴税或递延纳税目标的策划活动。从定义可知，税收策划有两大基本特征，一是不违法，即策划不得违反法律规定，任何违法的筹划都不是税收策划；二是事先策划，即策划必须在纳税行为发生之前进行事先安排，任何在纳税行为发生后进行所谓的筹划实质上都是逃税。

好的税收策划方案应当符合四个原则：一是合法性原则，即在税法规定范围内实施筹划；二是真实性原则，即筹划方案涉及的交易应当真实，不能隐瞒真实业务；三是可行性原则，即筹划应当考虑政策影响，结合行业特点，可以落地实施；四是系统性原则，即筹划不能搞一招制胜、一劳永逸，而是系统性的长期工程，是各种灵活节税措施的综合。

二、交易关系规划

对于MCN行业而言，合理规划MCN机构和网络主播间关系，选择和构建适宜的交易关系，是一种重要的策划方法。

根据具体情形的不同，MCN机构与网络主播间可以建立劳动合同关系、个人劳务关系、承揽合同关系等多种不同性质的法律关系；除与网络主播或者其个人工作室建立直接关系外，还可以通过灵活用工平台形成间接关系等。不同性质的法律关系会影响各自的税负水平和税法义务。

如某MCN机构与某网络主播拟开展合作，合作前设计了三种交易模式，一是由机构与主播签订劳动合同；二是机构与主播个人签订直播劳务合同；三是机构与主播建立的个人工作室（个体工商户）签订直播服务合同。在第一种交易模式下，双方间成立劳动合同关系，机构支付主播报酬时，按工资薪金所得代扣代缴个人所得税，并可直接将员工工资税前列支，无须取得发票。在第二种交易模式下，双方间成立劳务关系，机构支付主播报酬时，按劳务报酬所得代扣代缴个人所得税（通常预扣率高于工资薪金所得，实际税负低于工资薪金所得），金额超过起征点时应当取得增值税普通发票（无法抵扣增值税进项税额）。在第三种交易模式下，双方间成立承揽合同关系，机构支付主播报酬时，无须代扣代缴，取得个人工作室开具的增值税专用发票后可抵扣进项税额，个人工作室按照经营所得申报缴纳个人所得税，且可以依法享受相关税收优惠政策，如 2027 年 12 月 31 日前，月销售额不超过 10 万元的增值税小规模纳税人免征增值税，适用 3% 征收率的应税销售收入，减按 1% 征收率征收增值税；个体工商户年应纳税所得额不超过 200 万元的部分，减半征收个人所得税等。

以上三种交易模式不存在绝对优劣，可以根据对未来交易金额的预测，选择税负最优的交易模式予以实施。假设 2025 年度机构应当支付主播报酬 200 万元，不考虑 MCN 机构承担社会保险成本、主播其他综合所得和个人扣除额、个人工作室的成本费用等因素，可以大致比较三种交易模式下对主播增值税和个人所得税的影响（详见表 7-6）。

表 7-6

项　　目	模式一	模式二	模式三
收入额	2000000 元	2000000 元	2000000 元
增值税	0 元	19802 元	19802 元
个人所得税	718080 元	530951 元	313785 元
税负率	36%	28%	17%

由上可知，模式三的情形下，网络主播的税负率明显低于其他两种模式，如果考虑到模式三的个人工作室可以通过列支成本、费用、损失以降低利润，甚至有可能符合核定征收政策，这种差别会更加明显。而对于 MCN 机构而言，在模式二、模式三的情形下，收到增值税专用发票后可以抵扣进项税额，其税负利益高于模式一。

需要注意的是，上述计算结果并非一成不变，条件发生改变时结果亦会有所不同，比如发生实际交易金额较大变化、个体工商户优惠政策不再适用等情形时，应重新计算不同模式下的税负以供决策参考。

三、纳税身份选择

与交易模式规划类似，网络主播可以通过对纳税身份的事先选择进行税务筹划。

在交易行为发生前，网络主播可以规划自身纳税身份，选择作为员工或雇员领取工资薪金，或作为个人独立劳务提供者获取劳动报酬；可以自然人身份获取收入，亦可选择建立个人工作室，也可以以个人工作室名义签约并获取经营收入；可以建立个体工商户类型的个人工作室，亦可选择建立个人独资企业、合伙企业甚至公司形式的工作室；可以选择直接与机构或商家签约，亦可选择通过灵活用工平台签约等。

网络主播采取不同的纳税身份时，其税负水平和纳税方式亦有差异。主播可以综合交易性质、业务规模、发展阶段等其他因素的影响选择适宜自己的纳税身份。目前员工雇员类型的主播数量较少，头部、腰部主播建立个人工作室的较多，尾部主播则多数通过灵活用工平台签约。

头部、腰部的红人毕竟是少数，大多数网络主播仅仅能获得每月几百元至上千元的收入。实践中，税务部门通常以平台方为代征人，委托平台方代征用户的零散税收，解决了新经济发展引发的征管难题。委托代征时，一般采取核定方式代征经营所得个人所得税，故通常税率非常低，有利于降低主播税负。然而委托代征亦存在一定风险：一是根据《国家税务总局委托代征管理办法》的规定，代扣代缴、代收代缴的税收，不适用委托代征，也就是说，工资、薪金和劳务报酬所得只能由支付方代扣代缴，不能采取委托代征方式，一旦误征可能构成逃税。二是从 2024 年开始，国家税务总局开始推行在委托代征时实行"预征"，同时要求纳税人进行经营所得年度汇算清缴，这样等于无法采取核定征收的模式。

除委托代征外，与纳税身份相关的还有临时税务登记。根据《国家税务总局关于税收征管若干事项的公告》（税务总局公告 2019 年第 48 号），从事生产、经营的个人应办而未办营业执照，但发生纳税义务的，可以按规定申请办理临时税务登记。办理临时税务登记可以享受更多的税收优惠政策。比如个人办理临时税务登记，其经营收入按照个人所得税"经营所得"计税，可能采用核定征收的方式。此外，已办理临时税务登记的个人，可以享受月销售额未超过 10 万元免征增值税的政策，而未进行税务登记的个人超过增值税起征点即应当纳税。

四、股权架构设计

MCN 机构一般采用有限责任公司或股份公司形式，网络主播的个人工作室也有少数采取公司形式，故公司股权架构设计亦是 MCN 行业税收策划的重要方式之一。

公司股权架构设计与税务筹划问题并非 MCN 行业独有，由于篇幅限制，此处仅作简要介绍。如公司在设立时需要作出持股主体的选择，而持股主体的不同会在经营过程中产生不同税务负担。目前，我国公司持股主体主要包括自然人、个人独资企业、合伙企业和公司四种，每种持股主体各有自己的利弊，在税负上亦有优劣。如自然人直接持股时，获取股息、红利须缴纳 20% 的个人所得税，符合条件的居民企业之间取得股息、红利免征企业所得税，香港公司从国内公司获取股息、红利按 5% 的优惠税率征收预提所得税。此外，股权转让、并购重组、股权激励、股改上市等过程中涉及大量复杂的股权架构设计和税务筹划问题，应引起纳税主体的充分重视。

五、善用税收优惠

在税收策划过程中，善用税收优惠政策，最大程度降低税收负担，是风险最低的策划方法之一。一方面应当对个人所得税、增值税、企业所得税等方面的优惠政策予以充分了解；另一方面应当合理规划收入结构和支出项目，促使纳税主体符合优惠条件，以实现节税目的。

除全国性税收优惠政策（如针对个体工商户、小规模纳税人、小微企业的普适性优惠政策）外，为促进地区经济建设，国家会出台一些特殊优惠政策，对此，MCN 机构和网络主播应当多加关注，在政策扶持区域投入生产，借助政策红利降低税收成本，增强自身市场竞争力。例如依据《财政部 国家税务总局关于海南自由贸易港高端紧缺人才个人所得税政策的通知》（财税〔2020〕32 号）的规定，在海南自由贸易港工作的高端人才和紧缺人才，对其源于海南自由贸易港的综合所得（工资薪金、劳务报酬），个人所得税实际税负超过 15% 的部分，予以免征。根据相关人才清单，文化领域的新媒体运营人才可享受上述优惠政策。适用税收优惠政策时，应当特别注意需符合相应的条件，切忌通过虚构伪造申请材料等方式骗取优惠待遇。

与税收优惠政策类似的还有各地财政奖励政策。与税收优惠政策不同的是，财政奖励政策稳定性不足，变动风险大，兑现刚性也经常面临考验，即使签订有书面协议，仍有可能因上级部门指令而取消或作废，在国家明确禁止地方出台与税费收入相挂钩的补贴或返还政策的背景下更是如此。在争取和享受地方财政奖励政策时，应当充分预计其变动风险，尤其应避免为拿到财政奖励，借虚拟地址注册而无实质经营活动的情况，这种情况下很可能被税务机关以一纸税务事项通知书进行稽查，最终得不偿失。

综上所述，税收策划在 MCN 行业是一个复杂的过程，需要全面考虑具体情况和税收政策，制定合适的策略和方案。除了以上提到的交易关系规划、纳税身份选择、股权架构设计、善用税收优惠等方面，还需要综合考虑行业发展趋势、市场竞争情况和税收监管政策等因素，提高税收筹划的科学性和有效性。同时，网络主播还应加强对税收政策和法规的学习和理解，不断提高税法水平，增强应对税收风险的能力，确保税收合规性和经济效益。

MCN 行业作为新形态经济的重要组成部分，在国家经济生活中发挥着越来越重要的作用。税收合规是 MCN 行业发展的基础和保障，是企业的基本责任和义务。只有加强税收合规意识，积极履行纳税义务，才能保障企业和个人的可持续发展，促进行业的健康发展。

当然，由于 MCN 行业的特殊性，其税收合规对于资质和专业能力的要求较一般行业更高。国家税务总局于 2019 年 12 月发布了《涉税专业服务监管办法（施行）》，将税收策划（即对纳税人、扣缴义务人的经营和投资活动提供符合税收法律法规及相关规定的纳税计划、纳税方案）作为涉税专业服务机构的服务范围，并规定税收策划应当由具有税务师事务所、会计师事务所、律师事务所资质的涉税专业服务机构从事，相关文书应由税务师、注册会计师、律师签字。可见，国家允许和鼓励合法的涉税专业服务机构和专业人员为从事 MCN 机构和主播提供税收策划服务，合理减少纳税人税负。MCN 机构和网络主播切不可轻信所谓"立竿见影"的节税方案，所谓"行业普遍做法"也不一定是合规的税务筹划。就我们的经验而言，只有在严格守法和事先筹划的原则基础上，在涉税专业服务机构的帮助和指导下，MCN 行业的税收策划才是可行且大有可为的。

201

图书在版编目(CIP)数据

MCN 法律实务指南 / 袁春松主编. -- 上海 : 上海人民出版社, 2025. -- ISBN 978-7-208-19557-8

Ⅰ. D922.294-62

中国国家版本馆 CIP 数据核字第 20253JV263 号

责任编辑 夏红梅 姜嘉滢
封面设计 孙　康

MCN 法律实务指南
袁春松 主编

出　　版　上海人民出版社
　　　　　(201101　上海市闵行区号景路 159 弄 C 座)
发　　行　上海人民出版社发行中心
印　　刷　上海景条印刷有限公司
开　　本　720×1000　1/16
印　　张　13.5
插　　页　2
字　　数　170,000
版　　次　2025 年 6 月第 1 版
印　　次　2025 年 6 月第 1 次印刷
ISBN 978 - 7 - 208 - 19557 - 8/D・4537
定　　价　68.00 元